日本婚活思想史序説

戦後日本の「幸せになりたい」

佐藤信

東洋経済新報社

はじめに

「婚活」は言葉自体は新しいが、現象としては新しくない。個々人の配偶者選択がある程度自由に行われるようになると、どんな相手が理想的か、どうやって相手を見つけるか、みなが問うようになる。本書では２０００年代末に生じた婚活ブーム、いわば「婚活１・０」に先駆けて存在した１９８０年代の結婚論ブームを「婚活０・０」と呼んで、結婚への視線や婚活の論理がどのように変化してきたのか、その潮流を読み解こうとする。

読み解くなかで、「婚活」と一言でいっても内実はさまざまであること、その多様性がわたしたちの生活感覚と結びついていること、そしてわたしたちが「私」事と捉えている結婚がそのときどきの社会状況に大きく影響されていること、婚活が少子化対策として国家まで繋がっていること……さまざまな論点が見えてくるはずだ。婚活論を若い女性向けのキャピキャピした話と侮るなかれ。それは、これ以上ない深遠なる洞穴への入り口なのである。

なお、本書では下段で「副音声」（対談調のパート）が展開されている。時代に取り残されながら紙の本を愛する者として、テキストデータに置換されえない要素として提案させていただいたものだ。本文の流れとある程度対応したものになっており、本づくりに関わったことのある方なら編集やＤＴＰにおいてどれだけ余計な手間がかかるか、よくご理解いただけると思う。そこまで苦労したくせに、内容は編集者との単なる雑談にすぎない。カフェの隣席で騒がしくしゃべる人たちとでも思って、ときどき耳を傾けていただければと思う。

さて、婚活の世界へとダイブ！

日本婚活思想史序説　目次

はじめに …… i

序章　結婚のかたち

1 働きたくない、結婚しよう —— 共働き時代の結婚 …… 2
◆労働逃避 …… 2
◆変わる専業主婦イメージ …… 5
◆増す魅力 …… 6
◆男だって専業主夫 …… 8
◆専業主婦／夫のイスの取り合い …… 9
◆結婚のメリット・デメリット …… 12

2 結婚とはなにか？ 13
◆あいまいな概念 13
◆結婚の三要素 ―― 恋愛・共同生活・子ども 15
◆「結婚のかたち」 ―― 共同生活要素の上昇 18
◆国家承認としての法律婚 20
3 婚活とはなにか？ 24
◆たとえ離婚するとしても結婚したい 24
◆独身脱出と結婚生活 26

第1章 婚活0・0 ―― パンダから雑誌『結婚潮流』へ

1 パンダの結婚 ―― 見合い・恋愛混合型の70年代 30
◆ランランとカンカン 30
◆市街地と農村・漁村 32

◆恋愛と見合い――「見合い・恋愛混合型」の位地……34
◆「結婚」＝交尾!?……39
◆パンダの「結婚」に見る70年代の結婚……41
2『クロワッサン』から婚活0・0へ……42
◆雑誌『クロワッサン』……42
◆婚活論0・0への胎動――三浦朱門と林真理子……45
◆林真理子を「翻訳」する『結婚潮流』……49

第2章　発掘!!　雑誌『結婚潮流』

1 雑誌『結婚潮流』とはなにか?……54
◆雑誌『結婚潮流』の挑戦……54
◆「婚活0・0」と『結婚潮流』……56
◆平均年齢24歳の編集部……58
◆「100人の釣書」と「職業別アタックシリーズ」……60

2 『結婚潮流』に婚活論の範型を見る 63
◆結婚の高唱 64
◆出会い方――恋愛結婚／見合い結婚 67
◆編集部の想像した出会い方 70
◆女性と仕事――非婚バリキャリか共働きか専業主婦か 73
◆共働きは可能か？ 74
◆「寿退社圧力」を受け流すための結婚 75
◆適齢期という問題 78
◆家族のかたちと適齢期 80
◆編集長・荒谷めぐみにとっての適齢期 82

第3章 「みんなで渡れば怖くない」――85年～90年代の婚活論

1 雑誌『結婚潮流』の終焉 86
◆マンネリ化と蛇行 86

◆保守回帰する議論 88

2 バブルの『Hanako』へ——女性のキャリアと結婚 93
◆『Hanako』の最盛期 93
◆Hanakoさんの限界 97

3 『an・an』と『ゼクシィ』——結婚と恋愛の切断 98
◆結婚はいずれするけれど、いましたいかと聞かれると
——80～90年代の『an・an』 98
◆インセンティブは子どもだけ 102
◆『ゼクシィ』の登場 104
◆みんなで渡れば怖くない——結婚生活への想像力の欠如 107

第4章　婚活1・0——婚活論のゼロ年代

1 長期不況と婚活1・0——マーケティング婚活論……112
◆カネとカオの交換としての結婚……112
◆結婚できるスペック・できないスペック……115
◆マーケティング婚活論……118
◆存在しなかった熟年離婚ブームとその影響……121
◆マッチングサイト……125
2「婚活」の誕生と誤読——社会改善＋恋愛婚活論とその挫折……128
◆「婚活」の誕生……128
◆社会改善＋恋愛婚活論……131
①カップルの出会い方／②家族のかたち／③適齢期
◆速攻婚活論……137
①マーケティング婚活論／②社会改善＋恋愛婚活論／③速攻婚活論
◆「婚活」の誤読……140

◆ドラマ「コンカツ・リカツ」と「婚カツ!」……142
◆ドラマに見るマーケティング婚活論……144

3 マーケティング婚活とはなにか？……148
◆唯一幻想……149
◆好条件幻想……151
◆来訪幻想……152
◆［番外編］冬眠幻想……154
◆マーケティング婚活論……156
◆条件婚活……157
◆条件婚活の真実……158
◆価格.comよりメルカリ……161
◆幻想ではなく物語として――運命との付き合い方……164

第5章　婚活本の世界

1　どうやって出会うか　168
◆自分磨き　168
◆ありのまま――もしくは「自分磨き」批判　171
◆万能包丁――「自分磨き」と「ありのまま」のはざまで　173
◆「つながり」論――合コンと街コン　175
2　どうやって独身脱出するか――「できたら婚」と「ゼクシィテロ」　180
◆「できちゃった結婚」の出自　180
◆「できたら婚」への注目　182
◆契機の枯渇　184
◆ゼクシィテロあるいはゼクハラ　186
3　汗と涙の婚活実録　189
◆婚活実録　189

◆ネットとオタク …… 191
◆アラフォーと国際婚活 …… 192
◆男性の婚活 …… 194
◆婚活を助ける側 …… 196

第6章　国家と結婚 —— これからの婚活と結婚のゆくえ

1　日本の少子化対策 …… 200
◆「国難」となった少子高齢化 …… 200
◆男女共同参画による少子化対策とそこからの脱皮 …… 204

2　社会改善＋恋愛婚活論と少子化対策 …… 207
◆社会改善＋恋愛婚活論と国家 …… 207
◆地方自治体による婚活支援 —— 移住政策と福利厚生としての婚活 …… 210
◆第二次・第三次安倍政権の「輝く女性」政策 —— 移民か女性か …… 215

◆スーパーウーマンの苦悩 219

3 国家の結婚 —— 法律婚というイデオロギー 221

◆なにが結婚か 221
◆法律婚というイデオロギーとその危機 225
◆近代家族イデオロギー vs 法律婚イデオロギー 227
◆人口問題と家族 230

終章 さいごに

◆結婚のかたちのゆくえ 236
◆これからの「婚活」 240
◆「遠い未来」と「近い未来」 244

注……249
文献一覧……253
あとがき……275

序章
結婚のかたち

結婚とはなんだろう？

わたしたちは結婚になにを求めているのか、それは果たしてプライベートな問題なのか……。

現代日本における結婚観の変化を入り口に、予想外に大きい結婚という問題への旅を始めよう。

1　働きたくない、結婚しよう――共働き時代の結婚

◆労働逃避

働きたくない。

堂々とそう言える時代になった。男性も、女性も、どちらでもない人も。そんな労働逃避の流れのなかで、数年前から専業主婦が再び脚光を浴び、専業主夫も注目されている。

専業主婦志向の若い女性は、ともすれば旧来型フェミニズムの闘士から「これまで勝ち得てきた女性の権利を女性がみずから抛《なげう》つなんてありえない」なんて、感情的批判にさらされている。なにも新しい現象ではない。日本経済新聞の記者だった鹿嶋敬は１９８９年の著書『男と女 変わる力学』で「いまの若い娘たちときたら、保守的で……。「ステキな彼を見つけたら、絶対専業主婦になって尽くしたい」なんて言うんだから」という40代女性たちのボヤキを記録している。娘たちは母たちが期待したような方向には開明しなかったし、30年後のいまなお若い女性たちの間に専業主婦志向は根付いている。

副音声スタート！

山本（以下Y）　おはようございます。この本の編集を担当している山本舞衣と申します。

さて、突然ですが、この本は業界初の副音声つき！　まさにいまお読みいただいている下段部分が副音声パートということになっており、ここでは著者の佐藤さんと一緒に、まる1冊分、グダグダしゃべっていきたいと思います。

読者のみなさまへのご挨拶を兼ねてまずは自己紹介を。

私、結婚5年目、子どもなし、マンガとアニメとフィギュアスケートを愛する34歳です。夫は大学時代のサークル同期なので、いわゆる婚活は未経験ですが、ゆえにかえって興味津々、結婚後も婚活・結婚・夫婦など本書で扱うトピックについて精力的に情報収集してきました。いまこそがそれをいかす時！　どうかお付き合いのほど、よろしくお願いいたします。

佐藤（以下S）　おはようございま

しかし、それは若者たちが保守的であることを示しているのではない。専業主婦志向という発現は同じでも、その動機は違うところにあるようなのだ。それは専業主「夫」志向に典型的に観察される。若い男性の間で話していると、近年、逆玉（逆玉の輿結婚）で専業主夫になりたいという人が珍しくない。彼らは「自分だって働きたくないのに、女性が女性だということを利用して専業主婦に収まろうとするのはズルい」と怒っていたりする。保守化ではない。まったく新しい結婚観や男女観を前提にした労働逃避なのだ。

そもそも人間って、働きたくない生き物だ。おカネさえあれば、家でゴロゴロしていたい。遊んでいたい。社会に貢献するにしたって、会社とかを通してじゃなくて、自分なりに自由にやりたい。これは本当に自分のやりたいことなんだっけ、これは本当に人のためになっているのかな、一日中パソコンの画面と向かい合いながら、そんなことを考える生活から解放されたい。労働逃避は誰しもが持つ願望だ。

他方、労働環境はとても明るいものとは思われない。リストラ、派遣切り、ブラック企業……流行語を追うだけで口元が引きつりそうになる。そんな状況で、どれだけの若者が労働することを自由に「翔ぶ」ことだと信じることができるだろうか。とりわけ女性においては2015年頃から「ワンオペ育児」が話題だ。専業主婦のみならず共働きの女性であっても、仕事、家事、育児……すべてをワンオペ

す、佐藤信です。
ふだんは政治学とか歴史学とかの研究をしたり、大学生に教えたりしてます。本の最後にプロフィール載ってるから、そんなもんで別にいいですよね。
Y　なんだか私だけ出しゃばりみたいに見えません？　いや、いいんですけど。
S　いや、いいじゃん、事実出たがりなんだから。
山本さんとのお付き合いはメッチャ長いんですけど、この婚活ネタも、もともとは2014年に『週刊東洋経済』本誌とオンラインに「日本婚活思想史序説」として連載してたんですよね。榛原赤人ってペンネームで。
Y　連載が終わったら本にって話は当時からありましたよね。
S　まぁ「あとがき」に恨み節を書くことになると思うけど（笑）、いろんな経緯があって2019年のいまになって出るっていうね。
Y　なにそれ、絶対に変なこと書か

（ワンオペレーション＝一人作業）で回さなければならないケースは多い。ソニー生命保険が実施している「女性の活躍に関する意識調査」（17年）によると、「現在の生活に満足している」女性は、専業主婦では54・1％なのに対して、働く女性では39・0％である。どっちもどっちだが、労働する方が幸福につながると自信を持って言える状況にはない。

とはいえ、生きていくにはカネが必要だし、そのうえ見栄や外聞の背後にある社会規範もまた、これまで長いこと日本人を労働に駆り立ててきた。言葉を換えれば、労働逃避が抑圧されてきたのだ。

特に家族を持った男性には、働かないという選択を想起させないほどまでに強い社会規範が働いてきた。カネを稼いで、家族を養わなきゃいけない。男性を支配してきたそんな古い社会規範のことを、子育て問題のスペシャリスト・駒崎弘樹は「大黒柱ヘッドギア」と呼んでいる（小室淑恵・駒崎『ワーキングカップルの人生戦略』）。女性だって社会規範から自由じゃない。専業主婦でなければならないと思ったり、逆に男性と同じように働かなきゃならないと思い込んだり。男も女も、気付かないうちに労働しなきゃならないって社会規範のなかに取り込まれてきたのだ。ところが、こうした社会規範がゆるむとともに労働逃避を追求する者が現れてきた。それが専業主婦／夫志向の背後にある。

ないでくださいね！　私の悪口書いたら絶交。

ただの雑談です

S　でも、時間がかかった分、こんなふうにテレビの副音声みたいなことができたりもして楽しいですね～。あの「ＮＨＫ紅白歌合戦」でも、お笑いコンビのバナナマンさんやサンドウィッチマンさんの担当する副音声が、毎年、話題になってますもんね。

Y　ね～。気分はテレビ業界人。最初のあいさつ、「おはようございます」とか言っちゃいましたよ。

まあ、この副音声は本文と絡めたり、無関係だったり、脱線も上等という方針で進めていきましょう！

S　ただの雑談だからね、マジで。

将来の夢は専業主夫

Y　本文は「働きたくない」から始まってましたけど、佐藤さんも働きたくないんですか？

私は休みの日も好きだし、仕事も

◆変わる専業主婦イメージ

1990年、社会学者・上野千鶴子は「専業主婦はもはや、ハンナ・ギャブロンが言うように「囚われた女」ではない、彼女たちは「自分がしたいことをするため」に、職場に出ないことを選んだ特権的な層になりつつある」と書いた（「女性の変貌と家族」）。2003年、心理学者・小倉千加子は女性の専業主婦志向回帰の潮流を鋭く嗅ぎとって「あらゆるつまらない労働、人間がしなければならない「当たり前」の労働から、若い女性たちが総撤退を始めている」と観察して「大衆は、フェミニストの「啓蒙」するところには行かなかった」と書いた（『結婚の条件』）。こうした専業主婦への見方は現在ますます定着しているように見える。

エッセイスト・中村うさぎと小説家・三浦しをんの対談を読んでいたら、そこにもこんなやりとりがあった。

うさぎ　専業主婦は、フェミニズム的に言うと「女を家の中に押し込めて、社会に出さずとは何ごとか」ってなるけど、違うんだよ。だって、そもそもこのシステムは絶対に女が作ったと思うから。

しをん　「家でゴロゴロしたいから、おまえは肉を獲って来い」という感じで

好き。新卒で入社して11年経ったけど、深刻に働きたくないと思ったことはないですよ。

S　さすがホワイト企業！

　ぼくもずっとありがたい環境にはいますけどね。この環境で文句いったら、若手研究者から八つ裂きにされるわ（笑）。

　でも、パートナーがメチャクチャ稼いできてくれて、自分は潤沢な資金で好き勝手に研究できるんなら、そっちの方が嬉しい。

　夢は「専業主夫＋フリーの研究者」ですよ。

Y　そういえば、私の夫も専業主夫になりたいって大昔からずっと言ってた……。でも、専業主夫も専業主婦も実際のところは大変そうじゃないですか？

S　もちろん、楽じゃないですよ。ただ、本文にも書いたみたいに、家事はスキップできる部分が増えてきてると思ってるから。

すよね。

（中村うさぎ・三浦しをん『女子漂流』２０１３年）

中村うさぎの語る専業主婦システムの歴史的起源の当否についてはともかく、「専業主婦って結局女性が得してるんじゃね？」という感覚が普及していることは事実だろう。そして、この変化の基層には「社会（仕事）ってすばらしい！」から「家にこもっていたい！」への感覚の変化がある。

◆増す魅力

仕事の世界が暗い話題に満ちあふれているのに対して、中核的な家事の負担が減少し続けていることは明らかだ。民族学者・梅棹忠夫は１９５９年に「妻無用論」でそんな傾向を鋭く切り取っていた。このとき梅棹が「妻」と呼んだのは専業主婦のことだったから、彼の主張は専業主婦不要論である。そこで梅棹は、家事の多くは主婦に労働の場を提供するためにつくられた発明品で生活に必要なことは専門業者や機械によって代替できるようになっているとして、専業主婦は必要ないと議論を展開したのだった。

いい主婦ってなに？

Y　本文では、家事は「発明品」という表現を使ってますよね。

S　そうそう。たとえば昔、大正や昭和初期の専業主婦はそこまで家をピカピカにする必要はなかった。おしゃれなフレンチを作ったり、教育ママになる必要もなかった。そんな余裕がなかったわけ。

もっと昔に戻るとまた違って、新渡戸稲造は「昔の人は、妻は只月給を右から受取って、左へ支払う丈の能力さへあれば、それで満足してゐたものです」と１９１７年に書いています（「夫の喜ぶ妻の態度」）。女中がいる前提なんですけどね、そういう家の「奥様」であれば、お金の管理さえできていれば「いい主婦」だったと。

それでは足りない、家事をやれと言われるようになったのが、サラリーマン家庭の専業主婦が登場し始めた１９１０年代でした。

Y　女中さんがいなくなって主婦業の大変さが増してきてたんですね。

果たして、家事労働の代替可能性は高まる一方だ。「妻無用論」から30年あまり、91年に梅棹の著作集が編まれたとき、上野千鶴子は「すぐれた適中率を示す「梅棹」氏のさまざまな予測の中でほとんど唯一はずれた予想は、家事省力化機器の次の需要は自動皿洗機だというものだが」とコメントを寄せたが、2019年のいまとなってはその食洗機やルンバも普及して、自動で洗濯物を折りたたんで仕分けする機械まで開発されている。健康に気を遣うなら食事は家で……とかつては言ったものだけれど、コンビニにさえ安全性や健康志向をうたう食品が並ぶ。

かつて家に入るという行為は社会との隔離＝自由の喪失だと考えられたこともあった。だからこそ家に入らず、仕事をする女性が「翔んでる女」と呼ばれもした。日本では76年に翻訳されたエリカ・ジョング（Erica Mann Jong）の小説『飛ぶのが怖い』に由来して、翌年の流行語になった言葉である。

けれど、いまではどうだろう。むしろ会社に向かうことがムザムザ自由を失う行為になってはいないか。かつては会社にいなければ得られなかった肩書という身分保障だって自由自在。コンサルタント、フリージャーナリスト、ハイパーメディアクリエイター。なんでもござれ、自家調達。会社なんかにいるよりずっと自由に社会に出られる。インターネットを使えば、家にいたって世界の端までひとっ飛び。労働逃避を否定する理由はどんどんと失われている。

確かに教育ママになるどころじゃなさそう。当時は洗濯板で洗濯したり、薪でお風呂わかしたり、家事一つ一つの負担の重さもいまとは違いますよね。

五右衛門風呂の恐怖

Y　昭和終盤、80年代に入っても田舎はまだまだ大変だったみたいだし。私、山口生まれで、両親も共に山口出身なんですけど、ふたりが結婚した頃、父の実家のお風呂が当時すでに珍しくなっていた五右衛門風呂だったって。

S　そうそう。さらに、水道が整備されるまえは水汲みなんかも女性の仕事だった。だから、だんだんと家事労働が楽になっていく移行期に、多くの若い女性がみんな都会のサラリーマンの「奥様」になりたがったのは当然だと、政治学者の京極純一先生も言ってたわけです（「家事労働」）。田舎と都会、女中と奥様と、家事労働の大変さには大きな格差があったから。

とはいえ、労働から離れることはそこまで容易ではない。いまや専業主婦は、世帯収入や資産が十二分なカップルだけが手に入れることができるぜいたく品なのだ。

◆男だって専業主夫

ここまで家が望ましい環境になってきたとき、社会（仕事）に出ずに家にこもりたいと思うのは果たして女性だけだろうか？　答えはもちろんノー。男だって家にこもりたい。労働と離れて社会と関わりたい。ベンチャーを起業した大変有能なプログラマの知人は、あるサイトの自己紹介に「有名にならずにお金持ちになって引きこもりたい」と書き、「安心して高等遊民（引きこもり）になるために、そここ一発当てる」のが目標だと書いていたりもする。コンサルタント・若新雄純が提唱する「ゆるい就職」（週休4日などで働く）が話題を集めたのも、男女を問わない労働逃避志向の表出だろう。

労働が忌避され、専業主婦／夫がより魅力的な生き方と捉えられるようになってきた現代、外に出て会社に縛り付けられてまで働くかどうかはカネ次第だ。カネ持ちと結婚したのなら、どうぞ自由に家庭に入るなり、収入の心配をせずに世界を飛び回るなりすればいい。というか、十二分な資産があるなら、2人揃って家でゴロ

Y　けど、そんな都会の「奥様」たちも暇にはならなかったと。

S　そうなんですよね。電化製品の導入なんかで余裕ができればできるほど、新しい家事が「発明」されていく。それは一般的にあることで、社会史学者のルース・コーワン（Ruth Cowan）も『お母さんは忙しくなるばかり』のなかで論じてますけどね。

日本の場合だと、梅棹忠夫が1959年に「現代家庭の「母」の地位は、まさに妻の発明品である」と表現したように、家事が軽減された妻は子育てに自らの役割を見出した（「母という名の切り札」）。それは現在でも増える一方ですよね。習い事させたり、送り迎えしたり、受験勉強のサポートしたり。

Y　うわ〜。そんなの好きなようにやらせとけばいいのに。

とは言いつつも、私、いざ子育てすることになったら、自分の子ども時代は棚に上げて、鬼のような教育ママ化しちゃうかもしれません。S

ゴロしてたっていい。カネのある相手を手に入れられるかどうか、働きたくない若者たちが結婚に必死になっているのにはそれなりの理由がある。

こうした事情を理解せずに、専業主婦になりたい女性を責めるのは筋違いというものだ。確かに女性の社会進出は大切だ。けれど、それは専業主婦志向を非難する理由にはならない。意欲も能力もある女性が出世できないのなら制度や社会通念を変える必要はあるけれど、そこでは同時に男性は働いてナンボ、出世してナンボという社会規範も変えていかなきゃいけない。

会社で働きたい、出世したい、配偶者は家を守ってくれればいいと考える人は、男性だけではなく女性にも、そのどちらでもない人にもいる。そんなパートナーが運よく見つかれば、喜んで専業主婦／夫になればいいのだ。

◆専業主婦／夫のイスの取り合い

もっとも、専業主婦＋専業主夫家庭なんてほとんど不可能に近いから、双方が専業主婦／夫を希望する夫婦の結末は専業主婦／夫のイスの取り合いということになる。２０１４年9月、元「モーニング娘。」の藤本美貴は、お笑い芸人の夫・庄司

APOXみたいな学習塾に通わせて、さらにピアノと水泳と英語とバレエとスケートとか。

S　ですよね。まして少子化だから、数少ない子どもにたっぷりのカネと手間をかけようとする。

キャラ弁地獄

S　2010年代半ばからSNSへの投稿含めて流行ってる「キャラ弁」なんて、まさにそれですよ。若いワーママ（ワーキングマザー）に聞くと、周りの専業主婦のママたちが「キャラ弁」やら「デコ弁」やらをつくってるから、自分も仕事前に早起きして手間のかかるお弁当をつくらなきゃいけない。

Y　周りが凝ったお弁当を持ってくる子ばかりのなかで、かわいくないお弁当を我が子に持たせたくない気持ち、すごくわかります。不憫ですもん。幼児って意外と繊細だったりするし。昔、おにぎりに顔がついてない日はお弁当箱開けてちょっとがっかりした記憶もあったりして。

智春が「ミキティ［藤本］が稼ぐから、専業主夫になりたい」と発言していることを知らされると、あきれながら「いやいや、働こうよ。逆に私が専業主婦になりたい」と応じたという。ここにもまた、現代的夫婦の様相がよく映しだされている。

実際、よく知られているように、専業主婦になりたい女性は、2000年代に入ってから下げ止まって15年時点で18・2％もいるのに対して、専業主婦のパートナーを望む男性は下がり続けていまや10・1％にすぎない（**図表0**）。つまり、女性に働いて欲しいと思っている男性は専業主婦になりたい女性より圧倒的に多いわけだ（注1）。

だが、さらに問題なのは、ミキティや庄司のような売れっ子芸能人ならともかく、いまの街行く若者にとってはサラリーマン＋専業主婦家庭を築くことすら難しいということだ。サラリーウーマン＋専業主夫家庭はもっと難しい。もはや専業主婦／夫は高嶺の花になっているのだ。ハーヴァード大学を卒業しながら専業主婦になったエミリー・マッチャーの『ハウスワイフ2・0』は、ジャムづくりを楽しんだり、ブログでつながったり、新しくて楽しい専業主婦の世界を紹介して話題になったけれど、彼女がそんな世界を想像できたのはインテリで高収入の夫がいたからにすぎない（彼女の夫は14年に香港大学の助教授になった。ちなみに18年度のTHE世界大学ランキングでは香港大が40位、東大が46位である）。

S　そうやって、もともと家事じゃなかったものが新しい家事になってくんです。

そんなことが重なって重なって、現代やらなきゃいけない膨大な「家事」が出来上がってるんです。

Y　思えば私の母もパッチワークとかお菓子作りとか、緊急性はないけど日常を豊かに彩る系家事全般をこなすのに忙しそうでした。

S　もちろんね、そのおかげで日常が豊かになるのは事実だと思うんですけど、仮にやらなかったとしてもただちに生活に支障が出るわけではないですよね。それらの家事をサボっていいなら、浮いた時間で研究して専業主夫兼フリーの研究者になりたい。もうそうなると「専業」じゃないけどね。

「主婦」って変!

S　それで言うと、「主婦」とか「主夫」って言い方、おかしいですよね。

Y　えっ、なぜに？

図表0　調査別に見た、女性の理想・予定のライフコース、男性がパートナーに望むライフコース

女性の理想ライフコース

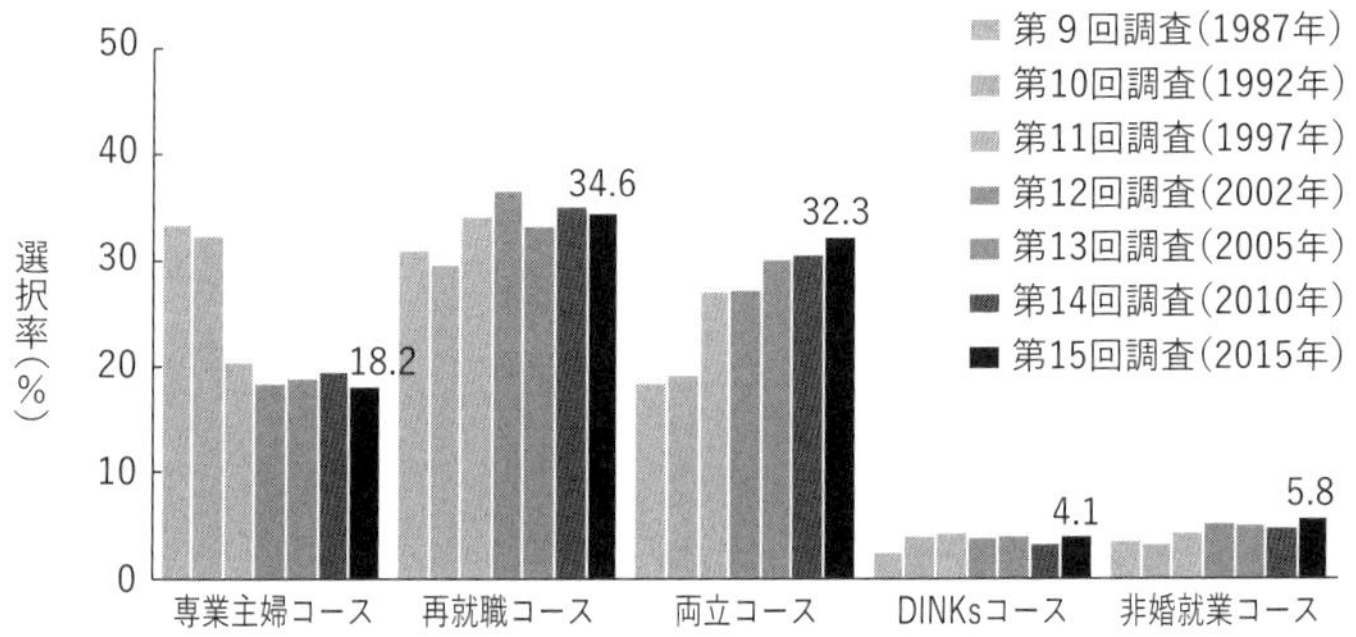

男性がパートナーに望むライフコース

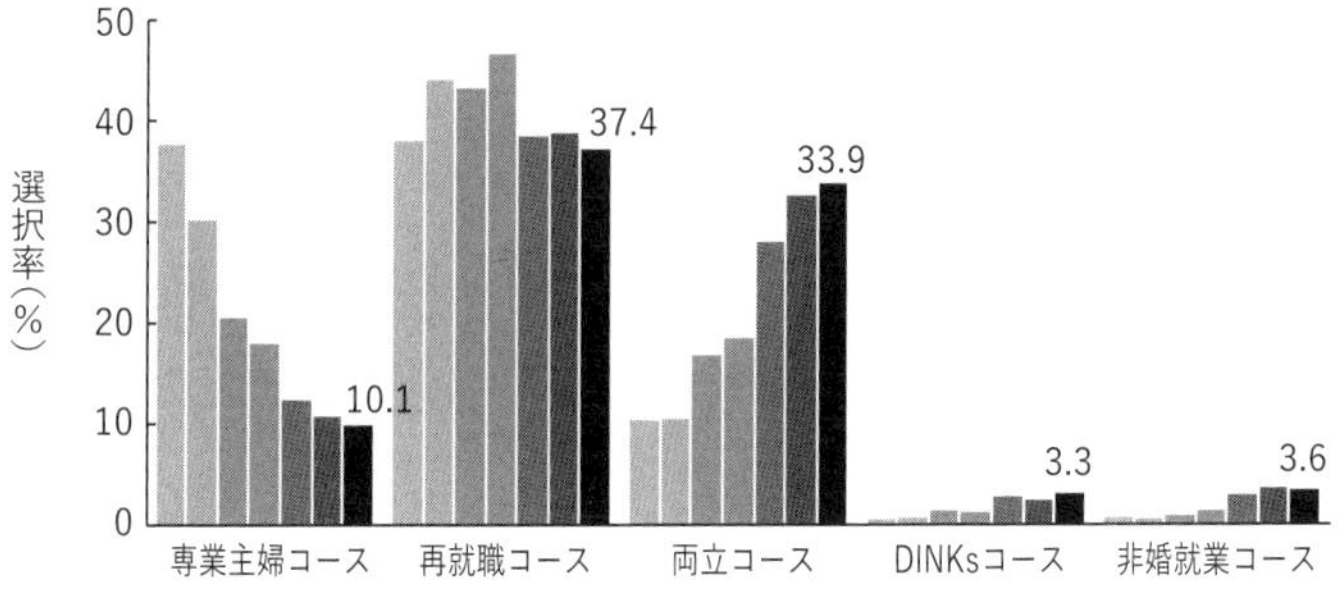

注：対象は18〜34歳の未婚者。その他および不詳の割合は省略。
出所：国立社会保障・人口問題研究所『現代日本の結婚と出産：第15回出生動向基本調査（独身者調査ならびに夫婦調査）報告書』p.29
（http://www.ipss.go.jp/ps-doukou/j/doukou15/NFS15_reportALL.pdf）より著者抜粋

◆結婚のメリット・デメリット

専業主婦／夫が無理でも、労働からなるべく遠く離れられないものか。そのためには、結婚相手のカネは多ければ多い方がいい。「出生動向基本調査（旧・出産力調査）」によると、2002年調査から2015年調査にかけて、女性が結婚相手の条件として経済力を「重視・考慮」する割合がほぼ9割前後を推移しているのは直感的に理解できるとして、男性の側が結婚相手の経済力を「重視・考慮」する割合が29・5％から41・9％へと急上昇している。(注2) 男女ともに相手の経済力をシビアに見極めるようになっているということだ。カネとは別のかたちもあるだろうが、いずれにせよ、結婚は労働逃避の一つの手助けになりうる。

けれど、配偶者の選択は難しくなる一方だ。良くも悪くも「ヘッドギア」が外れてきたことで、どんな家族を目指すべきかもよくわからない。そもそも結婚すべきかどうかもわからない。そんななかでは、社会学者の江原由美子が論じるように、個人は結婚するかどうかを、その「メリット／デメリット」で判断するほかない（「結婚の意味」の変貌」）。実際、20～40代未婚男性の37・9％、女性の45・4％が結婚を「コストパフォーマンス」で考えたことがあると答えている。(注3) 30代未婚男性では45・7％、30代未婚女性では48・3％である。けれど、そのメリット（ベネ

S　結婚していればみんな、主に妻（婦）であり夫なわけだから、みんな「主婦」や「主夫」のはずじゃないですか。

Y　ん？？　え～っと、どういうことでしょう……あ、そうか！　わかりました。ヘリクツっぽいけど、女性の場合、結婚してさえいれば誰かの妻という立場は24時間常に変わらない。よって、主に妻、主婦ってことですね。

S　たとえば英語で考えてみるとわかりやすいと思います。家事を一手に担う妻をfull-time wifeとは言いません。housewifeですよね。家にいる妻ということです。男性の場合はhousehusband、子どもの面倒もみていると最近はstay-at-home dadと言います。家にいるパパということです。

日本語の「主婦」という言葉には本来は家庭内という意味合いはないはずなのに、多くの日本人は勝手にhousewife、「家庭内で働く人」をイメージする。それってすごく不思

フィット）やデメリット（コスト）はどのように判断すればいいのか。結局、問いは結婚とはなんなのか、どうあるべきかに返ってくる。

2 結婚とはなにか？

◆あいまいな概念

そもそも、結婚とはなんなのだろうか？　辞書を紐解くと「男女が夫婦になること」という定義が出てくる。そこで「夫婦」を調べると「結婚している男女一組」と出てくる（『明鏡国語辞典』）。教科書のようなトートロジー。結婚や夫婦は辞書を引かなくてもわかる常識だと言いたいのだろうが、それは結婚や夫婦の定義が、個人や社会の認識によって大きく変化しうることを意味している。

思うに、結婚において最低限必要なのは、2人の個人がお互いに「結婚」しているという認識を持っていることだけだ。だから、個々がどう「結婚」を認識しているかによって「結婚のかたち」が変わってくるのは当然で、各カップルの「結婚のかたち」について他人がとやかく言う筋合いはないということになるだろう。

議じゃないですか？

Y　言われてみればそうかも。

S　それはいつの間にか、既婚女性＝家事をしてるっていうイメージが刷り込まれているからです。

「主夫」はもっと変

S　そう考えると「主夫」って言葉はさらに不思議。「主婦」が近代家族イデオロギーの家事に専念する妻のイメージを反映しているなら、「主夫」は家庭の外で稼得労働している旧来的な夫のイメージじゃなきゃいけないはず。

Y　そうですね〜。ひと昔前のサラリーマン＋専業主婦家庭を想像すると、「典型的な夫＝主夫（？）」は、家事を妻に丸投げして外での仕事だけしているサラリーマンという感じでしょうか。

S　なのにいま「主夫」って言うと、稼得労働をせずに家事に専念する男性がイメージされる。不思議でしょ？

Y　音が重要なんですね。「シュ

だが、実際には他人でも「結婚はこうあるべき」、「夫婦はこうあるべき」と、規範を押し付けることがよく見られるし、そして当人たちもその社会規範を内面化してしまうことがままある。

具体例を挙げよう。「セックスレス」という言葉が人口に膾炙《かいしゃ》して、夫婦はセックスしているべきという社会規範がますます強くなっている。若い夫婦はもちろん、年配の夫婦についても再度肉体的に接触するための指南が新聞紙面にすら現れた。セックスレスとは、カップル間のセックスが少ない、もしくはないことを指す。とはいっても、セックスなしで満足というカップルもいるだろう。セックスがなくても（多忙で時間がないとかで）双方の感情としては十分に愛し合っているということもあるだろう。ところが、セックスレスを問題視する近頃の議論は、セックス頻度とカップルの関係の良し悪しを無批判に連結する。社会は夫婦やカップルのイメージを勝手に当事者に押し付ける。

そうしていると、当事者カップルは「セックスレス＝カップルの関係が悪い＝不幸」と、社会のイメージをそのまま内面化して、そこから抜けだそうとしばしば物理的にセックスを追求することになる。周囲の話を聞いていると、実際、カップルの関係はいいのに、ただセックスがないばかりにセックスレスのレッテルを貼られてしまうことを恐れている「セックスレス恐怖症」が蔓延しているように思われる

フ」って響き。漢字に込められた意味なんて関係なく「シュフ」って音で、もう家で働いている「主婦」を連想しちゃう。

S　そうそう。もちろん歴史的な経緯はあるんですよ。もともとは女中がいるような家の女主人が「主婦」なんです。当時の主婦は家庭内の仕事の取りまとめ役という立場ですね。だけど、時代が進むにつれ女中さんたちがいなくなるんで「主婦」が家事を一手に担う人になったと。で、そのうちパートに出たり外で働く「主婦」が増えたから、家事に専念している人をさして「専業主婦」と言うようになった。

ただ、なんでそんな言葉をいまも使い続けるのかって考えたら、やっぱり不思議。

まぁすでに定着してるから、この本ではとりあえず家事労働に専念する夫のことを「専業主夫」って呼んでます。

Y　こんなに長々「主婦」や「主夫」について考えたことありません

のである。しかし、そこで営まれるセックスは、恋愛のためでもなければ、子どもをつくるためでもない。対外的な見栄のためのセックスに他ならない。

セックスレス問題報道は当事者の幸福をよそに結婚や恋愛の対外的側面を誇大化し続けている。一体、メディアはなんのためにこんな愚かなことをしているのか、合理的な説明を未だ聞いたことがない。セックスレス解決の目的が少子化対策なら、結婚とはまったく無関係に計画的妊娠を奨励すればいいのだし、もしカップル関係の改善が目的のつもりなら、それは順序が逆だろう。セックスレスを過度に問題化することは「セックスレス恐怖症」によってむしろカップルの関係を傷つけかねない。何度でも言うけれど、セックスなしで幸せなカップルもいるのだ。

「結婚」はこうあるべきだ、「夫婦」はこうあるべきだ、というのは、多くの場合、さしたる根拠もない社会規範である。だが、なぜだかわたしたちはそんな規範に捕らわれて生きている。

◆結婚の三要素 —— 恋愛・共同生活・子ども

人々を縛る社会規範としての結婚とはなんなのか。結婚は一つのステータスである。そこではカップルの、それなりに長期の、拘束性のある関わりが期待されてい

でしたけど、当たり前に使っていた言葉のなかにも、自分たちのジェンダー規範が刷り込まれてることがあるんですね。

S　夫を「主人」とか「旦那」と呼んだり、妻を「奥様」とか「家内」と呼んだりするのもそうですよね。第5章の副音声でもそんな話ができると思います。

サロネーゼっていたよね

S　いまって専業主婦とは言わなくても、家事や育児に軸足を置きながら社会的に活躍する人、多いですよね。主婦業と並行してトレーダーとかアフィリエイターとかマンション管理をしてる人とかいるし、どれだけの稼ぎになっているかは人によるだろうけど、ライターとして活動する人や、趣味の教室を開く人もいたり。

Y　ちょっと下火になってきたけど、おしゃれな自宅でポーセラーツやフラワーアレンジメントを教える「サロネーゼ」ブームもありました

る。では、現代日本においてその関わり、つまり結婚の前提条件にはどのようなものがあるだろうか。ここでは最大公約数的に三要素を取り出してみた。恋愛・共同生活・子どもである。

「恋愛要素」は、お互いに好意を持っているという（多くの場合）妄想のことを指し、ここではセックスの生殖外機能、「気持ちいい」なども含む。逆に言えば、たとえ毎晩のようにセックスをしていたとしても、その営為があくまで子作りのためで、お互いの好意を前提としていなければそれは子ども要素のためで恋愛要素は存在しないと見做すわけである。

ただ、恋愛していなければ結婚でないということはない。確かに結婚生活に恋愛がないのは不幸かもしれないが、共同生活する相手として居心地がよい、いや、家族として好きであるということは十分ありうる。それは結婚において「共同生活要素」がどれだけ重要であるかという証左である。

もっとも、共同生活要素と思っているものの幾ばくかは、実は「子ども要素」かもしれない。子ども要素とは、子を持ち、育て、関わることを言う。たとえば、毎日の食卓にスンバラシイ食事が並んでいても、子どもが修学旅行に出かけるや否やそれが崩壊するならば、その家庭の食事はカップルのためにではなく子どものため

よね。
S　あったあった！
Y　身近なところでも、友人の友人がステキなご自宅でおもてなし料理のお教室を開いてらして。私は彼女のキラキラしたSNS更新を眩しくも楽しみにしてたりします。
S　1990年代に首都圏郊外に住むサラリーマン世帯の女性にインタビューした社会学者の国広陽子さんは、いくら地域活動やグループ活動に積極的な専業主婦でも、それらの活動を名刺の肩書にすると答えた人はいなかったと報告しています（『都市の生活世界と女性の主婦意識』）。いまだと状況はずいぶん違うんじゃないかと思います。
Y　地域の活動をするときのための名刺を持っていまなら普通にありそうですもんね。

「ママ名刺」とは

Y　名刺と言えば、幼稚園ママ界には「ママ名刺」なるものまであるらしいですよ。

に用意されていたのである。「子はかすがい」といった具合に、子ども要素でつながり合っているカップルもいるし、いておかしくないのである。

1998年の調査では50代の48・8％、60代では実に58・2％の女性が、子どもを持ってはじめて夫婦と認められると考えていた（「第2回全国家庭動向調査」）。ところが、最新の調査では20代以下ではこの考え方に反対する人が82・3％と8割を超えている（「第5回全国家庭動向調査」）。いまでは子どもがいなければ結婚の意味がないと考える若者はより少なくなっているだろう。それでも、現在でも子どもができたら結婚という流れの多いことが示すように、子ども要素は結婚にとってなお重要であるようだ。

ここまで独断と偏見で三要素を提示した。すでに明らかな通り、これらすべてが備わっていなければ結婚ではない、というわけではないが、満足に維持されている世間のあらゆる結婚は、どうもこれらのうち少なくとも一つの要素を持ち、これらの組み合わせによって成立しているように思われるのである。その意味で、恋愛・共同生活・子どもの三要素は結婚の意味を探るための手がかりとして、有用だろう。

とはいえ、この三要素が必ず幸福に共存できるとは限らない。たとえば、子ども要素を追求することが他の要素を傷つけることもあるだろう。最近では、妊娠を目指して排卵日にセックスを求める女性を前にした「排卵日ＥＤ」も話題になってい

2015年のTBSドラマ「マザー・ゲーム」で話題になりましたけど、最近は働くママのための生活実用誌『CHANTO』のウェブサイトの記事にも、「保育園ママが知らない『幼稚園〝ママ名刺〟』の怖すぎる世界!!」なんて話が載っていたりして。ずいぶん一般化してきているのかな〜という印象です。

S 『VERY』にも載ってましたよね。主婦業と別のところで活躍するケースとは違うけど、「ママ名刺」もプロフェッショナルな母親としてのステータスではあるのかなぁ。

Y あと、それに加えて、保育園や幼稚園のように社会的な立場、階層が異なる親の集まる場においては、「○○のママ」という、一見、平等で格差を感じさせない表現がコミュニケーションの円滑化を担っている感じもしたり。

余談ですけど、ママ名刺を高級な紙で作ったり凝ったデザインにしたママが、それがもとで爪弾きにされたケースもあるみたいですよ。

る。(注4) 同じことは男性だけでなく、女性にもあるだろうが、これなどは子ども要素の追求のために他の要素が犠牲になっている例である。それぞれのカップルにおいて、それぞれ幸せな要素の組み合わせがあるはずなのだ。

◆「結婚のかたち」――共同生活要素の上昇

さて、さしあたり三つの要素を取り出してはみたが、いろいろな異論があろうと思う。たとえば一昔前なら「子ども要素」は「生殖要素」と表現されていたかもしれない。ところが、人工授精や精子バンクや代理母といった近年の生殖技術の発達によって、カップル間の生殖なしでも子どもを得ることはできるようになったし、その傾向は今後も拡大していくと予想される。子どもを持てなかったカップルを中心に特別養子縁組への要請も高まっているし、結婚せずに子どもを持とうとする「非婚出産」も話題になっている。つまり、生殖が外部調達可能になり、相対的に養育の重要性が高まっているのである。それはもはや「生殖要素」では表現できない。そこではパートナー選択においても、どんな子種を持っているかだけでなく、どれだけよりよい家庭環境や子育て環境に貢献してくれるかが注目されることになる。

S　怖い……。

『VERY』が変わった

Y　ところで、『VERY』と言えば、「基盤のある女性は強く、優しく、美しい」というキャッチコピーが有名ですよね。「〝基盤〟ってダンナの金のことだろう」と揶揄されたりもして、やっかみやひやかし含めて注目され続けてきた雑誌です。

自分とは縁遠い雑誌と思いながら、私も異世界を見に行く感覚でたまに読んでるんですけど、近年の『VERY』、ちょっと変わってきてるんですよね。従来の専業主婦を前提とした誌面作りから一転、いまは働くママが毎号ふつうに登場するんです。2018年7月号の表紙には「働くお母さんは、もっとハッピーになっていい！」というコピーが踊りました。ステキですよね。

ママドルの時代

S　あんまり詳しくないんだけど『VERY』って30代女性をター

子ども要素における生殖から養育へという焦点の変化は、独身脱出前や直後に生じるイベントよりも、独身脱出後の結婚生活において育んでゆくプロセスの方が、結婚においてますます核心的になっていることを象徴している。この移行によって共同生活要素は三要素のなかで相対的により重要なものになっている。20代・30代女性におけるセックスレスの理由第1位は「彼が家族のようになってしまい、性欲を感じない」からだという(注5)。それでも、彼女たちはパートナーと別れていない。このことは、恋愛要素がなくても家族として、共同生活の相手として、パートナーに十分に価値があることを意味している。

もっとも、これは巨視的な推移にすぎない。現実には個々のカップルがそれぞれに三要素を組み合わせ、「結婚のかたち」を構想する。結婚において恋愛を重視するのか、生殖を重視するのか、どれだけ共同生活や子育てにコミットできるのか……。各カップルは三要素のバランスを前提とした努力をすることになる。自分たちにとっての「結婚のかたち」がなんなのかが両者一致しないまま双方が努力を重ねても、それは多くすれ違いに終わるだろう。社会変化に基づく傾向はあったとしても、「結婚のかたち」はどこまでも個々のカップルのものである。

ゲットにした雑誌ですよね。働く女性が増えてきたこともあるだろうし、社会における働く既婚女性のイメージが向上してることもあるんでしょうね。

Y　ですね。とはいえ、やはり、『VERY』の世界観って、その時代ごとの勝ち組妻礼賛なのかなという印象は拭えませんけど。

『VERY』界で女性が輝くために必須の条件は、いまも昔も変わらず、ステキな夫とかわいい子どもなんだろうなと感じます。

S　なるほどなぁ。女性芸能人でもそうなってきてるかもしれない。ママドルと言われた松田聖子は、結婚して子どもを産んだ後も第一線で活躍し続けた嚆矢なわけですけど、いまはむしろ子育てしているママタレ（ママタレント）の方がもてはやされる。

２０１６年からですね、オリコンが好きなママタレランキングを始めたの。木下優樹菜さんとか、小倉優子さんとか、辻希美さんとか、結婚

◆国家承認としての法律婚

にもかかわらず、わたしたちはしばしば「結婚のかたち」はみな同じかたちをとっていると考えやすい。それは日本における結婚のほとんどが法律婚というかたちを伴っていることに依る。

統計を見てみると、「結婚は個人の自由であるから、結婚してもしなくてもどちらでもよい」という考え方に好意的な人は1990年代後半からおよそ7割前後で推移しているのに、未婚者の9割弱がいまだにいつかは結婚したいと望んでいる。みんなが結婚しようがしまいが結構だけれど自分は結婚したいよ、というわけだ。(注6)ここで想定されているのが、婚姻届の提出によって戸籍の異動を行い、法的な関係を成立させる法律婚である。

法律婚は「結婚」の国家承認である。国家が「あなたたちは結婚していますよ」と2人の「結婚」を保証してくれるのである。しかし、このとき国家は、各カップルのそれぞれの結婚のかたちを把握してはくれない。あくまで画一的に国家が標準だと考える結婚が適用される。そこでは現状、同性の「結婚」や夫婦別姓の「結婚」や3人以上の「結婚」は排除される。国家の考える結婚の規格に合わないからである。それでは国家の考える結婚とはなにか。憲法にも記載がある。ちょっと復習し

前はアンチも多い印象があったけど、いまは圧倒的な支持を受けてる。しっかり子育てをしながら働いているのが評価されるんですね。

Y　でも大変ですよね。ステキな夫は自分で選べばいいけど、かわいい子どもの親には自分の努力だけでなれるとは限らない。不妊やセックスレスがこれだけ一般的な悩みになった時代ですもん。

S　かつては敢えて子どもを持たない「DINKs（子なし共働き）」が注目されてましたけど、いまの大学生に聞くと、言葉も知らない子が多い。むしろ近年の関心は、子どもを持ちたくても持てないそうしたカップルですよね。

セックスレスは身近に

Y　本文にセックスレスの話題が出てきましたけど、私も数年前、既婚の友達数人からセックスレスの話を聞いたことあります。意外と身近な問題なんですよね。理由は「そういう感じじゃなくなった」とか、「ふ

てみよう。

第二十四条

婚姻は、両性の合意のみに基いて成立し、夫婦が同等の権利を有することを基本として、相互の協力により、維持されなければならない。

配偶者の選択、財産権、相続、住居の選定、離婚並びに婚姻及び家族に関するその他の事項に関しては、法律は、個人の尊厳と両性の本質的平等に立脚して、制定されなければならない。

冒頭の「両性の合意のみに基」づくという文言が同性婚との関係で問題になるのだが、それはあとで触れるとして、婚姻が両性の平等のもと相互の協力によって維持されなくてはならないと憲法上要請されている。「夫婦」が不平等な権利関係としての「結婚」に合意していたとしても（役所は受け取ってくれるだろうが）国家が想定する法律婚にはそぐわない。

ちなみに、国家は親子関係についても規定する。たとえば、代理母（お腹を貸す）というのは世間一般には当然のように受け取られているが、現行の判例では代理母を利用すると実親子関係が生じないことになっている。(注7) つまり、卵子を提供した母

だんの生活のなかでは無理。旅行のときくらいかな」とか。

S　本文でも書いたように、女性には、パートナーが馴染みすぎて性の対象じゃなくなっちゃうっていう回答が多いんですよ。男性の側にも同じような事情があるみたいで、性の対象というより同居人って感じになってしまってセックスレスになるって（杉山麻里子・浜田奈美「夫のホンネ300人調査　妻はいつから「女」でなくなるのか」）。あとはお互い仕事で疲れちゃってセックスどころじゃない、とか。

Y　長時間労働はセックスレスへの入り口ですね。

精子力クライシス

S　それから、妊活の影響が大きいと思うんですけど、「排卵日ED」とかも話題だったり。

Y　それ聞きます。また友達の話になるけど実際になった人がいて。よく言われている通り、義務感、やらされてる感があると、気持ちがつい

親ではなく、分娩した代理母の方が法的な母親とされるのである。だから、代理母を頼ろうとする人は、代理母を利用したことを隠して国家に出生届を提出するという抜け道を利用しなければならなくなる。

また、近年のＤＮＡ鑑定の普及によって、子どもの遺伝上の父親が法律上の父親と異なるケースがしばしば明らかにされる。こういったケースでも、妊娠前後に法律上の父親と母親に同居など婚姻の実態があれば（法律上の父親が子の出生を知ってから1年以内に嫡出否認の申立てをしていない限り）遺伝上の父親と子の間に親子関係が認定されることはない。(注8) 血が繋がっていてこその親子……と考える人も少なくないだろうが、それは現在の日本という国家が追求している実親子関係ではない。

こうして良くも悪くも法律婚や家族のかたちは、国家と無関係ではありえない。そしてまた、杓子定規な法律婚を前提にしている限り、現実の結婚の多様性を理解することはできない。法によって定められた「法律婚」と社会に実在する「結婚」との違いを理解したうえで、各カップルの「結婚」の実相がどのようなものであるかを、たとえば三要素を通して見ていかなければならない。

ていかないそうです。

S　晩婚化の一方で、卵子老化とか精子力クライシスとか言われるから、そのはざまで悩んじゃうっていう構図もあるんでしょうね。

Y　「精子力クライシス」は２０１８年7月に放送された「ＮＨＫスペシャル」のテーマでしたけど、不妊の原因は女性って決めてかかるような風潮が、近年、ずいぶん変わってきた印象ですね。

晩婚化のいま、若くない夫婦が子どもをもうけたければ、男女ともに妊娠出産のかなう体作りをしてなるべく早いタイミングで、というのが常識になりつつあります。

昭和の「結婚即妊娠」

S　セックスに対するカップルの態度って本当に大きく変わってるんですよね。

今回調査しているなかでたまたま見つけた雑誌『自由時間』の94年4月号の調査なんですけど、標本数は少ないんですが、夫婦のセックス回

図表　副音声　第1子出生までの結婚期間別に見た出生構成割合
――昭和50・60・平成7・17・21年

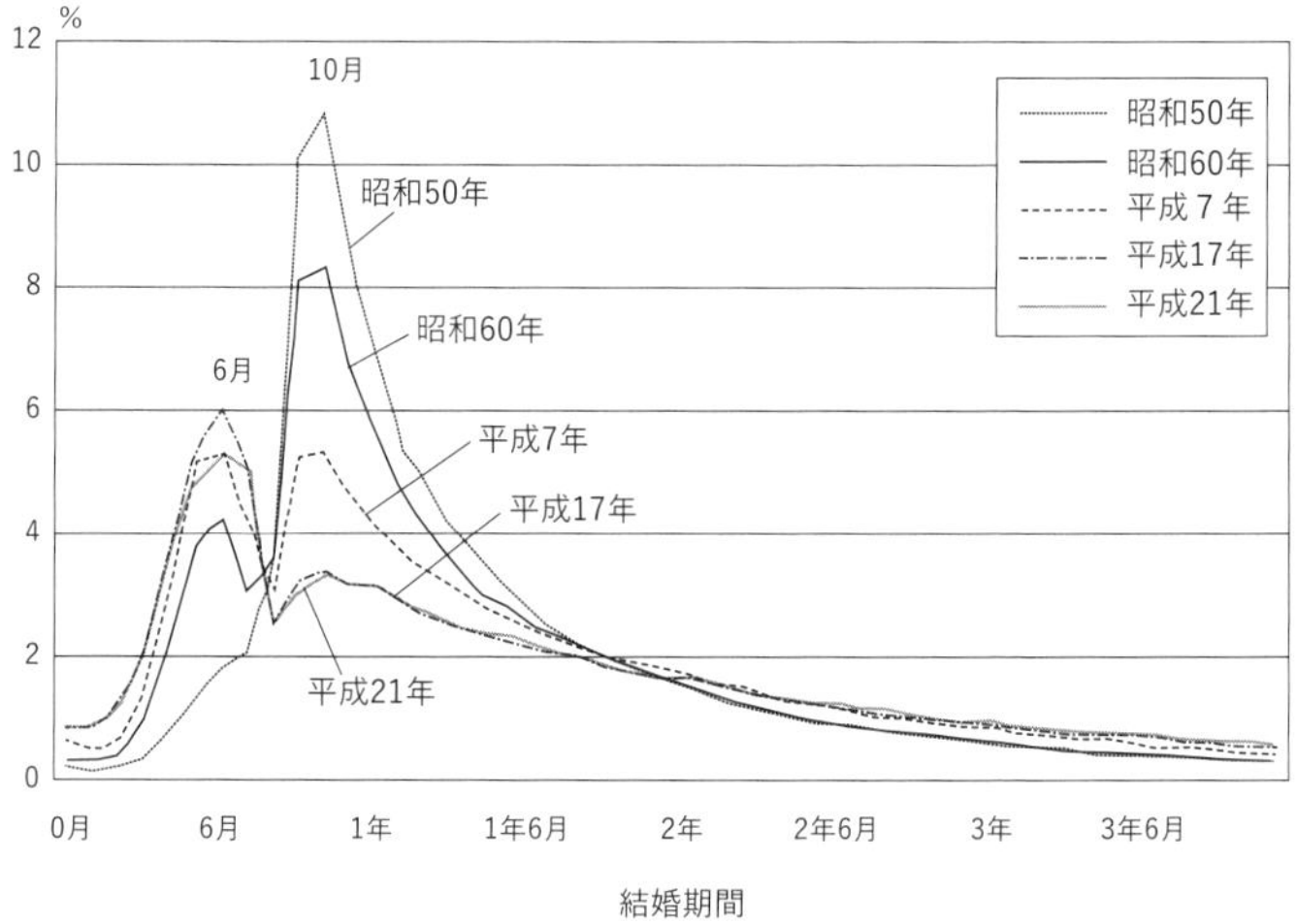

注：1）嫡出第1子についての数値である。
2）結婚期間不詳を除いた総数に対する構成割合である。
3）0月とは生まれた月と同居を始めた月が同じ場合である。
出所：厚生労働省「平成22年度「出生に関する統計」の概況」（2010年）より
（https://www.mhlw.go.jp/toukei/saikin/hw/jinkou/tokusyu/syussyo06/syussyo2.html）

数は週3回以上が11%、週1～2回が37%、月数回が33%、月1回未満が15%という結果だったというんです（武田昌悟「フツーの皆さんの性生活」）。近年の調査と比べると全体的に回数は多いですよね。

Y　ですね。

S　ただ、このときのキャプションには「回答全般はおとなしめ」って書いてあるんですよ。若者はもっとヤってるってイメージがあったわけですね。

実際、昔って結婚してからすぐに妊娠することが多かったんですよ。まだ最新版が公開されてなくてデータは少し古いんですけど、この図おもしろいですよ（図表　副音声）。

昭和の頃は結婚・同居して10ヶ月経つ頃の出産が圧倒的に多い。つまり、結婚してすぐにできちゃうわけ。

Y　えー！　昭和時代の人、妊娠力高すぎですね。妊活スタート即妊娠って。結婚年齢が若いからというのが大きいんでしょうけど。

3　婚活とはなにか？

◆たとえ離婚するとしても結婚したい

　すでに論じたように、恋愛や共同生活や子どもといった結婚の前提となる三要素は、個別には婚姻外でも調達可能だ。だから、人が積極的に結婚する理由は論理的にはあまりない。しかし、現実には多くの人が、そうした要素を長期的、拘束的なものにしようと「結婚」を目指す。別に法律婚でなくとも事実婚でもよい。「結婚」というステータスにこだわるのである。

　そんなとき、人はただその関係を2人の間に確かなものにしようと思っているだけではない。上手く運んでいる恋愛や、共同生活や、育児は、「結婚」というステータスがなかったとしてもそのまま長続きするだろう。ところが、多くの人は第三者の承認を得たいと考える。彼／彼女が恋愛している、共同生活をしている、子どもがいる、そしてなにより結婚しているということは、彼／彼女を受け入れてくれる誰かがいるという証明。エッセイスト・酒井順子に言わせれば、かつて「負け犬」はそうした要素の不在ゆえに嘲笑の対象になった。

S　ところが、いまではそんな人は少なくて、現在の出産のピークは結婚・同居後6ヶ月、つまりできちゃった結婚なんですよ。これが昭和60年（1985年）ごろから増えてきて、平成になると結婚後すぐに妊娠する人より多いわけ。

Y　あー、発覚間もない妊娠3～4ヶ月くらいで慌てて婚姻届を出すパターンですね。しかしそうすると、夫婦水入らずで旅行したり、ちょっといいレストランでデートしたり、そういう新婚生活ほぼなしってことでしょ？

　即子育てモード突入、最初から生活感高めの共同生活ってなかなかハード。

S　そういうロマンチックな時間は交際・同棲期間中に済ませてる人も多いんじゃないですか。いずれにしても、結婚してからセックスにガツガツするみたいな時代じゃない。それこそ、結婚式のあとすぐに2人ラブラブ新婚旅行……みたいな昭和っぽい流れ、周囲にはあまりないです

「あの人って、女として幸せじゃないって感じだよねー」
というフレーズはつまり、「なんだかんだ言ったってさぁ、あの人って現時点で男から選ばれてないってことでしょー」という意味を持つ。

（酒井順子『負け犬の遠吠え』2003年）

年齢非公表の女優・吉田羊は結婚願望について問われて「あります！」と明言したが、次のような理由もその顕れだ。

結婚できないわけじゃないよって示すためにも一回はしたいですね。たとえ離婚するとしても（笑）。ご縁ですからわからないけど、3年後くらいまでには叶えたいかな

（吉田羊「週末婚くらいがちょうどいいのかも（笑）。」2015年）

だからこそ、次のような「結婚の技術」が唱えられることにもなる。

「おためし婚」でサクッと、「負け犬」状態からの離脱を図りましょう。

よね？

Y　ええ。婚姻届提出は婚姻届提出。結婚式は結婚式。新婚旅行は仕事の都合もあるから双方のスケジュールを考慮して。イベント全部を近い時期に設定して新婚モード全開ってカップルはそう多くないですよね。いまは。

S　共働きが多い影響もあるかも。

ナシ婚からインスタ映えまで

S　そもそも結婚式自体、「スマ婚（スマート婚）」とか「ナシ婚」とか、少人数の仲間たちが一緒に小規模な式をつくりあげる「シェアド婚（共有婚）」みたいなかたちをとるカップルが多くなってますもんね。

Y　ええ。実は私も披露宴不要派です。いろいろあって仕方なく最小限の親族だけで実施しましたけど。

S　他方で、いまでも「リゾ婚」（リゾート結婚式）は廃れていない。ハワイ挙式とか。

Y　やりたかったのはそれです。2人だけの海外挙式！　早くハワイか

とにかく、「名誉ある×①《バツイチ》」状態へとコマを進めることが肝心です。

（梅森浩一『結婚する技術』２００５年）

◆独身脱出と結婚生活

ここで目指されているのは第三者への、ないし社会への見栄としての結婚である。決してその先の結婚生活ではない。これは日本語で「結婚」と言うとき、しばしば誤解を生じるポイントだ。未婚者にとっての「結婚」は一般に結婚する行為を指すが、既婚者にとっての「結婚」は結婚している状態を指すことが多い。

本書では、この「結婚」の二つのフェイズをそれぞれ〝独身脱出〟と〝結婚生活〟と呼び分ける。そして単に「結婚」と言うとき、二つのフェイズを併せたものとして表現することにする。

結婚生活がプロセスであるのに対して、独身脱出は婚姻届の提出や結婚式などによって結婚生活のスタート地点に立つことだ。人が「結婚したい！」と言うとき、それは一般に独身を脱出したいという希望を表すが、「イイ結婚をしたい！」と言う場合には、ただ感動的な結婚式を挙げるに留まらず、実りある結婚生活への展望を含んでいると言えるだろう。

ヴェネツィアで自分の納得できる結婚式やりたいな〜。

S　ぼくも台湾人カップルが沖縄で挙げた結婚式に出たことあるけど、チャペルがガラス張りで、まさに「インスタ映え」って感じだった。

あと、ディズニーシーのホテルミラコスタでの結婚式にも出たことあるけど、日を選んだら1年とか待つって聞いた。

Y　ふつうの式場でも人気のところは1年前だと間に合わなかったりするから、ディズニーだともっと待つ場合もあるかも。ぞろ目の日や6月の大安の休日や11月22日もきっとすごい競争率ですよね。

S　あるアーティストに結婚式のメークアップを頼むために、予約して1年間待ったなんて話も聞くし。結婚式にカネや手間をかけるかかけないか、二極化してる印象もありますね。

結婚指輪は大事！

S　ところで、結婚の社会的な見栄

この二つを峻別したとき、現代日本で一般的な恋愛結婚は次のようなプロセスとして理解することができる。

《恋愛→独身脱出→結婚生活》

そこではいかに独身脱出するかという「婚活」――結婚活動――は、恋愛と結婚生活とをいかにつなぎ合わせるかという活動だと位置づけられる。そしてまた、いまこの現代日本で婚活を議論するにあたって注意しておきたいのは、平均寿命が延びるにつれて結婚生活の重要性がますます高まっているという事実である。1980年代半ばの時点で、心理学者・河合隼雄は次のように書いている。

結婚式においては、「ここに、二人はめでたくゴールインされ」などという挨拶が聞かれるが、結婚はゴールインどころか、それから長い困難に満ちたレースのスタートラインに立ったばかりなのである。しかも、現代では、平均寿命が長くなったので、そのレースは途方もなく長いものとなった。

（河合隼雄「現代の恋愛・結婚」1985年）

の部分って結婚式だけじゃないんですよね。結婚してることを示すのが大事なので。

Y　会ったときに伝えるとか、結婚指輪つけとくとかですよね？

S　そうですそうです、結婚指輪もその一つですね。

水谷さるころさんのマンガ『結婚さえできればいいと思っていたけど』にも、事実婚だけど「指輪とかしてる方が親とか周りは安心しそう」と結婚指輪を揃えるシーンが出てきましたね。

Y　ええ。結婚指輪は大事です。

S　他にも、結婚を公にする手段としては、婚姻届もあります。いま役所によっては婚姻届を提出しに行くと、求めてもいないのに「スマホありますか？」と写真を撮ってくれるとこ、あるみたいなんですよ。わかりやすいようにお祝いの言葉とか日付とか入ったパネルまで用意して。カップルが婚姻届提出の写真をメールしたり、SNSにアップしたりできるようにっていう配慮だと思うん

「人生100年時代」にますます結婚生活の側面が重要性を増しているのは言うまでもない。こうして婚活論は、恋愛論と結婚生活をめぐる議論を接合するのみならず、老後や介護までをも含んだ広範な議論を包含するようになる。言ってみれば、個人個人が社会の目を気にしながらそれぞれの生をどのように構想するかが、婚活論には凝縮して現れるのである。

です。

これはあくまで仮説なんだけど、若者の金欠で「婚約指輪は給料3ヶ月分」なんて神話になってるし、「ナシ婚」も増えてるし、結婚指輪をつけない人も増えてる気がするし、社会的結婚において婚姻届が重要な象徴としての機能を持つようになってきてるのかもしれない。

Y　なるほど。まあ、どんなかたちでも象徴は大事ですからね。

S　うん。結婚はステータスでもあるから、そのステータスを示すために象徴は重要ですよね。

同棲の浸透してるスウェーデンの家族法学者のソルジャードなんかは、ステータスとして法律婚が重要だと強調しています（Sörgjerd 2012）。日本でもこれからさらに同棲が増えるとすれば、金欠のなかでいかに法律婚というステータスを公にするかが焦点になっていくかもしれません。

第1章

婚活0.0
―― パンダから雑誌『結婚潮流』へ

「婚活」という言葉が生まれるよりずっと昔、1980年代からすでに婚活は存在していた。

パンダの結婚から見るように70年代には「見合い・恋愛混合型」の結婚が多くあったが、80年代にいわば「婚活0.0」とでも呼ぶべき議論が登場する。

1　パンダの結婚 ―― 見合い・恋愛混合型の70年代

◆ランランとカンカン

1972年、日中国交正常化の象徴として、上野動物園にランラン（♀）とカンカン（♂）という2頭のパンダがやってきた。国民的人気を集めたパンダに期待されたのは、なにより「結婚」だった。

来日からほどない73年、男女のあいだに「恋のきざし」があり、「同居」させる方針だということが発表されると、「結婚」への期待は一気に高まることになる。次に来るのは「お見合い」である。お見合いの様子を観察した人間たちは「結婚の条件はほぼ整い、あとはカップルの気持ち次第」だと観測、(注9) ハラハラドキドキ、ついに彼女／彼らは「結婚」に至る。

それにしても、ここでの「結婚」とはなんであろうか？　法的な結婚でないことは言うまでもないが、文脈を踏まえなければこの比喩の意味するところを理解することは難しい。73年の報道ではパンダの「結婚」は、同居してお互いに発情している状態を指している。(注10) ところがさらに新聞報道を追っていくと、パンダの「結婚」

パンダは肉食？

Y　パンダと言えば上野動物園のシャンシャン！　かわいいですよね〜。

S　パンダがやってくる過程については、家永真幸『パンダ外交』に書かれています。かわいい表紙に似合わず、本格的な研究書なんですよ。

Y　ほんとだ！　かわいい！

そういえば、パンダは本来肉食だったって説があるらしいですよ。

S　え、雑食じゃないんですか？

Y　笹ばっかり食べてるイメージだけど、消化器官は肉食動物のものに近いとか。

S　へぇ〜。つまり、生物学的には肉食で、生活スタイルとしては草食ってことかしら。

なんかふと、「男たるもの、肉食であれ」みたいな肉食系男子テーゼを思い出しちゃったわ。一草食系男子としてはさ、パンダと同じでさ、「男は肉食なはずだ、肉食え」って言われても食いたくないことあるよねぇ。

の意味が一定ではないことに気付く。「結婚」は次のような多様な意味を持って使われているのだ。

結婚A	人間による「つがい」の設定
結婚B	同居＋発情（73年の「結婚」はコレ）
結婚C	交尾そのもの

三つめの用法などは、そのまま「交尾」と書けばよさそうなものだが、婚外性交渉への抵抗なのか、ここでも「結婚」という用語が使われている。

なぜこれだけ多様な「結婚」が登場するのか。その理由を小説家・評論家の松山巖は、人間において多様な恋愛がありふれてしまった70年代、パンダの結婚に人間の恋愛観・結婚観が仮託されるようになったと論じている（松山巖「解説」）。言葉を換えれば、パンダの「結婚」からは、当時の人間の恋愛観・結婚観を透かし見ることができるというわけだ。

実際、ランランとカンカンの73年の「結婚」からは、当時の結婚観の一端をうかがい知ることができる。ランランとカンカンは、人間が見合いを設定したとはいえ、

いまは名付け親の深澤真紀さんみたいに草食系男子を評価してくれる人もいるわけですけど、前の世代は大変だっただろうなぁ。

Y　昔は大多数の男子が肉食系的に振る舞ったっていうんだからすごいですよね。告白も男性側からが当たり前。いまは女性側からというのも増えてきてるみたいだけど。

S　かつて男性が必ず告白してたのは、自由恋愛において告白は男性の側からするもんだっていう「常識」があったからでしょう。現代の草食系男子と同じくらい草食系マインドの男子はいたに違いないけど、肉食系として振る舞うしかなかったんじゃない？

Y　あ〜それはあるかも。逆に女性の側も「はしたない」って怒られるので自分からは動きにくい。

S　近年、肉食系女子が増えたって言われるのは、男性からコクられるのを待つ一方だと、自分の好きな男性を得られないっていう事情があるんじゃないですか？

お互いの気持ちが乗ってはじめて同居＝「結婚Ｂ」に至る。これは、親の合意によって見合いを行った場合でも、本人たちに恋愛感情が生じてはじめて結婚前提の交際に発展するという、いわば「見合い・恋愛混合型」とでも呼ぶべき当時の人間の「結婚」の一つの理念型を反映している。

◆市街地と農村・漁村

日本全体の一般的傾向としては、１９６０年代から70年代にかけて、見合い結婚から恋愛結婚への転換が急速に進んだと言われる。しかし、ここには二つの留保が必要だ。

一つは地域による差だ（**図表1**）。見合い結婚から恋愛結婚への転換が論じられるとき、あたかも日本全体でいきなり変化が生じたように言われがちだ。ところが、この転換の根拠となっている「出生動向基本調査」（旧・出産力調査）というデータには実は市街地と農村・漁村という腑分けをした回があって、これを分析してみると市街地と農村・漁村では恋愛結婚の普及した時期がまったく異なることが明らかになる（実際は世代による変化を観察しているが、これが時系列変化と重なることは既存の研究で明らかにされているため省略する）。

Y　好きな相手がフリーとは限らないし、積極的に攻めていける女性が強いというのはありますよね。

サチコの恐怖

Y　こんなときに思い出すのが、矢沢あい先生の名作恋愛マンガ『NANA』です。登場人物の1人に幸子というブリッコ女性がいるんですけどね、物語序盤で幸子は主人公の彼氏を略奪するんですよ。しかも、わざと終電逃すっていうわかりやすいやり方で！　そんな手に引っかかる彼氏も彼氏だけど、恐ろしい女ですよ、幸子は。一見、人畜無害な小動物系なのがまた。

でも、現実にも、奥手な美人が積極的なふつう女子に負けるってありがちな話ですもんねぇ。

S　そうですね。肉食系の女性が1人でも出てくると、マドンナだってウカウカしてられなくなる。好きな男性にシグナル送ったり、様子見たり、場合によっては肉食変化《へんげ》が必要にもなる。

図表1　市街地と農村・漁村における見合い・恋愛結婚割合

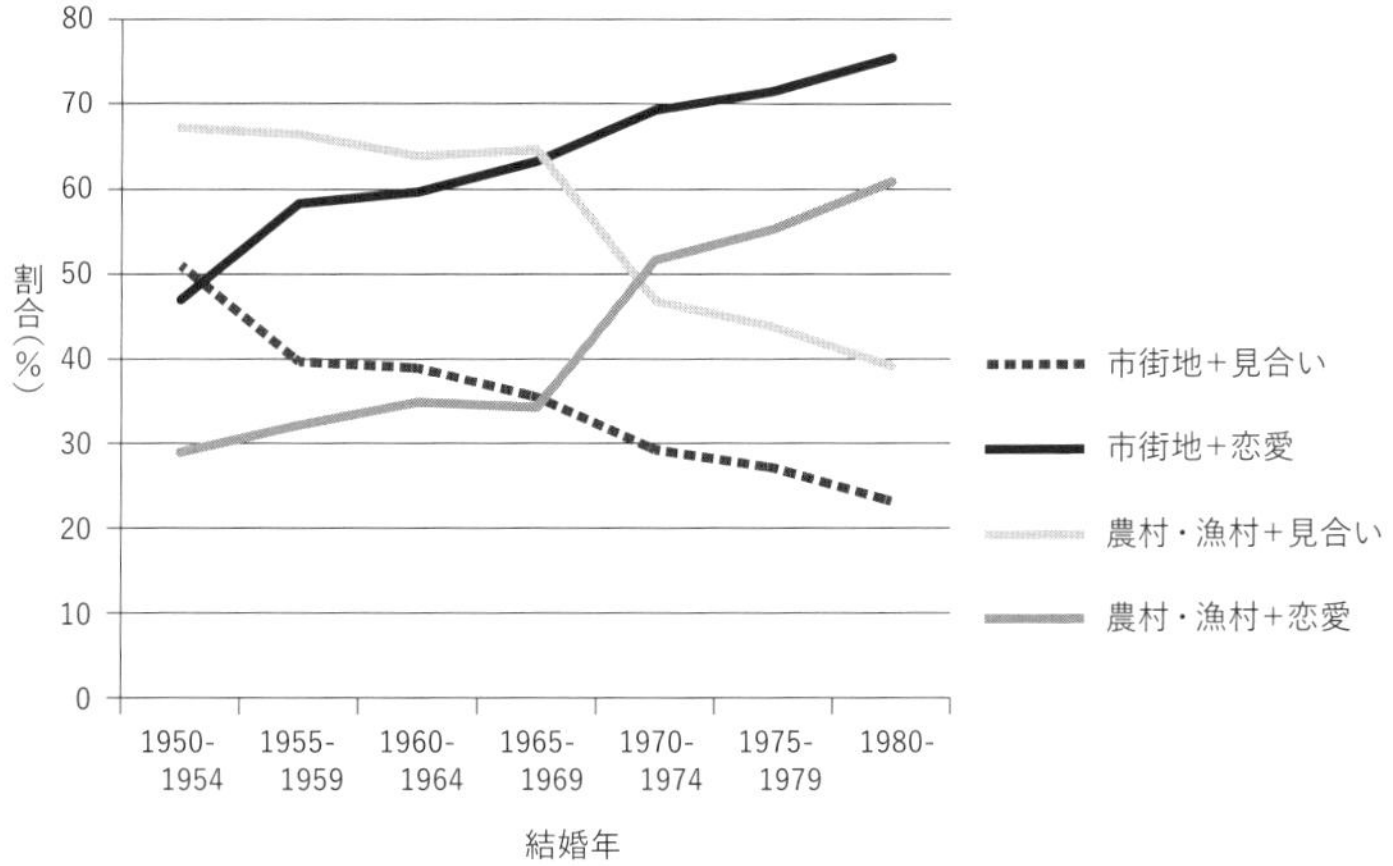

出所：国立社会保障・人口問題研究所「第8次出産力調査」より筆者作成

農村・漁村では確かに70年前後に急激に恋愛結婚が進行した。ところが、実は市街地では遅くとも50年代にはすでに恋愛結婚が見合い結婚を上回っている。考えてみれば、大正期にはすでに恋愛至上主義の風が吹き荒れていたのだから、なにも不思議ではない。そして市街地における恋愛結婚はその後も増え続けて70年代には70%以上に達している（「第8次出産力調査」1982年）。

市街地と農村・漁村との間には恋愛結婚の受容のタイミングに大きな差があり、70年

肉食系か草食系かというのは、その人の本来の性格よりも、文化とか慣習に規定されることが多いんじゃないかな。

文化や慣習による規定って恋愛への態度だけじゃなく、たとえばね、どういう顔がイケメンか美人かとかも、アイドルによってかなり変化すると思っていて。

どうしても語り遺しておきたいのはジャニーズの亀梨和也くんの衝撃ね。

Y　衝撃？

S　初めて彼をテレビ画面で見たのって2005年のドラマ「ごくせん」第2シリーズとか「ノブタ」（野ブタ。をプロデュース）の頃だと思うんですけど、当時、若者の間で「嵐」を喰う勢いだった「KAT-TUN」の二枚看板が、赤西くんと亀梨くんでした。

線が細くて、白いし、眉もメッチャ細いし、眼光鋭い感じだし、一見すると不健康な感じがして……。ぼく自身は亀梨くんの中性的な感じ

代以降にもなお恋愛結婚の地域格差があったことは疑いない。これは婚約中の交際にも現れていて、72年の段階で都市団地では「自由に交際」が63・5％であったのに対して、農村では「交際せず」が34・6％に達している（労働省婦人少年局『婦人の地位に関する実態調査』(注11)）。こうして見ると、パンダの結婚を見るにあたっても、恋愛感情を「結婚」に含める報道は、とりわけ市街地で受け入れやすいものだったと考えられる。そしてまた、その後の地方における恋愛結婚の急激な普及は、都市文化の拡大としても捉えられなくてはならないのである。

◆恋愛と見合い――「見合い・恋愛混合型」の位地

もう一つは「出生動向基本調査」における「見合い結婚」と「恋愛結婚」の定義である。実はここでの定義は（調査によって若干の変化があるが）、夫婦が知り合ったきっかけによっている。たとえば1987年の「第9次出産力調査」では次のように定義されている。

は嫌いじゃなかったんだけど、当時は伊藤英明とか速水もこみちみたいな、大柄でムキムキで濃いタイプも人気があったんで、まして印象的だったんですよね。

イケメンの条件

Y　亀梨くん、私は最初からふつうにイケメンとして受け止めましたよ。だって彼、ジャニーズだし。

S　そう、その「ジャニーズだし」ってすごく大事だと思ってて。ジャニーズのアイドルグループのセンターとして出てくる人がイケメンの基準になるところ、やっぱりあるんじゃないか。

同じころ、石原さとみにも同じ印象があったんですよね。それまでは、矢田亜希子がそうだったように、茶髪で、顎が細くて、唇も眉も薄い女性がメインストリームって印象があって。だから、周りに石原さとみファンが急増していくのに驚きました。

Y　あ、わかる。近いところで、堀

	知り合ったきっかけ
見合い結婚	見合い、結婚相談所
恋愛結婚	学校、職場、幼なじみ・隣人関係、サークル・クラブ、友人・兄弟を通じて、街中・旅先等

これらは出会ったきっかけだから、実際に恋愛をしたかどうかは別問題である。便利なことに「第9次出産力調査」では出会ったきっかけとは別に恋愛があったかどうかを聞いているからそれを見てみよう。すると、「見合い結婚」に分類されているもののなかにも「恋愛があった」と答えるものもあるし、「恋愛結婚」と分類されたもののなかにも「恋愛があったと思わない」とか「わからない」という返答が登場する。文言だけ見ると奇妙だが、たとえば出会ったきっかけは職場だが、恋愛ではなく上司の勧めで結婚するというようなパターンも多く存在したであろう。それが知り合ったきっかけと恋愛の有無とのすれ違いとして析出されることになる。

そこで、ここでは表のような分類をしてみることにする（**図表2**）。すなわち、「見合い」（と分類される知り合ったきっかけ、以下同じ）で出会って恋愛のないま

北真希さんや井上真央さんの躍進を、個人的には少し意外な印象を持って見ていました。

S　わかります。人の好みって、旬のアイドルや芸能人の影響で変わっちゃうところがある。

Y　でも、「いまステキな容姿」のトレンドというものが確かにあるとしても、結局、人によって好みって全然違っちゃいませんかね。

S　もちろん。けど、そこまで好みじゃなくても世の中的に人気の系統の容姿の人から告白されたら、やっぱり印象違うでしょ。

Y　う〜ん。2019年のいま大人気の人、たとえば菅田将暉さん。失礼を承知であえて申し上げるなら、私のもともとの好みからは外れてます。だけど、いまこの瞬間、もし菅田さんから告白されたら……非常に嬉しい！　なるほど。

S　ほんとね、アイドルとかタレントの力ってすごいですよ。11年頃の剛力彩芽も異様な人気で、瞬間風速的には、彼女は美人の定義を変えて

図表2　出会ったきっかけと恋愛の有無による分類

		恋愛の有無		
		あり	なし	わからない、不詳
出会ったきっかけ	見合い	見合い＋恋愛	純粋見合い	
	恋愛	純粋恋愛	その他	
	不詳			

出所：筆者作成

ま結婚したものを「純粋見合い」、「見合い」で出会ったが恋愛をしてから結婚したものを「見合い＋恋愛」、「恋愛」で出会って実際に恋愛をして結婚したものを「純粋恋愛」とするのである。

この分類によって87年調査を再検討してみると、若い世代ほど「純粋見合い」や「その他」が減少して「純粋恋愛」が急増していくのを見てとることができる（**図表3**）。こうした変化は、出会ったきっかけはどうあれ、恋愛して結婚する人が増えていることを示している。しかし、この調査がアンケート調査であることを踏まえると、この変化が独身脱出の実態

しまうのかと思うくらいでした。

あー、てか、この話全体、もうめちゃくちゃ失礼。先に謝っときます、すみません。

Y　ええ、私たちはまず自分の顔を鏡で見て出直すべきですね。

S　ほんとだよ。

「抱かれたい」ランキング

S　芸能人と言えば、「抱かれたい男性」ランキングと「恋人にしたい女性」ランキングってあるじゃないですか。

Y　昔ほど見なくなった気もするけどありますよね。

S　それって不十分だと思いません？　一般に男性側が抱く側だっていう社会通念があるのはわかりますよ。けど、女性だって「抱かれたい男性」とは別に「抱きたい男性」もいるでしょう。

Y　「抱きたい」とか思ったことないです。

S　わぁ〜、これだから草食系女子は……。たぶんね、男性の側だって

図表3　出会ったきっかけと恋愛の有無

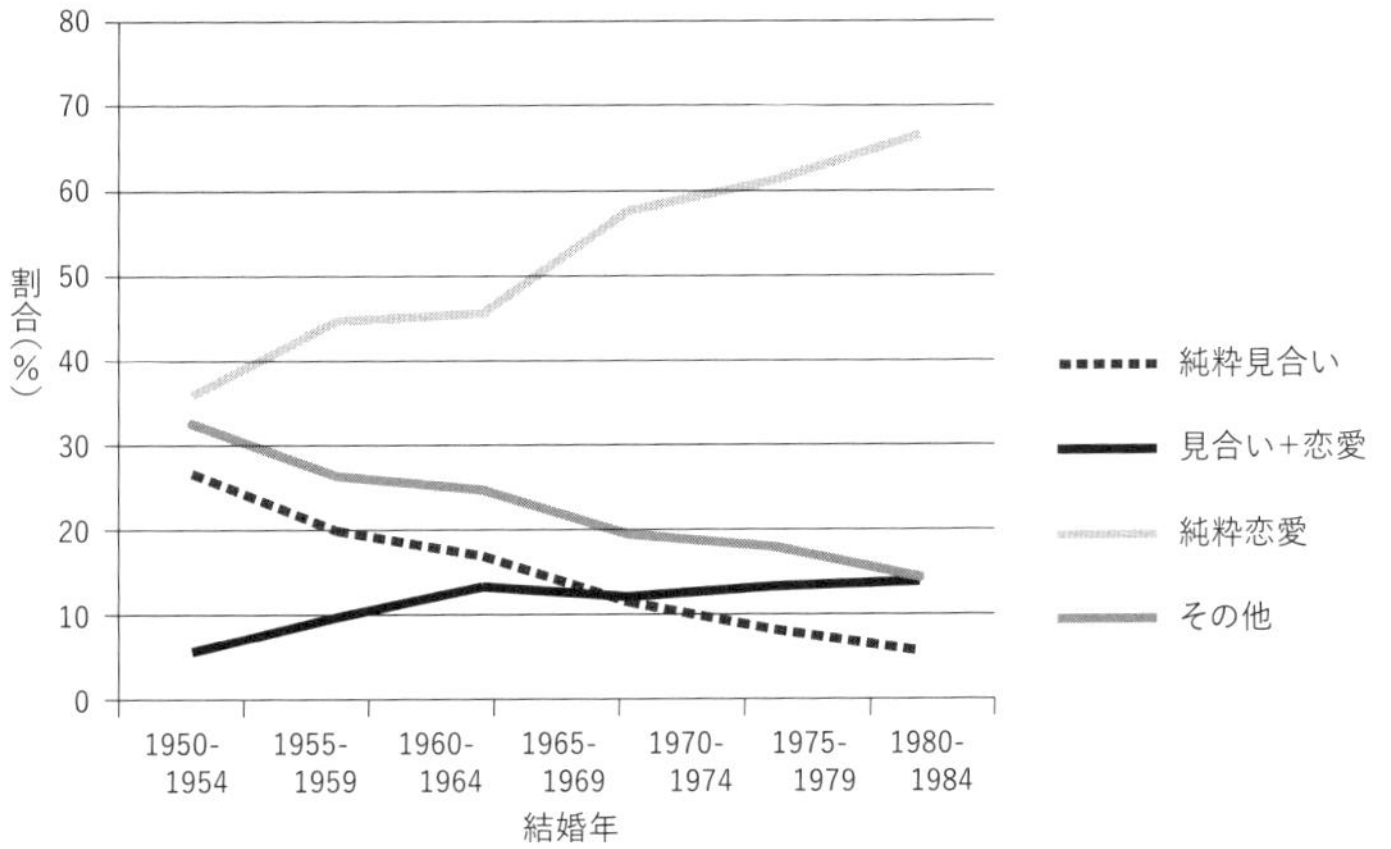

出所：国立社会保障・人口問題研究所「第9次出産力調査」より筆者作成

の変化を直接示しているとは言えない。

社会学者の加藤秀一は次のように指摘する。

> 親や親戚がお膳立てをして……式のいかにも旧式の見合い結婚以外は、本人たちがそう思いさえすれば、どんなものでも恋愛結婚になりうるのである。[……] 出会いのきっかけは何であれ、人はそれを恋愛結婚と呼ぶことができる。だから恋愛結婚が増えたということは、何らかの客観的に観察できる行動が増えたということではなくて、人

「恋人にしたい女性」とは別に「抱きたい女性」とか「抱かれたい女性」とかあるわけですよ。

だから、せっかくなら「恋人にしたい男性」と「抱きたい女性」、できれば「抱きたい男性」、「抱かれたい女性」も加えてくれると、分析のし甲斐がありますね。

Y　微妙に生々しくて、なんかちょっと気持ち悪くなってきた。

S　変な想像しすぎでは……。

60年代のリアル

S　真面目な話に戻りますけど、文化や慣習という意味では、時代だけではなく、都会と地方という差も重要だと本文で強調しました。

Y　70年代に恋愛の時代が到来しても、農村では婚約者なのに交際していないのが普通だった。これは驚きですよ。

S　20～24歳だけ見ると農村でも「自由に交際」していたが56・4%に達していて、婚前交際が急速に浸透していたことがわかりますね。そ

びとが自分の結婚を「恋愛」という観念に結びつけたがるようになったということなのである。かくして「恋愛結婚」という言葉の意味は変質・拡散し、もはやすべての結婚を覆い尽そうとしている。

（加藤秀一『〈恋愛結婚〉は何をもたらしたか』２００４年）

このように恋愛結婚をしたい（したことにしたい）という欲求ゆえに、自分たちの結婚を「恋愛結婚」として回答した者が少なからずいたと考えるべきだろう。見合い結婚から恋愛結婚へという急激な転換は、実態の変化のみならず、意識の変化をも反映したものだったと捉えるべきである。

さて、もう一つ、この分類をすることで明らかになるのは、パンダの「結婚」に表象された「見合い・恋愛混合型」、言葉を換えれば「見合い＋恋愛」の存在感である。見合い結婚から恋愛結婚へという急激な変化のなか、出会ったきっかけが見合いで、恋愛があったと答えている者は50年代以降変わらず常に1割余りいる。さらに、幼なじみを結婚相手として紹介された場合や、友人から見合い相手を紹介された場合のように実態として見合い結婚でも、「恋愛結婚」に分類されてしまう場合があることを考えれば、「見合い・恋愛混合型」はより底堅くいたように考えられるのである。

れでも都市団地の85・3％と比べると、都会と農村との結婚観の差は大きい！

Y　都会の若者と農村の若者ってそんなに違います？

S　都会はずっと前から恋愛結婚礼賛なんです。社会学者の多田道太郎は1966年の文章のなかで、小学校にはいったばかりの娘が家に帰ってランドセルを置くなり「お父ちゃんとお母ちゃんはレンアイか、ミアイか」と問うたこと、そしてそのインパクトをこう報告しています。

「レンアイは花飾りどころではない。これでは、ブルジョア社会の忠誠テストにほかならない。もしミアイ結婚とでも答えようものなら、その両親は近代社会の一員たる資格をはなはだしく疑われるという憂き目にあわねばならない」

（多田道太郎「恋愛の失墜」）

Y　60年代のリアル！　すでにそんな雰囲気だったんですね。

実際、65年に結婚ガイドブックとして出版された『結婚全書』では、写真での見合いや本人に拒否権のない見合いはもう少なくなっており、見合いを通して交際を始めて恋愛感情を育んでから結婚に至る「見恋結婚」が望ましいとされているという（小暮修三「独身男の肖像」）。80年にも茶道家・評論家の塩月弥栄子《やえこ》が、恋愛結婚とは言っても見合いからスタートするものも多い、純然たる恋愛結婚は3割程度にすぎないとして、見合いを通して恋愛する「見合い恋愛」による婚活を勧めていた（『見合い恋愛』のすすめ』）。パンダの「見合い・恋愛混合型」が容易に「結婚」と表現されたのは、こうした結婚のイメージがあったからに他ならない。

◆「結婚」＝交尾!?

話をランランとカンカンの2頭に戻そう。1973年の「結婚」のあとも、パンダの「結婚」をめぐる物語は終わらない。

73年の「結婚」における交尾で妊娠が実現しなかったことで、親たち（人間のこと）は次第に焦燥を募らせる。この種の焦りは極めて危険だ。親たち（人間のこと）はもはや恋する子どもたち（パンダのこと）の心中を想像しながら野次馬気分で楽しむ心の余裕を失ってしまう。そして、いつしか自分たち自身の願望をあからさま

S　こういう傾向はさらに強くなっていきます。80年代前半の成城大学文学部のあるゼミで塩月弥栄子『「見合い恋愛」のすすめ』という敢えて見合い・恋愛混合型を薦める本をもとに討論したらしいんですけど、学生たちは誰1人として見合いを全面肯定せず、「私絶対、自分で相手を見つける」っていう状況だったらしい（「結婚相手は自分で」『読売新聞』83年）。

80年代と言えば、見合い結婚だった林真理子さんご夫妻のエピソードもあります。

「今となっては、見合い結婚もトレンディでいいと私はとても気に入っているのであるが、彼は見合いと答えることにひどく抵抗があるようだ。あくまでも自分は恋におちて、そして二人は愛し合ったんだ、見合いといっても、僕らは略式で、単に紹介してもらっただけなのだと少年のように言い張るのである」

（林真理子「こんなに望まれて嫁ぐ

に、孫（パンダ二世）の顔を見たいと切望するようになる。しかもこの焦りは、お隣さんの子ども（当時アメリカもまた米中国交正常化でパンダを贈られていた）との対抗関係によって、ますます亢進されてゆく（アメリカもまた繁殖計画を進めていたのだ）。

この段階に立ち至ると、日本国民の興味関心はもっぱらパンダ二世に注がれる。「結婚」ももっぱら交尾（結婚C）の意味で用いられるようになる。この表現を『朝日新聞』と『読売新聞』で比べてみると、アメリカとの競争を一貫して強調していた[注12]『読売』の方が早い時期からこの意味での「結婚」表現を使っている[注13]。お隣さんには孫が生まれるかもしれない、ウチはどうだろう。見栄を張り合うわけである。78年以降、積極的な交尾が観察されるようになると、この「結婚」＝交尾という用法（結婚C）は特に頻繁に登場し[注14]、飼育員たちにはこの「結婚」のための「仲人」という位置付けが与えられるようにもなる[注15]。

ただし、ここまで子どもの恋路に介入するようになっても、親（人間）は子どもたち（パンダ）の恋愛結婚を否定していたわけではない。たとえ交尾を「結婚」と表現しても、それに至る過程では彼／彼女らの「恋心」を待って「デートをおぜん立て」というようなプロセスが踏まれたし[注16]、はじめて交尾の成功が明らかになったときには「長い恋ゴールイン」という記事が掲載されたりもしたのである[注17]。親（人間）

私は幸せ者です」1990年）

これは女性側だけじゃなく、男性側も恋愛結婚に固執してたというい い例だと思います。

Y　現代に置き換えるなら、こんな感覚でしょうか。

ドロドロと思惑渦巻く合コンで出会い、見事結婚に至った2人。しかしその馴れ初めは「お友達が主催したお食事会で知り合い、自然なかたちで交際に……」と爽やかに説明されるのであった。

2010年代前半の披露宴では実際に結構聞きましたし。

S　美談にしようっていうね。

アラサーは合コンしない？

S　ただし、合コンは婚活本の世界ではコスト・ベネフィットが悪いってよく言われますよね。

Y　それはその通りです。一度に少人数としか出会えないうえ参加者は玉石混交という性質の場ですから。しかも、合コンって2時間以上拘束は、二世待望の欲望をむき出しにしながらなお、その子どもたち（パンダ）のカップルに恋愛感情があって欲しいと願ってはいたのである。

ところが79年、お腹に子どもを宿したままランランが亡くなると、親は再び焦り出す。カンカンの「再婚」のため、代わりのお嫁さんを求めて中国と「縁談」を行い、選ばれたホアンホアンを「結納」を経て、日本に嫁入りさせる。(注18) 子どもたち（パンダ）同士がお互いを確認できない国際結婚では致し方ないとはいえ、ここでは典型的な見合い結婚（結婚A）のイメージが復活したのである。

◆パンダの「結婚」に見る70年代の結婚

さて、ここまでのパンダをめぐる「結婚」から、1970年代の日本人の結婚観について、なにを透かし見ることができただろうか。第一に、先に見た通り、恋愛結婚の広がりのなかで、いわば「見合い・恋愛混合型」とでも言うべき結婚スタイルが浸透していたことである。これが直接の原因かはわからないが、70年代後半から80年代初頭にかけて、それまで5割以上だった離婚夫婦に占める同居5年未満の夫婦の割合は3割近くまで減少している。混合型であろうとも、一応本人たちが納得して結婚するようになったのだから、短期での離婚が減ったとも想像できる。

される場合が多い。ハズレだと被害は甚大です。

あれ、でも、この「合コン」って言葉、私が30歳になった2015年頃には周りであまり聞かなくなってたような。

S　アラサーになると、20代のうちみたいに遊びの合コンに参加するどころじゃなくなるのかな。

Y　そうかも。友人・知人もみんな既婚者になってくるし。いまさら「合コン」もないな～って。

あとは、時代の変化でしょうか。男女の出会いの場のあり方や呼び方が変わっていくという。

S　そうだと思う。ネット上の出会いを脇に置いても、街コンとか趣味コンとか、相席屋とか、本当にこの10年に現れた新しいものばかりですからね。

身の回りの変化と言えば、出会いの場が変われば、子どもを育てる場も変わって、地縁に頼る人がどんどん減ってきている。

Y　確かに。私が子どもの頃は親戚

ただ、第二に、そんな恋愛結婚への趨勢のなかにあってなお、「結婚」においては生殖が不可欠な要素だと考えられていたこともうかがえる。（パンダにおいては）本人たちの恋愛がいくら尊重されるようになったとはいえ、適齢期を過ぎたと見られると、親が介入して見合い結婚の傾向の強い結婚が選択された。これを子どもの側の目線で言い換えるなら、若いからといって恋愛に熱中して適齢期を過ぎてしまうと、結局は親の介入を招いて、（恋愛の偽装があっても）本人たちの決定権の弱い結婚をせざるをえなくなるということだ。これもまた、当時の日本人の結婚観を反映したものであることは間違いない。

2 『クロワッサン』から婚活0・0へ

◆雑誌『クロワッサン』

パンダの「結婚」から見えてきたのは1970年代の恋愛結婚の限界だ。恋愛の先にラブラブな結婚をするという結婚観は、生殖が余裕をもって可能な時期でのみ適用可能なビジョンにすぎない。大人たちはモラトリアム（ゆとり期間）の間は

でもなんでもない近所のおうちに預けられることが普通にあったりしたけど、いま自分が近所の人に同じことを頼めるかというと。

ご近所とは関わりたくない

S　なんとか地縁を復活させようという議論はこれまでにたくさんあったんですよ。もう20年近くも前ですけれど、2000年にニッセイ基礎研究所がまとめた『少子社会への11人の提言』とか、矢郷恵子さんたちの1997年の『なんでこんなに遠慮しなきゃならないの』とか、大日向雅美さんの99年の『子育てと出会うとき』とか、この時期には地縁が失われた都市部での子育ての問題が盛んに提起されていました。

ただ、それだけセーフティネットとしての地域が強調されても、若者は決して地域に回帰しようとはしなかった。むしろ、地域を避けているようにさえ見えます。

Y　ご近所トラブルも怖いしね。

S　昔は隣人がいやな人でも付き合

悠々と子どもを見守ってもくれよう。無論それが成功すれば言うことないが、いざ生殖の困難が予感されれば、親が介入してもはや理想の恋愛結婚は維持できなくなる。こうした冷徹な結婚の現実を目の前にして、反応は二つに分かれる。一方は自由を重視して結婚に縛られることを拒否する立場、他方は冷徹な現実に合わせて「婚活」――もちろんその当時はそんな単語はないが――を行う立場である。

前者の立場を象徴したのが雑誌『クロワッサン』であった。松原惇子は「一九七〇年代後半から、八〇年代前半にかけての、我が国の女性誌がうちあげた、シングル讃歌は、相当強力なものだった。その中核をなしたのが、女性なら一度は手にしたと思われる『クロワッサン』である」と書き、松原自身を含め、『クロワッサン』の虜になってシングルを謳歌し、結果として婚期を逃す現象を「クロワッサン症候群」と名付けた。松原によれば、77年に創刊された『クロワッサン』は、78年5月から変身を遂げ、エリカ・ジョングの自伝的小説『飛ぶのが怖い』やジル・クレイバーグ主演の映画「結婚しない女」などのブームのなかで、「脱結婚の生き方」を高唱したという（松原惇子『クロワッサン症候群』[注19] 1988年）。

この松原の主張を切り捨てる論者もいるのだが[注20]、しかし、実際に当時『クロワッサン』の読者であった松原が語る感覚は重要だ。松原曰く、『クロワッサン』が謳った独身女性の理想の生き方はバリキャリではなく、「向田邦子的生活」だったとい

わなきゃいけなかったんですけど。留守のときに宅配便を受け取ってもらったり。けど、いまはそれも、家賃さえ惜しまなければ宅配ボックスで済んじゃう。

宅配ボックス革命

Y　宅配ボックスは現代の必需品！愛してます。

S　あー、もうほんとそう！　宅配ボックスの普及って革命的ですよ。核家族の共働きが増えて、オンラインマーケットが拡大した時代の象徴だと思います。以前はマンションに付いてたわけですけど、いまは一軒家でも宅配ボックス付きの新築物件ありますからね。

Y　へえ、戸建にまで。とにかく宅配ボックスは重要です。物件選びサイトでも必ず宅配ボックスありにチェック入れますもん。

S　わかるわかる。

子育てに話を戻すと、荷物も預けられない隣人に子どもを任せられるわけがない。

う。「都心のマンションに住み、趣味のいい調度品に囲まれ、友達が沢山いて気軽に海外にいける暮らし。目立たないがオシャレで食通で知的な独身生活」。ウーマン・リブなど、それまでの独身の主張は男性社会への反逆であり、肩身は狭くなった。これに対して『クロワッサン』が提示したのは、女性の権利などと声高に叫ばずに、肩肘を張らずにいられる独身生活の理想であり、多くの女性たちがそこに惹きつけられたのだった。

脚本家・向田邦子らとともに「クロワッサン御用達文化人」の代表格とされたエッセイスト・桐島洋子は未婚のままで3児をもうけ、それでいて子を家に残して自由恋愛を謳歌した。独身でも十分に自由と性的充足を得られると考えていた彼女にとって、あえて結婚を選ぶ必要は存在しなかった。独り身で結婚不要を唱えてもただの自己弁護と受け取られたかもしれない。けれど、彼女は子どもを産むことによって結婚＝子どもという等号を切断し、性が制度で縛られなくなった時代の結婚の意味を問い直した。

適齢期もそこで再審の対象となった。桐島にとって適齢期は、子どもとは結びついても、結婚とは結びつかなかった。彼女は75年の著作『女がはばたくとき』のなかで明快に「子供を生む［ママ］のは二十代のうちに済ませた方がよさそうだから、この辺りで始めよう」と思ったことを明かしている。生殖のために結婚やら適齢期やらが

Y　となると、血縁家族や行政に頼る他ないんですかねぇ。

S　そうでしょうね。行政の手当てが十分じゃないとなると、親子近居で祖父母を頼ることになる。

Y　実家サマサマですね。

S　坂東眞理子さんなんかは早いうちから、引退した祖父母が保育所の送り迎えや学童期の教育をするのが当たり前になるって書いていました（『凛とした「女性の基礎力」』2008年）。

実際、因果関係はわかりませんが、明らかに親世代と同居・近居する夫婦の方が出生率が高い。

ぼくの周りでも子どもができたら積極的に同居・近居して、祖父母に子育てを頼ってる人、少なくないですよ。その傾向は、共働きだとより強い。内閣府の調査によると、祖父母の育児や家事の手助けが必要かという質問への「とてもそう思う」という回答は、片働きより共働きの方が7〜8％高くなっていますから。

平山洋介先生が精力的にお書きに

決まっているのならば、子どもさえ産んでおけばこうした軛《くびき》から自由になれる。そうすれば、「はじめに条件あり……という付き合い方ではありません。しいていえば、最初にピンとくるところがあるかないかというまったく感覚的なことね」という恋愛爆発は自然だ。こうして、80年前後のクロワッサン症候群の女性たちは導かれた。

◆婚活論0・0への胎動——三浦朱門と林真理子

のちに文化庁長官となる作家・三浦朱門は、1980年の著作のなかで、こうした流れに一度は賛意を示している。

簡単に言えば、女性はまず自分の力で立つことである。先年来、未婚の母という言葉が、殊に女性の間にショックをおこし、同時に割合と好感を以てむかえられたのは、彼女が——この場合、桐島洋子さんだが——何よりも精神的に自立していたことである。[……] 社会的にも対男性的にも、自立し、依存せずに——物質的ばかりでなく、精神的な面からも——生きてゆく女性だけがたとえ、人口[ママ]授精でなくとも、試験管ベービーでなくとも、自分の力で、

なってるように、都市部での親子近居って増えてるんですよね。

クレヨンしんちゃんの未来

Y　佐藤さんも「クレヨンしんちゃん」を例にお書きになってましたね。父・ひろしが秋田、母・みさえが熊本出身。そんな上京組夫婦の子のしんちゃんは、かつて両親が故郷を離れたように出身地（埼玉）を離れたりはせず、将来は両親との「近居」を選ぶだろうって（「35歳の野原しんのすけは還暦のひろし・みさえと「近居」するのか」）。

S　そこでは「大都市移民2世」って言葉を使ったんですけど、地方から大都市に出てきた世代が親になり、さらに次の世代、子の世代が家族を持つ段では、両世代が大都市で「近居」するケースが増えてるわけです。それをターゲットに、UR（都市再生機構）も「近居割」を始めたりしてます。

Y　しかし子育てで頼るって、親に元気でいてもらってこそですよね。

子供を産み、家庭の長として、子供たちの保護者としての地位を確立できるのである。

だが、こう書いたあと三浦は「しかしこれは極めて危険な道で、女性にとっての罠になる」と注意を促す。男性中心につくられた社会のなかで自立することはひどく難しい。むしろ「社会の伝統や慣習を無視するのが自立ではなくて、それを知りつくし、利用しながら、しかもそれらから自由であるのが真の自立である」と、一転、旧来的な女性像の擁護に走ることになる。

男性の中には、夫として父として落第でも、社会的には立派な業績をあげる人がいる。逆に、社会的には敗残者でも、よき父、よき夫である人もいる。そして、よき父、よき夫であり、社会的にも大きな業績をあげるということは言うはやすくして、困難な道である。

女性も同じであって何故いけないのだろう。よき妻、よき母で、しかも社会的な活躍をしたいという願いが無理であるなら、昔ながらの、社会的には無名で無力でも、よき妻よき母という生き方は依然として尊いのだし、社会的活動に力点をおくなら、妻・母としては不充分な存在になるかもしれない。その結

S　ええ。赤川学さんも『子どもが減って何が悪いか！』で健康の重要性を指摘しています。

Y　とはいえ、私は実の親でも家は別がいいし、距離だって近すぎず遠すぎずを確保したいなぁ。

S　もちろん、山本さんみたいな人もいるし、親が亡くなっていたり、あまりに遠方なカップルもいるはずで、本来ならそういうあらゆるカップルへのサポートを行政が担うべきなんですよね（佐藤信「老いた両親との「同居」を避け「近居」を選ぶ私たちのホンネ」）。

それが「保育園落ちた日本死ね」という叫びにもつながってる。地縁や血縁でなんとかなる人には理解しがたいフレーズかもしれません。でも、そのどちらにも頼れない状況に置かれている人がたくさんいるのもまた事実なんで。

「ルンルン」の時代

Y　本文には「ルンルン」や「バブル」の象徴として林真理子先生のエ

果生じた不如意を、女性が解放されていないからだとのみ、社会と男の無理解を責めることもあるまい。つまり、男からも社会からも自立して生きる、というのはカッコイイことではあるが、そうまでする必要はなさそうである。

（三浦朱門『結婚なんかおやめなさい』１９８０年）

他方、女性の側からクロワッサン症候群に抗って結婚の価値を強調していたのが、当時エッセイストとして名を馳せていた林真理子であった。林は「結婚したい」と明言していた。不遜と言われようが、妄想と言われようが、なんとでも言え。私は結婚したいんだ。逆らってみろ、返す刀で討ち取ってやる。当時の彼女の文章にはそんな殺気（？）がみなぎっている。作家・落合恵子を仮想敵にしながら、林は「私は、結婚を無邪気に信じられない女が、はっきり言って大嫌いである」とまで宣言していた。

とはいえ、林は純愛に心躍らせていたわけではない。彼女は結婚が幸福ではないということを認めながら、それでも永遠に継続する幸福なんてものはそもそもないのだから、「不幸と幸福をこんなに入り乱れて味わうことができる人生、それはやはり結婚しかないではないか」というロジックで結婚を是認したのである。ここで、結婚しなくても不幸も幸福も入り乱れるでしょうなどというつまらない反論はする

ピソードが出てきますよね。私、昔から林先生ファンなので、うなずきながら読みました。

S　へぇ、そうなんですね。ぼくのなかでは大御所のイメージだったので、バブリーに弾けている林さんは意外な印象でした。

Y　実は、私が出版業界で働こうって決めた理由の一つが、林先生の作品の贅沢で自由でステキな出版業界の描写なんですよ。就職した頃にはバブルはとっくに終わってリーマンショックも直撃、会社のお金で高級ワインや美食なんて機会はないんですけどね……。

S　いまでは考えられないですよね。実は「ルンルン」って言葉自体も、ぼくはまったくわかっていませんでした。

Y　エッセイ集『ルンルンを買っておうちに帰ろう』は、１９８２年当時の女の子の本音、モテたいやせたい結婚したいという欲望を赤裸々に書いてベストセラーになりました。それに共感するような明るくて自分

まい。とにかく、林真理子の結婚論には「なんでも見てやろう」的ハングリー精神が伏流していた。

そして時代は『クロワッサン』ではなく、林真理子の方向へと流れた。『クロワッサン』の星であった桐島洋子までもが82年に結婚してしまうと、『クロワッサン』も結婚を意識せざるをえなくなった。思い返してみれば、桐島は結婚するかどうかは重要じゃないと言っていただけで結婚することを否定していたわけではなかった。とはいえ、『クロワッサン』に熱狂していた若い女性たちは、結婚しないという外形から桐島のライフスタイルに近づこうとしていたから、「クロワッサンの時代」に婚期を逸してはしごを外された者もいた。

時代は、いつの間にか結婚や妊娠を歓迎するムードに変わっていた。松原は、「ひと昔前までは、女優は子供を産むことを隠していたものだった。それが、今は、子供を産んだことがステイタスになっている」と80年代の時代の変化を的確に指摘している。竹下景子、松田聖子、アグネス・チャンらは子を産んでステータスを得た女性芸能人の代表格だった。

あたしの20代の頃［中村うさぎは58年生まれ］って、フェミニズムにガンガに正直な女性たちに対して「ルンルン」という言葉が使われていたんですよね。

S　そうなんですよね。本文では、林さんが結婚について落合恵子さんを批判するところを扱いましたけど、もともとは林さんも落合さんたちから学ぶところはあったんです。60年代半ばから活躍した作詞家・安井かずみの評伝には、林さんのこんな証言が記録されています。

「安井さん以前は、ロールモデルというのは女優さんに限られていた。それが七〇年代前後から文化人の女性が登場してくるようになりましたよね。桐島洋子さんなんて、とてもカッコよかった。従軍記者になったり、颯爽と子どもを産んだり。知のアイドル落合恵子さんも人気がありました。ただ、お洒落やその生活を真似たいという文化人は、安井さんが嚆矢。パリに行って、お洋服買って、朝からシャンパン飲んでみたいって思ったもの」

ンに洗脳されてたから、専業主婦になるのはイヤで、自分の能力なり才能なりで自立して、社会的に認知されるのが理想だったの。でも、それって想像するだけで、あまりにもハードルが高そうで腰が引けてさ。どっかで「無理なら、結婚すればいっか」みたいに思ってたのは、確か。そこなんだよね、女子の楽さは。

（中村うさぎ・三浦しをん『女子漂流』2013年）

そこに登場し、「婚活0・0」を主導したのが雑誌『結婚潮流』だった。

◆林真理子を「翻訳」する『結婚潮流』

いま、結婚志向こそ、最もスンデル考え方だと思ってるんです。家庭というものを、ごくつまらない日常生活だときめつけ、男と女のおいしいものだけつまみ食いするようなやり方、もう落合恵子サンあたりでピリオドにして欲しいって、当世随一のキャリアウーマン林真理子サンも言ってます。ホントにわたしもそう思う。林真理子サンが、落合恵子サンをバッサリ切っちゃったのは痛快でしたね。

（島﨑今日子『安井かずみがいた時代』2013年）

安井さんや桐島さんや落合さんは結婚せずに働く女性たちのロールモデルだったわけで、林さんも「自分の手で稼いで贅沢をすること」と「望めば、何でも手に入るということ」をそこから学んだわけです。たとえば、安井さんは「神田川」や『同棲時代』のような同棲ブームに「ビンボーは嫌い」と言い放った。

Y　パリでお洋服、朝からシャンパンって憧れの生活です!!

S　とはいえ、そうやって「ルンルン」の非婚をみんなが追求できたわけではなかった。安井さんも、桐島さんも、そして林さんも結婚していく。多くの場合、結婚に行き着くんです。

「非婚」という言葉を流行らせるキッカケになった吉廣紀代子さんの1987年の著作『非婚時代』の文庫版解説のなかで、生涯シングルを貫いているフランス文学者・海老坂六月二五日付の毎日新聞で、ある女性評論家が『結婚潮流』を評して、「……本音が出ておもしろいが、こんなブランド（肩書）ばかりのエリートとの結婚に、今の若い女性が固執していたら、定年で夫のブランドがなくなった後、ますます離婚が増えそう」ですって。

アホらし。ではブランドのない男性と結婚したら、離婚は増えないのかしらん？ 女性の自立を訴え続ける評論家って毎日新聞が彼女のこと書いてたけど、自立、自立って肩ヒジ張って、何かいいことあったかしら。

素敵な男性と結婚して、そう玉の輿に乗って、思い切って仕事もしてみたい。キマッテルジャン。

（「読者のお便りから」『結婚潮流』83年9月号）

これは創刊から半年頃の『結婚潮流』に掲載された編集長・荒谷めぐみの文章だ。ウーマン・リブへの反対表明と結婚への信仰告白にあたって参照されたのは林真理子である。『毎日新聞』の記事の方は国会図書館で地方版までチェックしたが発見できなかった。だが、冒頭の発言の方は確認できて、林真理子の1983年の著作『花より結婚　きびダンゴ』のなかの「とにかく、みんな結婚しようよ」という文章に、「家庭というものを、ごくつまらない日常だときめつけ、男と女のおいしい

武さんは、こう指摘します。

海老坂さん曰く、『非婚時代』は非婚を肯定的に喧伝したかのように言われてるけれど、この本に描かれたシングル女性たちは、誰もシングルライフを「ルンルン」謳歌してるわけじゃない、みんな人生を漂流しているうちにたまたま「非婚」という岸辺に打ち上げられただけなんだ、当時の女性たちは結局、結婚のなかに「ルンルン」を見出していたんだ、と。

Y　なるほど。独身時代と同様「ルンルン」し続けるためにも、結婚が必要ってことでしょうか。

「ルンルン」はモテた！

S　当時は結婚相手としても「ルンルン」がモテたみたい。『結婚潮流』にも、将来を考えた「おしん」派と、現在を楽しむ「ルンルン」派っていう対比をしたうえで、独身男性は後者を好んでるって記事がありました（本田雅嗣「独身男性の6割が条件にあげている女性の〝明るさ〟

部分だけをつまみぐいするようなやり方は、もう落合恵子さんあたりでピリオドにしてほしいとさえ思っている」という一節がある。

荒谷めぐみをはじめとする『結婚潮流』編集部が、結婚を否認するフェミニズムに反発し、林真理子に共感していたのは間違いない。が、結婚雑誌としての戦略もあろうけれど、彼女たちは林のように結婚を幸福と不幸が入り乱れるものとは描かない。荒谷たちは、不幸さえ呑み込んでやるという林のハングリー精神は捨象して、林の自然体なところ、たとえば、「ほとんどすべての人が、結婚をしてみたいと望む」ではないか、というような主張だけを取り出す。

このおそらく無意識の「翻訳」は、当時の結婚観に二つの効果をもたらした。一つは、超人的だった林真理子の生き様を「普通」な人でも共感できるレベルに落とし込んだことである。林に対する当時の一般社会（特に男社会）のイメージは表層的かつ否定的だったが、『結婚潮流』編集部はその結婚賛美の部分だけを純化して提示したのである。

もう一つは、幸福な結婚生活への希望をつないだことだ。林のように、結婚生活には不幸なこともある、それでこそ味わう価値がある、という立場をとってしまえば、いかに結婚生活を幸福にするかというこの結婚雑誌のテーマは後景化してしまう。『結婚潮流』は、非婚を求めるフェミニズムへの対抗においては林と共闘しつ

とは何か」84年2月号）。

Y　NHK連続テレビ小説「おしん」は1901年に山形の貧しい農村に生まれて口減らしのため奉公に出された少女が、いじめやあらゆる苦難に立ち向かい、健気にたくましく生きていく話ですね。

S　1983年から放映されて、当時の「ルンルン」と好対照をなしていたわけです。その後、不況になると堅実な女性の方が好まれた気がするけれど、当時の空気のなかでは「ルンルン」がモテた。

Y　好況だからこそですよね。私もそんな時代に生まれたかった！

S　とはいえ、安井さんが結婚してから生活スタイルをすっかり変えたことに象徴されるように、結婚生活のなかには独身時代と同じ「ルンルン」は実はない。

Y　あ～、なんとなく想像できます。当時は独身と人妻の差が大きい時代ですよね。いまの感覚だと、夫婦とも経済的に自立しているケースが増えてきているし、であれば結婚

つ、結婚を美化して、新たな時代の新たな結婚観を構築しようとしたのだ。

もちろん、結婚が自然なものだという立場をとる以上、それは既存の結婚志向と混同されやすく、『結婚潮流』もいずれは保守的結婚観へと後退することになる。だが、それは結果論だ。当初の『結婚潮流』が提示していたのは、むしろパートナーを得ることで、キャリアウーマンとしても思い切って仕事をできるようにするという、専業主婦とはまったく違った家族のかたちのビジョンに他ならない。それは、80年代の女性の人生論のなかで、それなりの説得力を持つことになる。

それでは、雑誌『結婚潮流』を繙《ひもと》いてみよう。

によって生活スタイルがそこまで激しく変わることってあまりない。けれど、昔は専業主婦になる女性が大多数だったし、世間の常識も専業主婦が基準。既婚女性がルンルンしづらい世の中だったんですね。

S　ぼくなんか、中世史の大家・網野善彦が貧乏すぎてカーテンのリングを婚約指輪にしたっていうの（佐野眞一「現代の肖像　網野善彦」）、マジで憧れるからな……。「ルンルン」の相手としては完全に失格だな。

Y　そんな話があるんですね。どちらかというと「おしん」っぽい感じかな。佐藤さんはその方向性でがんばって！

第2章

発掘!!
雑誌『結婚潮流』

1980年代の「婚活0.0」のなかで注目したいのは、平均年齢24歳の女性編集者たちが立ち上げた雑誌『結婚潮流』。「婚活」という言葉もなかった時代、彼女たちが追い求めていた「結婚のかたち」とは。

1　雑誌『結婚潮流』とはなにか？

◆雑誌『結婚潮流』の挑戦

『結婚潮流』という雑誌をほとんどの人は知らないに違いない。古書店にも見当たらないし、日本で出版されるほとんどの書籍を揃える国会図書館にだって1号しか所蔵されていない。結婚を扱った本にさえ登場することはない。いまとなっては忘れ去られた骨董品のようだ。

でも、1983年3月に大阪で生まれたこの雑誌は、当時の報道には確かに鮮やかな刻印をとどめている。売りはなんといっても平均年齢24歳の若い女性編集者陣。そんな若い女性たちが雑誌を立ち上げたというだけでも驚きなのに、それが結婚雑誌だというんだから、メディアが放っておくわけもない。すぐにいろんなメディアが取り上げて、創刊号は即完売、最盛期にはその販売部数は15万部にも達し(注21)、その人気は男は『アルバイトニュース』、女は『結婚潮流』と言われるまでになった(注22)。

『結婚潮流』はタイトルの通り結婚雑誌だったが、そこで現在の『ゼクシィ』のような雑誌を想像してはいけない。「結婚決まったの？　おめでとー。ステキな結

東大生っぽい

Y　この章では『結婚潮流』が大きく取り上げられてますけど、1980年代に若い女性向けの婚活雑誌があったなんて新鮮ですよね。もちろん当時は「婚活」という言葉はなかったんですけど。

S　雑誌と言えば『週刊東洋経済』ですもんね、山本さんは。若い頃はどんな雑誌読んでたんですか？

Y　赤文字系。エビちゃん全盛期の『CanCam』ですね。

S　「エビちゃん」って……。いまの若者わかるかな。

Y　いまの30代にとっては永遠のアイドルですよ。

蛯原友里ちゃん、そして山田優ちゃんに押切もえちゃん。当時の普通の女子大生の憧れの存在！

S　懐かしい……。

でも、われわれの時代ってもう雑誌は斜陽でしたよね。ぼくはマジメくんなんで、大学に入ってからは『世界』とか『中央公論』とかを読んでたけど、普通の書店からはどん

婚式にしようね！」そんな雑誌じゃない。『結婚潮流』はむしろ、非婚に抵抗しながらよりよい結婚生活を求めようとしたのだった。

当時24歳だった初代編集長・荒谷めぐみの問いかけは、こうだ。

結婚したいと考えるのが恥ずかしいみたいな風潮、おかしいと思いません？

（「本音の情報満載　結婚雑誌を創刊」『朝日新聞』83年3月13日朝刊）

そこで、荒谷たちは結婚のかたちを模索しようとする。荒谷が創刊号に執筆した表明文は次のようなものである。

ビックリしたんです。［本屋の］結婚の本って、みんな結婚のきまった人の本なんです。［……］きまった相手がいなくて、これからどうやって探そうか？って考えたら参考書がないんです。

どんな人と、何を基準に、相手を選んだら、幸せな結婚ができるのかしら――ということに答えてくれる本がないんです。

そして、先輩に聞いたんです。「幸せな結婚とは、どんなことなの」って。

そしたら「自分の好きな人と結婚することヨ」って。

どん消えていって。

総合雑誌よりは、『現代思想』や、それこそ東浩紀さんたちの『思想地図』（のち『ゲンロン』）を読む学生の方が圧倒的に多かった。それでも『現代思想』の2017年の公称部数は8千部、『ゲンロン』は公称9千部。

Y　すごい雑にコメントするけど、そういう雑誌読んでるのって東大生っぽいですね。

S　うーん、東大生でも少数派だったと思いますけどね。

本屋に入る大学生でも、新書を手に取る人が多くて。2000年代後半って、月刊誌のような企画がたくさん新書になった時期なんですよね。みんなお金もなかったし、単行本はもちろん、雑誌もなかなか高くてね。

エビちゃん大好き

Y　私はね、毎月本当に楽しみに、大学生協の書店に『CanCam』を買いに行ってたんですよ。電話帳ウッソー。

そこで私はヨーシって考えたんです。ゼッタイに幸せな結婚とは何かを追求してやろう。

（荒谷めぐみ「結婚潮流の新しい旅立ちに際して」『結婚潮流』83年3月号）


ここに表明されているのは恋愛結婚というファンタジーへの強い懐疑だ。荒谷は、恋愛前から結婚のことを考える必要があるという立場をとっている。しかもそこで想定されている結婚とは独身脱出にとどまらず結婚生活を多分に含んでいる。しかし、そうやって結婚を重視するからといって恋愛を結婚の奴隷にして、親の決めた結婚に納まるつもりもなさそうだ。恋愛結婚と見合い結婚という二項対立のはざまで結婚を考え直そうとする、ここにその萌芽がある。

◆「婚活0・0」と『結婚潮流』

当時、若い女性を対象とした女性誌は、もっぱら恋愛を扱っていた。非婚を目指した者を除けば、恋愛結婚の空気のなかで、いずれ独身脱出はするにせよ、とりあえず恋愛について考えていれば恋愛→独身脱出とつながって事足りるという思考が

みたいに重いのも我慢して。

　でも、そういうふうに雑誌を買った最後の世代がわれわれなのかもしれない。『CanCam』も当時は実売60万部超えの雑誌だったのが、2018年上期には6万部ほどになっているようで。なんだかちょっと寂しいです。

　いまって、ドコモが提供しているdマガジンみたいな定額サービスもあるし、いろんな雑誌をスマホやiPadでちょい読みできちゃう時代ですもんね。
S　こないだ受講生たちにアンケートとったけど、そこでも大学に入ってからは雑誌の購読は急減してて、代わりにネットから情報をとってるみたいでしたね。
Y　私は紙の雑誌をそこそこ買う方だと思うけど、最近は付録がかわいいとか、旅行前にハワイ特集や台湾特集で気持ちを高めたいとか、表紙が羽生結弦さんであるとか、積極的に買うのは強い目的があるときに限られてきてるかも。毎号買う雑誌が

『結婚潮流』

支配的であった。少なくとも、若い女性向けの雑誌はそういう明るい誌面をつくろうとしていた。

ところが、実態はと言えば、恋愛をしてそのまま独身脱出という恋愛結婚の理念型が実現していたわけではない。恋愛だけ考えていればよいという表層と、恋愛と結婚が乖離しているという実態との間に亀裂があったわけで、そこで『結婚潮流』は結婚の現実を直視しようと訴えた。

それは当時の結婚をめぐる思想的潮流に対する挑戦状だったと言ってよい。結婚の現実が、理想としての恋愛とは切り離されたかたちで、しかも若い女性たちに

年々減って。

かつて雑誌はすごかった

S　それと比べると、1980年代はまだまだ雑誌が元気だった時代ですよね。『an・an』が週刊化したのも80年代ですからね。

Y　出版業界の市場規模のピークは96年ですけど、80年代の『結婚潮流』創刊の時期もすごくて、『an・an』は65万部（公称）、『週刊現代』は68万7千部超（実売）、『週刊文春』は44万5千部超（実売）、『世界』12万部（公称）、『中央公論』は18万部（公称）です。

S　すごい、どうやって調べたんですか？

Y　『雑誌新聞総かたろぐ』という雑誌のデータをまとめた年刊媒体があって、それを国会図書館で見てきたんですよ。ちなみにさっきの数字は84年版のものです。

S　公称とはいえ、『世界』とか『中公』が10万部を優に超えてるって夢のような世界ですね。

よって、議論の俎上に載せられたことの衝撃は大きかった。女性誌をはじめとしたメディアは『結婚潮流』に刺激されて結婚について再考することを余儀なくされ、多くの雑誌で結婚特集が組まれた。また、それ以前はほとんど存在しなかった結婚情報雑誌もその後乱立した。そうして1980年代半ば、一時的ながら、『結婚潮流』を契機に結婚論ブームが生じたのである。そこで提示された議論は、実はゼロ年代に提起された「婚活」の議論をほぼ先取りしており、それは「婚活0・0」とでも呼ぶべき性格を備えていた。『結婚潮流』はそんな現象の火付け役となったと言える。

その議論を追ってみることは、婚活論の普遍性を見るうえでも、またゼロ年代の婚活論の特殊性を見るためにも役立つだろう。本章では、そんなわけで80年代の「婚活0・0」の婚活論に注目してみたい。

◆平均年齢24歳の編集部

若い女性編集者たちが編集していたというのは本当か？　ただの広告塔なんじゃないか？　そんな疑惑は当時もあった。けれど、編集長・荒谷めぐみは『日刊ゲンダイ』（日刊現代）で「男の遊びの情報集め」をするというメディア経験もあった

半減どころじゃない

Y　ちなみに2018年版では『an・an』は16万5千部超（印刷部数）、『週刊現代』は26万4千部超（実売）、『週刊文春』は37万2千部超（実売）、『世界』6万部（公称）、『中央公論』は2万7千部超（印刷部数）です。

印刷部数は日本雑誌協会の印刷証明付き発行部数、実売はABC公査の部数、それ以外は出版社の公称部数なので、基準が揃ってなくてわかりにくいんですが、だいたいの目安になりますね。

個人的には、週刊誌の実売部数の変化が衝撃的でした。

S　趨勢を知ってはいても、実数を聞くとやっぱりこたえますよね。

編集部の風景

Y　よそさまのことばかり言うのもあれなんで、『週刊東洋経済』の数字もお伝えしますけど、1984年版では5万部超（実売）、2018年版では、5万7千部超（実売）で

人物で、実際、「イイ男を探す本」というコンセプトを提案したのも荒谷だった。

実務上のサポートはもちろんあったにせよ、彼女たちが編集を主導していたのは間違いないように観察される。当時の編集後記によれば、編集部員たちは自分たちに興味のあるテーマを積極的に選んでいたというし（「読者のお便りから」『結婚潮流』83年6月号）、それどころか、執筆者を選んで、自身たちの主張を執筆者に突きつけさえしていたようなのだ。そのことは、たとえば次のような執筆者の文章からうかがわれる。

「ブスこそ恋愛結婚で勝負！」というテーマをカワユイ編集嬢から事もなげに突きつけられて、「ほう、オモシロそう。フ、フ、フ」と笑ってみせたものの、実は内心、ドキリとしたぐらいである。

（小関三平「顔とプロポーションに自信のない人こそ恋愛市場で相手をつかもう」『結婚潮流』83年3月号）

ブスは恋愛結婚で有利か不利かという、普通なら執筆者に一任すべき結論を、編集者が決めてしまっている。こんな編集者はどうかと思うし、こういう依頼を受ける執筆者も信用できないが、ともかく、この雑誌に彼女たちの結婚への想いが詰

す。10万部超えていた時期もあるのでそれと比べるとずいぶん減ってしまってるんですけど、ビジネス誌というジャンルの性質もあってか、大きな流れのなかでの変化は比較的少ないと言えるのかも。

S　すごいじゃないですか。オンラインも充実してるし。

Y　そうオンライン！　最近、学生さんや若い世代の方とお話しするとオンラインしか見たことないっておっしゃる方が結構多いんですよね。時代の変化を感じます。

S　いまだと雑誌ってどれくらいの人が関わってつくるんですか？

Y　雑誌によって全然違うみたいですよ。編集長がほぼワンマンでやっている雑誌から、特集ごとにチームが組まれたり、班がいくつもあったりする数十人規模の編集部まで。全国の書店やコンビニで買えるようなよく知られた雑誌は、やっぱり大所帯になるんじゃないでしょうか。編集に加えて、広告とか営業まで人数に入れると倍増するし。

まっていることは確かだ。

想定読者も編集部とほぼ同世代の若い女性たちだった。病気と東京編集部立ち上げのために荒谷が休養していた時期（83年10月号〜84年1月号）、代理で編集長を務めていた木谷友子は『ａｎ・ａｎ』のインタビューに次のように答えている。

読者層はかなり幅広いですね。男女の平均年齢は25〜26歳。下が17歳位から、上は30代半ば位まで。そのうちわけは、5割が独身女性、3割が独身男性。で残りの2割が、いわゆる適齢期の娘を持った母親なんですね。

（『ａｎ・ａｎ』83年11月11日号）

想定読者の若い女性の他に、その親が雑誌を手に取っているのは、代理婚活の流行る現在と変わらない感覚か。独身男性が多いのは、あとで説明するように、自分の職種が対象になっている特集を気にするからだ。

◆「100人の釣書」と「職業別アタックシリーズ」

では、彼女たちは一体どんな企画を組んだのか、具体的に見てみよう。なんと

S　それに比べると、20代の女性ばかり、10人くらいですかね、集まって作ってた『結婚潮流』がどれだけ手作りの雑誌だったかがわかりますよね。

編集長を務めた荒谷さんはのちに、当時の編集部の様子を次のように書いています。

「いっつも、笑い声が絶えなかったし、マンガも読んでるし、ゴシップ記事のウワサも飛んでたし、流行のファッションを着てくると、その服のことでダベリング。

でも、ちゃーんと発売日には、本ができていた。

そういったことをなくしたら、本の内容がもっと良くなったかというと、私はそうじゃないと思うんだ。だって、読んでもらう人が、20代前後の女性だもの。

同じ感覚でなかったら、売れないものね」

（荒谷慈『こんな女性は嫁にするな！』1987年）

いっても驚きなのは「100人の釣書」！　男性100人の釣書が毎号所狭しと並んで、まるで誌上お見合いだ。実際、これとタイアップした結婚情報サービスも提供された。

もう一つの目玉企画は「職業別アタックシリーズ」。毎回「◯◯と結婚する方法」というタイトルを掲げて目を惹く。初めのうちは、医者、ボンボン（御曹司）、弁護士、海外赴任する商社マン、パイロットといったあたりが並んでいかにも下世話な感じだったが、数年経つとさすがに弾切れを起こしたのか、学校の先生、電力マンといった具合になっていった。官僚特集の回には霞が関の男性高級官僚たちが回し読みをしたという逸話もあるし、実際この企画目的の男性読者が購入者の3～4割を占めていたようだ（「読者のお便りから」『結婚潮流』83年9月号）。

こうした企画からも明らかなように、『結婚潮流』は結婚雑誌とはいえ『ゼクシィ』のように結婚予定のカップルを想定読者にしていたわけではない。むしろ婚活中、婚活を考えている若い女性に向けて書かれている。

加えて注目すべきは、戦略的に結婚を考えようとする一貫した態度だ。現代の婚活にとても親和的で、ここにわたしがこれを80年代の婚活論「婚活論0・0」と呼ぶ理由がある。

Y　『結婚潮流』の編集部コメントの雰囲気、楽しそうだなと思いました。これぞ古き良き時代の雑誌編集部ですよね。

S　しかも、扱うのが結婚っていう、まさに自分自身にも関わる話題ですからね。

編集長の職分

S　実際、「100人の釣書」掲載候補の男性と会う機会もあるわけですよ。編集長の荒谷さんも候補者の面接をするなかで、理想の相手をみつけたことがあったらしい。

「たった一人いましたよ。自分用にとストックしてたんですが、釣書の人数が足りなくなったとき、とうとうだしちゃって（笑）。あのときはつらかったし、惜しかったです。でも、相手は私を編集長という立場でしか感じてくれなかったし、そのへんが釣書の中から私が男性を見つけようとしたときの障害になってしまこの間ある所で講演をたのまれて、女性は一八歳になったら結婚を真剣に考え、男性を探すべきであると、大声で叫んできたんです。むろん大学へ行っても、さらに就職しても、女性は生涯の伴侶を探すべきです。その方が女性は大きく生きられると思います。

（「読者のお便りから」『結婚潮流』83年9月号）

とはいえ「職業別アタックシリーズ」などは、まるで合コンテクニック本のようで、いかにも下世話な感じはある。当時の投書欄にも「わたしは結婚はテクニックではないと思う」（大阪市・公務員・30代・高卒）という書き込みがあったりした。この投書に対して編集部は「あなたのご指摘、その通りだと思います。ですから「医者や弁護士と結婚する方法」も、一部ご指摘のテクニック論もありますが、医者や弁護士の妻になるのは、単なる憧れや打算ではだめでそれなりの自覚を持つべきだという方向に重点を置いた編集をしています」と答えている（「読者のお便りから」『結婚潮流』83年6月号）。とにかく独身脱出を最終地点とせず、結婚生活まで射程に入れていたことは確かにこの雑誌の売りだった。評論家・樋口恵子による雑誌批評に応えて、荒谷は次のように語っている。

うんですよ」

（「荒谷めぐみ」『non-no』83年10月5日号）

S　自分自身も独身で適齢期の当事者なのに、編集長としての職分を果たさなきゃならない。荒谷さんはじめ、編集者たちがそんなはざまに立たされていたのはおもしろいですよね。荒谷さんは、編集長を降りてから、次のような告白をしています。

「ただの「荒谷　慈」は、特別他の女性たちと変わりはなかったし、どちらかと言えば、はっきり言ってミーハーで、惚れっぽくて、理性よりも感情のままに走るタイプで、恋愛に関しては失敗が多いほう」

「でも、それをバラしちゃうと、読者が「なーんだ！　やってることと違うじゃない」とガッカリして、雑誌から離れてしまうことは確実。

だから、ずいぶん演技するのに、苦労してしまった！」

（荒谷慈『愛して感じていい女』1

この雑誌は、結婚する前に読んでもらう本なんです。私たちは、結婚式がハッピーエンドではなくて、ハッピービギニングであると思っています。いかに幸せを2人でつくっていくか、ということに主眼をおいています。

（「女にとって？《ハテナ》の本」『クロワッサン』83年5月25日号）

そもそも、かつてのイエ制度のもとでは結婚はイエの存続という壮大なるプロセスの一部だった。そして、イエに合う、つまり結婚生活に合う相手をマッチングする見合いという配偶者選択はそれに適した制度だった。ところが、イエ制度が崩壊し、恋愛結婚が隆盛するようになると、恋愛→独身脱出ばかりが強調されて、結婚生活が軽視されるようになる。そんななか、雑誌『結婚潮流』は結婚生活の重視を訴えることで、恋愛→独身脱出→結婚生活というプロセスとして結婚を再構成しようとしていたと整理できるだろう。

2 『結婚潮流』に婚活論の範型を見る

では、具体的にはどんな議論が展開されたのだろうか。以下では、さしあたり前

987年）

Y　荒谷さん偉い！　仕事のために押し殺していた感情とか、葛藤とか、いろいろあったんでしょうね。親近感！

S　山本さん、そんなうまく演技できる人じゃないでしょ。

目ざとく発見！

S　ちなみにほとんどみんな素人編集者、人数だけ見ても不足がちな編集部だったからか、『結婚潮流』にはミスが多くて。助教授を「教授」と書いてたり、本村汎を「木村汎」って誤記してたり。木村汎って有名なロシア研究者の先生がいらっしゃるんで、同姓同名かなって思っちゃいましたよ。

Y　ドキッとする話ですね。なんだか微妙な圧を感じるんですけど、この本にはミスが残らないよう、佐藤さんも一緒にがんばりましょうね！

ふと北風と太陽っぽい話を思い出しました。本のあとがきに「この本

半期と後半期に分けて観察し、婚活論の分析にどのような物差し（範型）が適切かの参考にしたい。

◆結婚の高唱

『結婚潮流』が林真理子を参照しながらフェミニズムと闘おうとしたことはすでに見た。そのインパクトについて執筆者のジャーナリスト・古屋信二などは、以下のように書き立てた。

最近では、一読、結婚よりも仕事だ、自立だと主張していたキャリアウーマン派最後の牙城みたいだった女性誌まで、いい結婚とは何か、などといっている。単純すぎるウーマン・リブ的発想を非難してきた私としては、ヤレヤレと苦笑するしかない。

（古屋信二「〝気の強さ〟をワースト、〝やさしさ、明るさ〟をベストという独身男性の女性観」『結婚潮流』84年2月号）

そこまで不用意にフェミニズムとの対立を煽る意味はよくわからないけれど、た

に誤りがあればすべて著者の責任です」って書いてくださる方がたまにいらっしゃるんですけど、私はそういう情け深い方に出会うたびに涙を流しながら痺れてます。かえって最終チェックにも力が入って、徹夜もどんとこいですって気持ちになります。

S　あれ、これって「この本に表記ゆれがあれば編集者の責任です」って書けってフリかしら……。

Y　うわー！　器ちっさ！

結婚の地位上昇

Y　それはさておき、ほとんど素人みたいな子たちが、本当に、結婚に潮流を起こしちゃったんだからすごいですよね。

S　そうですよね。いまでこそ珍しくない『an・an』の結婚特集ですが、初めて大特集になったのは1985年3月15日号。『結婚潮流』は『an・an』がそこに至る流れをつくった雑誌なんです。

たとえば、83年9月6日号に掲載

だ、結婚の意義を高唱するにあたって真っ先に仮想敵に選ばれたのが、保守的家族観ではなくて、むしろ当時の第二派フェミニズムとも呼ばれるウーマン・リブの風潮だったのは事実だ。いかに幸せになるかを女性の視点から問うという意味では軌を一にしながらも、結婚を評価するという一点において『結婚潮流』はフェミニズムの風潮と袂を分かった。

しかし、だからといって彼女たちが旧来的な結婚を希望したのかというと全くそんなことはなかった。詳しくは後で見るが、とりあえず荒谷編集長の結婚式についての文章を見ておこう。

価値の多様化の時代、個性化の時代ですから、みんな押しきせ〔ママ〕の〝結婚式〟や〝新婚旅行〟には疑問を持ってますし、ウンザリしているわけですよネ。ところが、じゃ、どうすればよいのかというと、いいアイデアが浮かんでこない。

だからありあわせの〝結婚式〟や〝新婚旅行〟ということになるのでしょう。[……] いろんな条件があって、ある程度、豪華に見せなくてはならない立場の人もいるでしょうけれど、私は、ハッキリいってお金をかける結婚式はダサイと思うけど、みんなはどうかしら？

された「誌上お見合い　僕などいかがでしょうか。」は、『結婚潮流』の名物企画をそのまま真似たものだし、同年11月11日号の特集「女の本音つっぱってきたけれど実は結婚したいのです。」にはもっと直截に『結婚潮流』が紹介されていたりします。

そうやって『an・an』誌面のなかで結婚の占める地位が大きくなって、やがて大特集につながっていくんです。

いまでは『an・an』って、若い女性を対象にした雑誌のなかでは結婚や性にアグレッシブな印象がありますけど、そんなイメージが生まれた時期ですね。

陰キャ疑惑？

Y　でも待って！　私が大学生の頃、2004～2008年は『an・an』を読んでるのっていまで言う陰キャのイメージだったような……。雑誌のイメージって変わるものですねぇ。

（荒谷めぐみ「こちら編集室」『結婚潮流』84年1月号）

まるで現代において簡素な独身脱出を求める「スマ婚」（スマート婚）である。彼女たちは結婚自体は高唱しながら、旧来的な結婚観に対しても異議申立てをしていたのである。換言すれば、彼女たちの闘争とは、一方では結婚を否定せんとする当時のフェミニズムと闘いつつ、他方では保守的な結婚観と闘うという二正面作戦だった。

では、婚活論の先駆とも言うべき『結婚潮流』が提示した婚活論とはどんなものだったのか。ここでは、三つの側面に分けて整理してみることにしたい。一つめは出会い方に関する議論——特に恋愛結婚なのか見合い結婚なのかということ。二つめは将来の家族のかたちに関する議論——事実上は女性が非婚のバリキャリになるのか、共働きをするのか、専業主婦になるのかということ。そして最後に適齢期はいつかということ。先に引いた文章で荒谷めぐみ編集長は早くから結婚について考えることの必要性を述べていたけれど、適齢期がいつかという議論はしなかった（23～25歳という基準は一般的な認識を示すものにすぎなかった）。だが、適齢期をどこに設定するかによって婚活論の性格はずいぶんと変わってくる。

S　「陰キャ」ってなんですか？

Y　２０１7年頃から普及しはじめた言葉です。陰気なキャラクター、陰キャラ、陰キャと縮められ、地味で暗い人、スクールカーストが低い人などのイメージで使われているようです。

S　えええええ。

高い服しか載ってない女性誌買ってる時点で、みんなまとめて雲の上だったわ……。

Y　はい？

女性誌にもいろいろあるし、載ってる服や誌面のテイストって全然違うんですよ。雑誌によって読者層も異なるし。ちょっと何誌か見比べたらすぐわかるから5～6冊買ってきてください！

しかし、『an・an』に関しては単なる私の肌感覚でしかなかったのかもしれません。当時は赤文字系全盛期で『CanCam』やら『JJ』やらに載ってるハートのキルティングのサマンサのバッグを持てば同じものを持っている人をキャン

◆出会い方——恋愛結婚／見合い結婚

さて、まずは出会い方。恋愛結婚か見合い結婚か、この大問題に対しては『結婚潮流』も興味津々、創刊号から「親もあなたも意外に知らない見合い市場と恋愛市場の損得勘定」（83年3月号）という特集を掲載した。まずは、この特集から『結婚潮流』の態度を見てみよう。特に注目するのは飯田哲也・立命館大助教授（当時）と坂本武人・同志社女子大教授（当時）の論考である。

飯田は、自身の経験にも照らして「いまは、喫茶店やレストランで知人が気軽に紹介するという形が多くなってきています」と見合いの変質を指摘しながら、見合い結婚の意義を積極的に評価している。ただ、それが現状への肯定なのかというとそうではなく、彼は次のように「デート文化」の積極的な導入を訴える。

> 二五歳を過ぎた女性に「アメリカの」「デート文化」をつくる先頭に立ってほしいと思います。複数の男性と付き合うことをおすすめします。またそうでなければ結婚相手を選ぶことにはなりません。
>
> （飯田哲也「女は25歳を過ぎたら見合い市場ではタタキ売りを覚悟しよう」『結婚潮流』83年3月号）

パス内だけで1日5人見かけるくらいの時代だったんですよね。で、似た者同士で集まってたから、赤文字系以外異端みたいな雰囲気になってたとか。

いま、「an・an　陰キャ」とか「an・an　ダサい」でググってみたけど誰もそんなこと言ってないし！　環境によって受け止め方は全然違うってことですね。

セックス特集の衝撃

Y　ちなみに、性に対してアグレッシブという印象は当時からありました。在学中に唯一買った『an・an』がセックス特集の号なんですよ。ゼミの友達の家でおまけのDVD鑑賞会なんかしちゃったり。AV見たことなかったから衝撃でした。青春の思い出です。

S　『an・an』の大々的なセックス特集は1983年からだと思いますけど、2006年にAVが付録になって改めて話題になりましたね。その後、女性向けのAV市場は

15年後、社会学者の阿藤誠は見合いに代わって自由恋愛でカップル形成を実現するデート文化の未発達をシングル化の要因として挙げるようになるが（「未婚女性の伝統的家族意識」1998年）、飯田の議論はこれに対応している。飯田が想定していた見合い結婚が、親によって決定された結婚とまったく別物であることは言うまでもない。

坂本の論考も「お見合いは、最低12回してから決めたほうが良いというこれだけの理由」というタイトルからわかる通り、見合いを積極的に評価しながら、回数を重ねるべきという主張を展開する。これも、親が決めた見合い相手を変更してもよいという前提だから、やはり親が配偶者選択に強い影響力を持つ見合い結婚とは全く異なる。

> 見合いを重ねることは、とくに女性にとって、一つ一つ恥を積み重ねるという風潮や観念が、私たちの社会には存在しています。しかし、この考えは過去のものとして葬り去ることが必要です。

そして、坂本の見解はこう続く。

どんどん拡大しましたから、山本さん、時代の最先端を行ってたわけですよ。

自衛隊員と結婚するには

S　それにしても、結婚の話題はどんな雑誌にも載っているからおもしろいです。
　自衛隊の広報誌『MAMOR』に自衛隊員の釣書が載ってるの知ってますよね？
Y　もちろん。
S　『MAMOR』の釣書は、2000年代後半に婚活が話題になってから掲載されるようになったんですけど、なんだか『結婚潮流』を彷彿とさせますよね。
　でも、プライバシーがますます意識されるようになってる現代に、『結婚潮流』の「100人の釣書」を超えて、写真まで出しちゃってますからね。さすが自衛隊って感じですよね。
Y　個人情報が流出しても、強いから大丈夫ってことでしょうか。

いまや、結婚は、若い男女の対等な人と人との、心とそして体の結び付きによって、新しい家庭を創り上げるものへと変化してきているのです。
（坂本武人「お見合いは、最低12回してから決めたほうが良いというこれだけの理由」『結婚潮流』83年3月号）

坂本が想定している出会い方は個人が各々の判断で行うもので、まるで恋愛結婚のようである。それにもかかわらず、坂本が見合い結婚を薦めるのはどうやら、恋愛においては冷静な判断が困難と考えているからのようである。だからこそ坂本は、自立した2人による成熟した結婚生活を実現するために30歳という結婚適齢期を設定している。

以上の通り、『結婚潮流』誌上では、飯田や坂本のように見合いを薦める論者でも、伝統的な見合い結婚は支持してはいなかった。彼らは、恋愛に近づきつつある見合い、換言すれば「見合い・恋愛混合型」の婚活のあり方をよく理解していたのであり、しかし、そのなかで坂本に端的に見られるように、若者が恋情に振り回されて結婚することを恐れて「見合い」の要素を強調していたと言えよう。先に見た

本でも自衛隊婚活モノって結構ありますよね。
S　アリ恵美子『自衛隊婚活だけじゃない！』とかね。「だけじゃない」とは言いながら、3分の1くらいは自衛隊婚活の話してます。本文でも紹介したけど、男性の自衛隊員や防大生だけをターゲットにした婚活サービスも展開されてます。

婚活アカウントの誕生

S　それにしても婚活する人ってどうやって情報収集してるんでしょうね？　さすがに婚活のために『MAMOR』を手に取る人は少ないでしょう（笑）。
Y　うーん。いまって、SNS、特にツイッターの婚活アカウントや、ネット婚活に成功した人が体験談を語るアカウントを参考にできちゃうから、必ずしも本や雑誌が情報源とは限らないですよね。
しかも、SNSで「質問箱」のようなサービスを使えば、個人名はおろか自分のアカウントすら明らかに

ように彼女たち自身が論調を意識的につくっていたことを考えれば、こうした執筆陣のうしろで、荒谷をはじめとする『結婚潮流』編集部がおなじように結婚を捉えていたことは想像に難くない。

◆編集部の想像した出会い方

実際、編集部の彼女たちは「100人の釣書」のための面接をするうちに、はじめは第一印象に左右されていた嗜好が変化していったことを明かしている。

以前なら「ワーいいなァ」って第一印象がお付き合いに入る唯一の基準だったけど、今は違うと思うよ、わたしだけじゃなくみんな。

（「〈裏バナシ座談会〉この際言っちゃう！これが「100人の釣書」に登場した男性の素顔です」『結婚潮流』84年2月号）

第一印象によって生じた恋愛感情のみならず、属性——とりわけエリート——が重視されるようになってきたのだ。こうした属性重視は見合い結婚と恋愛結婚という二律背反の図式に立てば見合い結婚志向だと言えようが、彼女たちの新しさは

せず、婚活界隈の有名アカウントに悩み相談や質問ができたりするんですもん。便利な世の中ですよ。

S　山本さんも結婚前には、そういうもの見てたりしたんですか？

Y　いえ、当時はまだSNSの婚活アカウントなんてなかったか、あってもそれほど目立ってなかったんですよね。そもそも、SNSで結婚に関する悩み相談をしたり体験談を読むというイメージ自体がありませんでした。新婚旅行どこ行こうか〜とか、そういう段階になってからですね。私がネット使ったのは。

S　へぇ。そういうツイッターアカウントっていつ頃から出てきた印象ですか？

Y　ここ2〜3年じゃないですかね。私、結婚したの2015年なんですけど、婚活アカウントを見るようになったのは結婚してしばらく経ってからかな。

婚活本全盛期

S　以前はむしろ婚活ブログがたく

その属性を旧来的な見合いの枠組みの外で手に入れようとしたことにあった。

たとえば、荒谷は、「100人の釣書」の特定の男性に多くの女性が殺到した場合、男性側も女性側の履歴書を見て選ぶことができるという規定について語りながら、旧来的な見合いへの嫌悪感を表明している。


それでもね、女性のお見合い写真や履歴書を回すよりはさらし者にならないでしょ。自分が気に入った相手だけに見せるんだもの。例えば、見合い写真がグルグル回された末、結婚が決まったとしますね。世の中狭いから「あの娘さん、うちの息子が断った子や!!」なんていうことありうるんだから。たまりませんよねー。そんなの。

（「荒谷めぐみ」『ｎｏｎ-ｎｏ』83年10月5日号）


彼女たちは親やおせっかいおばさんによってもたらされる「見合い」を嫌っていた。実際、都会の短大や大学を卒業していたと推測される彼女たちにとってみれば、そうやって持ち込まれる相手はあまりに限定されたものに見えたに違いない。

だからこそ、彼女たちは「100人の釣書」に力を入れていた。そこには職業や趣味、相手のタイプなどさまざまな属性が書かれてはいるものの、お見合いみたい

さんありましたよね。第5章の「婚活本の世界」で紹介する「冷恋」なんてその代表ですけど。

とはいえ、そういったブログは、どっちかっていうとおもしろおかしく書いてることが多くて、閲覧者も実践的に参考にしようとはしていなかった印象があります。

だからその分、婚活本がたくさん出版されてたんだと思うんですよね。いまは出版点数も少し減ってきてて、ぼくの本棚的にはずいぶん助かってます。

Y　ほんと、婚活ハウツー本減りましたよね。一時期に比べると新刊があまり出ないからか、発売されて結構経った本が婚活本コーナーにずっと面陳（＝表紙を正面に陳列）されてたり。

S　婚活ブームの最盛期には、それこそ血液型別とか、星座別とか、本当にいろいろあったから。

Y　女性が好きそうなものならなんでも婚活にくっつけてた感じですよね。いまは、占いは占い、婚活は婚

な強制はないし、なにより日本全国、普通に生きていては知り合えない人たちのプロフィールが一目瞭然だったからである。そして、彼女たちはそのシステムを広げて婚活パーティのような企画を立て、あまりの人気に会員制度まで整備した。それはまるで現代の結婚情報サービスだが、そのシステムは当時においては新鮮であった。

ただ、思わぬ落とし穴もあった。1983年10月につくられた『結婚潮流』の女性のための会員制度、「カレントサークル」への入会には入会金1万円、年会費1万円が必要で、それは編集部員自身が告白している通り「女はタダ」というのが常識になった若い女性たちには受け入れられがたいものだった。バブルの迫る世の中で「女はタダ」という風習はもはや骨身に染みこんでしまっていて、若い女性にとって、いくら属性のためであっても、お金を払って男性をゲットするという感覚は馴染まないものになっていた。井の外を知ってしまった蛙はもう井戸には戻れない。彼女たちは恋愛結婚と見合い結婚とのはざまに立ちつつ、新たな道を模索していた。

活で棲み分けつつ、それぞれが同じ層の読者を得てる印象です。
最近だと「しいたけ占い」とか。婚活当事者世代にも大人気の楽しい占いです。

「価値観」は条件じゃない

Y　ところで、男性が婚活する場合には、何を参考にするんですかね？
S　ハウツー本を読んだりするよりは、はじめから婚活サイトなんかを使う人が多いイメージがありますよね。
もっとも、男性視点で婚活を指南している本もありました。パートナーエージェントが協力している『はじめての男の婚活マニュアル』って本。婚活本のなかではダメなやつですけど。
Y　なにがダメなんですか？
S　「『譲れない条件』を明確にする」という項が出てきて条件婚活っぽいんですよね。ただ、美人とか、かわいいとか、スタイルがいいとか、若いとか、金持ちだとか関係な

◆女性と仕事――非婚バリキャリか共働きか専業主婦か

では、女性の生き方については、どんな見方が提示されていたのだろう。結婚を前提として議論を展開した『結婚潮流』が非婚のまま働き続けるライフスタイルを支持しなかったことは言うまでもない。けれど、それが編集部の若い女性たちにとって当然の感覚だったのかというと、どうやらそうでもないらしい。家庭に入らず自由に生きる「翔んでる女」が支持されたこの時代、若い彼女たちも仕事に惹き付けられていたのだ。

荒谷編集長は、こんなふうに回想している。

私が必ず聞かれるのは、「ところで、編集長さんは、独身だけど、結婚したいんですか？」ということ。

まさか、「いいえ、私は、その気はありません」とも言いづらいじゃない？

「もちろんでーす！」と、答えていたのね。

でも、本音の本音のところは、今だから言うけれど、「自立する女性」「翔んでる女性」に憧れていたの。

仕事柄、たくさんのトップクラスのキャリアウーマンにも会いました。30代、

い、結局は価値観だと。それって条件になってないでしょう。

Y　う〜ん。確かに価値観ってだけだと条件とは言えないかも。少なくとも価値観の中身まで掘り下げて欲しい感じはしますね。

S　しかも、「経験則で言わせていただきますが」って、メインライターはアラフォーで独身なのに、一体誰の経験則なのか。

Y　ライターさん自身の経験だとすると、苦い経験を基にした反面教師的なアドバイスってこと？

S　でも、失敗のあとに成功がないと説得力ないでしょう。かといって、ずっと成功し続けてる人の方法論というのも万人の参考にはならないですよね。

Y　あ〜、わかる。ずっと成功してる人って、スタートラインの位置が違いすぎるんですよね。

成功体験記の価値

S　東大現役トップ合格者の東大合格法とか、TOEIC連続満点の著

40代で、結婚しないでバリバリと働いている女性たち。私には、とっても輝いて見えたっけ。

とはいっても、ちょうど「結婚願望」真っただ中にいる私は、心の片隅に、「あーあ、結婚したい！」と思う気持ちは、どうしてもあったのね。


（荒谷慈『だからあなたは結婚できない』１９９２年）

彼女たちが結婚を高唱したのは「結婚したい」という自身の内在的な欲求に正直に向き合った結果だった。しかし、彼女たちが「翔んでる女」にも憧れていた以上、その論調は「女性は家の中にいるべき」などという保守的結婚観に回帰するわけもない。

◆共働きは可能か？

仕事を続けることは、ともすれば非婚の宣言とも受け取られた時代である。逆に結婚を決意すれば、それは多分に専業主婦の宣言であった。言い換えれば、「独身→職場」（非婚バリキャリ）と「結婚→家庭」（専業主婦）という二分法の構図が都会の女性の基本的な前提になっていたのだ。


者による900点超えの方法とか、そういうのあるじゃないですか。でも、それがうまくいったのって彼／彼女が天才だっただけかもしれないし、そういう方法がピッタリ東大合格とかTOEIC900点とかにつながるかもわからない。

それよりはまだ、いろんな方法試してみて、どれもダメで、これを試したら成功した、みたいな話の方が信頼できる。

Y そうそう。普通以下の人の成功体験記の方が、エリート本より間口広いんですよね。

S ちょっと脱線しちゃったんですけど、結局のところ、「相性」とか「価値観」って、条件つけてないのと一緒なんですよね。

ちなみに、ぼくがこのパートナーエージェントという会社を知ったのは「結婚できない人をゼロに」っていう車内広告を見たときだったんですよね。で、「同性婚とか、そういうの、まったく視野にないんだな、この会社」って思って。事実婚も結このことは編集部の彼女たち自身、よくよく理解していた。結婚を高唱する雑誌である以上、『結婚潮流』の看板企画だった「○○と結婚する方法」も、男性側が○○という職業を持っており、女性が専業主婦になるという基本形を想定してつくられていた。

にもかかわらず、彼女たちは共働きのビジョンを模索し続けた。『結婚潮流』編集部がこの問題に取り組もうとしたことは、1983年11月に「サッチャー夫人から橋田壽賀子まで　結婚しているキャリアウーマンは素晴らしい」という特集が組まれていることからもわかる。結婚雑誌という性格もあって、結婚を前面に押し出さざるをえず、それゆえに専業主婦を前提とした議論を余儀なくされる場面もあったとはいえ、彼女たちはそれを乗り越えるビジョンを手探りしていた。

◆「寿退社圧力」を受け流すための結婚

そんななか、荒谷の辿り着いた結論の一つは次のようなものだった。

こんなに長い間、結婚を考え続けていると、ときどき奇妙な疑問を持つことがあります。[……]たとえば、〝結婚〟するということは、女性にとって〝制

婚に含めるという態度なようにも見えないし。『ゼクシィPremier』が毎号LGBTの結婚式を掲載してるのと比べたらねぇ。

『ゼクシィ』は社会派

Y　確かに『ゼクシィ』って意外に社会派なんですよね。テレビCMひとつとっても、2017年の「結婚しなくても幸せになれるこの時代に、私は、あなたと結婚したいのです」に、2018年の「結婚するとか、しないとか、それよりもただ、愛してる」ですよ！

価値観の多様化に対応したCMが支持を集めています。

S　『ゼクシィ』って、ホント、時代とともに歩んできた雑誌だと思うんですね。はじめはパートナーを見つけるための雑誌だったわけで、当時の『ゼクシィ』はいまではまったく想像できません。編集長だった芳原世幸さんは、『ダ・ヴィンチ』95年4月号のインタビューで、その人気の理由をこう説明していました。

約〟と考えるか、〝解放〟と考えるかです。

社会参加している、つまり働く女性にとって、〝結婚〟は制約のみが強調されていないか……そう思い込んでいないかということです。

独身イコール自由なのかしら。

私も二十六歳。いわゆる適齢期を過ぎつつあるのですが、世間は、結婚していない、あるいは、そんな話のない私に奇異の目をチラチラと向けてきます。

編集部に主婦の方が二人いるのですが、その方たちを見てると、私とは違って自由なんですね。

私にはまだよくわからないけれど、働く女性にとって〝結婚〟は解放される部分がたくさんあるようにも思えるのです。

ただ、結婚して解放されるには、やっぱり相手、つまり男性を選ばなければとつくづく思います。


（荒谷めぐみ「こちら編集部」『結婚潮流』85年2月号）

「結局、出会いのチャンスが少ないんですね。特に20代後半になると、誰かに紹介してもらおうと思っても、大学時代の友人のツテがなくなる。中小企業あたりだと、同期も少ないから職場の仲間にも頼めないでしょ。そこをサポートするのが僕らの役目なんですよ」

（越智良子「やっぱり永久就職が一番なのか!? パートナー雑誌の妖しい魅力」）

Y　なるほど。いまも昔も20代後半くらいから自然な出会いが少なくなっていく傾向って同じなんですね。当時の『ゼクシィ』はその市場を狙っていたと。

S　時代的な背景を見ると、とりわけ1986年に男女雇用機会均等法が施行されてから（職場における男女格差は厳然とあったものの）男性だけでなく女性も長く職場に拘束されるようになりました。「職縁」の結婚は70年代からずっと減っているのに、職場以外に出会いの場を探す当時、働きつづけようとする適齢期女性にとっては、結婚による退職を当然と考える「寿退社圧力」こそが最も大きな障壁だった。荒谷がここで指摘しているのは、「寿退社圧力」の半分が、女性は結婚するものだという「結婚圧力」である以上、「結婚圧力」から逃れることで少しは「寿退社圧力」を軽減できるのではないか、その意味では結婚+仕事はウィンウィンの関係を築きうるのではないか、ということだった。荒谷はこうした共働き女性の活躍を目の当たりにすることで「結婚なんてしない方が楽」という欺瞞に対抗しようとしたのだった。

このロジックは、女性が働くためには男性以上の努力をしなければならないという意味で、職場における女性の弱い立場を認めるものでもあったし、「寿退社圧力」に真っ向勝負で反論するといった性格のものでもなかった。荒谷はあくまで対症療法的に「寿退社圧力」をかわそうとしたにすぎない。言い換えれば、彼女たちが結婚生活を送りながら仕事をするといったとき、それは微温的な対応にとどまっていて、キャリアウーマンと同じように働こう（働ける）という意欲はそこにはなかった。

こうして『結婚潮流』の挑戦を現代の視点から批判することは容易であろう。しかし翻って考えて、現在のわたしたちの社会はどれだけ前進しているだろうか。男女雇用機会均等法の施行から33年ほどが経ち、確かに女性は社会進出して、「独身のが難しい（岩澤美帆・三田房美「職縁結婚の盛衰と未婚化の進展」）。そんなマッチングの問題に『ゼクシィ』は注目したわけです。

もっとも、この時期にマッチング問題に注目したのは『ゼクシィ』だけではありません。先の記事は『ミスター・パートナー』（88年創刊）という雑誌も紹介しています。いまでも存続してるんですけど、山本さん、ご存じでした？

Y　知りませんでしたよ。

S　ぼくも読んだことありません。井形慶子さんが編集長をつとめつづけているけれど、現在ではイギリスの生活情報を紹介する雑誌に変わってるようです。山本さんも知らない雑誌があるとは……雑誌の世界は広いですね。

「カップル前提」の崩壊

S　出会いの機会を提供しようとしたのは『ゼクシィ』や『ミスター・パートナー』だけではありませんでした。当時『ゼクシィ』同様、リク

↓職場」、「結婚↓家庭」の「↓」はほぼ維持されていない。だが、そこでは女性が働き、男性と同様に待遇されることの困難が顕在化している現実がある。現在でもその現実を理解しながら変革を構想しなければならないとすれば、１９８０年代の荒谷らの構想も当時の現実を前提としたものとして相応の評価をされなければならないように思われる。

◆適齢期という問題

『結婚潮流』は「適齢期」についても、当時のイメージをそのまま受容することはしなかった。先に紹介した、25歳を過ぎた女性に「デート文化」を担って欲しいという飯田哲也の論考、そのタイトルは「女は25歳を過ぎたら見合い市場ではタタキ売りを覚悟しよう」という。あからさまなタイトルだけれど、彼はここで「女性は25歳を過ぎたら価値がない」などと主張していたわけではない。むしろ、その論旨は、25歳を過ぎてこそ正しい判断ができるということであった、曰く。

二十台《［ママ］》前半までの若い時には、女性も男性も、［容姿など］実際にはそれほど重要でない要素を、相手にも自分にも付け加えて、本当の「定価」にプレミ

ルートから月2回発行の個人広告雑誌『じゃマール』にも交際相手募集の広告が掲載されていたそうなんです。この個人広告を素材にして、文化人類学者の小田亮さんが配偶者選びの性差を分析していらっしゃったりします（「日本人における配偶相手の好みにみられる性差」）。『ゼクシィ』だけでなくリクルートとして、そういうことに注目しはじめていたんですね。

そして、いまやLGBTの結婚にも目を向けようとしている。支持を受け続けるだけの素地があるんだなぁと感心してしまいます。

Y　最近は、そもそも「カップルを前提にしなくてもいいんじゃないですか？」というスタンスの雑誌も増えてますよね。

２０１７年末には、東京ウォーカー編集部の『おひとりさま専用Ｗａｌｋｅｒ』が発売されて話題になりました。

16年末、集英社の女性誌編集者の方が個人で長年続けた自由気ままな

アをつけて結婚相手を判断しているようなものなのだ。

（飯田哲也「女は25歳を過ぎたら見合い市場ではタタキ売りを覚悟しよう」『結婚潮流』83年3月号）

彼に言わせれば、むしろ25歳を過ぎてからが「プレミアつきでない「定価」通りの「商談」の条件が熟してくる好機」だ。

すでに見た通り、飯田は恋情に振り回される結婚を敬遠していた。だからといって、見合いを選択しても、感情と無縁に相手を選べるとは限らない。結局のところ、「若い！」とか「かっこいい！」とか「かわいい！」とか、そんな感情に押し流されてしまうかもしれない。だから飯田は、こうした感情を抑制することができるように、女性の「若さ」の価値が極端には落ちず、それでいて冷静に判断できる時期として適齢期を措定《そてい》したのだった。

もっとも、こうして飯田が提示した適齢期は、非常に微妙なバランスの上に立っている。それより早く独身脱出しようとすれば恋情で冷静な判断ができなくなる。かといって、遅ければ遅いで「プレミア」どころかどんどん市場価値が落ちていく。そのことは、本村汎・大阪市立大教授（当時）が「27、28歳と適齢期を過ぎてしまうほど高望みをするという意外な事実」（『結婚潮流』83年8月号）のなかで厳しく

ひとり旅を軸に、新しい旅の形を『ひとりっぷ』というムックで提案したりもして。

18年に入ってからも『Ｏｇｇｉ』5月号で、「ソロ充ライフのススメ」が特集されています。

ひとりでどこへでも

S　「おひとりさま」が新語・流行語大賞にノミネートされたのは2005年のことですが、そういう生き方は現実に増えてますね。

Y　おひとりさまって、すごい勢いで普及しましたよね。ひとりカラオケとか、ひとり焼肉とか、ひとりディズニーとか。もはやなんでもおひとりさまでできる時代になった感じしますもん。

S　いやいや、「一蘭」みたいに横に仕切りがあるラーメン屋とか、カラオケのひとりプランとかならわかりますけど、ディズニーはもう精神力の問題でしょ！　ただでさえ待ち時間がイヤでディズニー行かないのに、ひとりで行列に並ぶとか……ぼ

指摘した点でもあった。

「適齢期」を逃した女性はなぜ結婚が難しくなるのか。本村は、適齢期を過ぎた女性は、相場とかけ離れた条件に固執してしまうどころか、コストがかかった分だけ自己評価を高くしてしまうという。加えて、結婚によって生活水準が下がることを忌避して低収入の男性を枠外に置き、ますますマッチングを難しくするというのだ。本村の議論は、家族のかたちについての前提が専業主婦一択であるあたり古色を残しているとはいえ、全体としては現代の婚活論でもよく語られるところを押さえている。

飯田もこうした批判を受けてか、その後、適齢期が遅くなることを警戒するようになった。のちの「平均初婚年齢25・3歳こそが結婚適齢期であるという3つの理由」（83年8月号）では、25歳頃が適齢期だという結論は同じでも、その理由は性生活と出産・育児が結婚の「当たり前の大前提」だからだというもので、以前とは違って明確に期限を切る議論を展開したのであった。

◆家族のかたちと適齢期

確かに性や子どもの問題は、当時において「当たり前の大前提」だったのだろう。

くの精神力ではとても無理だわ。

Y　まあ、確かにひとりで丸1日はちょっと辛いかもですね。

でも、ここ数年、ディズニーランドでもディズニーシーでも、アトラクションの待機列に1人で並んでる人を実際に見かけるようになりましたよ。そして、そんなおひとりさまに注目が集まるかというとそうでもなかったり。

それから、年間パスポートを持っている人のひとりディズニーのケース。お買い物だけ、食事だけ、お目当てのアトラクションやショーだけに集中して、という楽しみ方もあるようです。ひとりディズニーっていうとハードル高そうだけど、日常の延長線上に少し非日常を取り入れる感じでしょうか。

なんにせよ、いまは多くの人が、ひとりでも誰かと一緒でも、それぞれ自由に自分の時間を楽しんでるって感じですね。

S　それと対照すると『結婚潮流』の80年代、いかに独身への偏見が強だが、全体として見ると、適齢期の議論において問題になっているのは生殖というより、むしろ家族のかたち（妻の職業選択）の方だ。たとえば、坂本は「「男性に頼りたい」女性ほど年下男性を狙うべきだ。」という興味を誘うタイトルの論考のなかで、次のように「女性の時代」の夫婦像を捉える。

女性の時代を迎え、女性が男性と対等の立場に立って主体的に生活のことを考え、工夫し、努力することが可能になりつつある現在、女性が、その能力を誰からも拘束されず、また支配されることなく発揮するには、年上の夫に〝仕える〟従来のパターンではなく、むしろ、年下の夫と協力して、その家庭生活、結婚生活をつくり上げることが望ましいといえます。

ところが。

しかし、皮肉なことに、そのような条件［社会全体が認め、評価してくれるすばらしいものを身につけていること］を身につけている女性は、相対的に弱い性となりつつある男性（とりわけ〝三つ違いのあにさん〟などといわれる従来の適齢年齢差の男性）にとって一種のライバル、あるいは脅威を感じる存在かったかというのを感じます。本文でも紹介した『結婚潮流』の記事のなかで、本村汎大阪市立大教授（当時）は、適齢期を過ぎれば結婚しにくくなるという現実を強調していました。

結婚が難しくなった女性は「結婚したい時が適齢期」などという女性誌などの主張で自分自身を慰めるようになったり、結婚をあきらめて研究者になったり、「独身婦人連盟」に加入したりするのだ、と言っています。

独婦連！

Y　独身婦人連盟？

S　ぼくも不勉強で知りませんでした。調べてみると、独身婦人連盟は「独婦連《どくふれん》」と呼ばれた1967年結成の団体だそうです。そもそもは戦争で男性の数が減ったことで生じた独身女性の団体なんです。そうした独身女性たち自身が、独身の女性の雇用環境や福祉制度を充実させようって活動していたわけですね。

となるものです。

そして、そのことが、結局、〝できる〟あなたを縁遠いものにしてしまうのです。

（坂本武人「「男性に頼りたい」女性ほど年下男性を狙うべきだ。」『結婚潮流』84年5月号）

こうして坂本は、女性が男性からライバルとみなされることなく己の能力を認めさせるためには、年下男性が適当だと論旨を展開する。彼のこのロジックは、家族のかたち（妻の職業選択）に柔軟性を与えながら、同時に適齢期を遅らせる方向に働くものだ。家族のかたちをどうするかというビジョンも適齢期の設定に大きな影響を与えていたことがわかる。

◆編集長・荒谷めぐみにとっての適齢期

家族のかたちが適齢期に大きな影響を与えているとしたら、出会い方もまた適齢期と深く連関していることは当然であろう。編集長・荒谷が18歳での婚活開始を主張したとき、それはこの連関を意識したものであった。

でも、社会学者の天野正子さんが書いているように、はじめのうちは彼女たちも独身で生きるって割り切れてるわけじゃないみたいです（「シングル化時代の先駆け」）。いくら望みが薄くても結婚を望んでる。それが、70年代後半になると吹っ切れてくる。その流れのなかに本村さんのさっきの議論はあるわけです。彼の議論のなかでは「独身婦人連盟」への加入というのは、独身への決心、独身者という立場からの社会的要求ということを意味しているわけですから。

Y　へえ。いまもあるのかな。

S　2002年に解散したみたいですよ。本村さんが言うような新しい加入者は多くはならなかった、世代交代は進まなかったってことですね。

ただ、それって独身者でも生きていきやすい世の中になってきたってことでもあると思います。まさに上野千鶴子先生の言う「おひとりさま」の老後の世界ですね。

18歳で結婚を考えることはちっとも早いことではないと思います。みんな、適齢期（23～25歳）になってからあわてて探しはじめるようだけど、それでは絶対に遅いと思うんです。

候補者の数も限られてしまうし、〝焦り〟という気持ちに邪魔されて判断も誤りやすいし。

結婚を考えて行動を開始するのは、高校生からでも早くはないと思ってるの。

（「読者のお便りから」『結婚潮流』84年10月号）

ここで荒谷は競争的な婚活市場を前提として、そこで競争するためには早く行動を始めることが重要であること、「適齢期」になってから探し始めると「焦り」で判断が誤りやすいことを強調している。「適齢期」が23～25歳となっているあたりは時代を感じさせるけれども、とにかく社会通念としての「適齢期」に惑わされないで婚活する重要性が強調されている。これもまた、現代の婚活論の一部が早期からの活動を薦めることを先取りした主張である。

以上、出会い方、家族のかたち、適齢期という軸をとって見てみると、前半期の

Y　最近は、年をとったら、生涯シングルでも死別でも離別でも独身者同士で集まって、シェアハウスで暮したいって話す人たちをウェブ記事やSNSで見かけます。ステキですよね。

S　確かに憧れるよね。ただ、結局は介護の話になってしまうのかなっていう気がする。みんなが元気ならシェアハウスは楽しそうだけど、65歳以上の10人に1人が要介護認定を受けている時代だから、要介護者が出てきたときに、どこまで老老介護できるのかという問題があるんじゃないのかな。排泄物のお世話とか、徘徊の心配とか、そういうことが果たして「ゆるやか」な連帯でカバーできるかどうか。

それを友人とかでカバーしようとするなら、事前に連帯をかなり固めておかなきゃいけない。もしくは、介護は完全に外部に頼れるだけのカネを十分に準備しておかなきゃいけない。結局、現代の人生って老後の介護問題からは逃げられない気がす

『結婚潮流』が、それまでの結婚をめぐる議論を刷新しながら、現代の婚活論をも先取りしていたことがわかっていただけたかと思う。

ここでまとめておくと、『結婚潮流』は、出会い方をめぐる位相では、恋愛結婚の潮流に抗って見合い結婚における属性重視の重要性を認め、それでいて旧来的な見合い結婚とは異なり恋愛を持ち込むことを主張した。属性が重視されたのは、単に独身脱出するだけではなく、その後の結婚生活を充実させることを重く見たからである。

家族のかたちについては、共働きのモデルを理想としながらも、現実的な選択肢として専業主婦を選んででも結婚することの意義を主張した。適齢期については、生理的な年齢を前提としながらも、その年齢の設定は基本的には社会的に構築されたものだと理解した。そして、婚活市場の市場原理のうえではそれに乗ることの意義を示しつつ、同時に女性の職業選択との関係においては女性自身が適齢期を設定する可能性をも提示したのであった。

こうした議論をいま無責任に批判することは容易いが、彼女たちが自分自身の人生と向き合いながら見出した方向性は、時代との格闘の産物としてしっかり評価されるべきだろう。

るんですよね。楽しい老後とか、シェアハウスでの交歓とか、そういったことは介護とカネの問題が解決した先なんだと思う。

Y　介護、できるだけ直視したくないと思って避けてきたけど、いずれいく道ですもんね。どう人生を終えるかについて「終活」って言葉が出てきたけど、その一つ前の段階で、自分がどう介護されるか、それに向けてどんな準備をするかという活動も必要になってくるんでしょうね。

S　というか、婚活でもすでに問題になってきてるんじゃないのかな。相手の親とか、場合によっては相手の介護って、年齢が上になればなるだけ、婚活でも条件で勘案されてると思う。若くして老後のこと考えないと後で痛い目見る、そんな時代ですよ。

第3章

「みんなで渡れば怖くない」
―― 85年〜90年代の婚活論

1980年代後半、「婚活0.0」は退潮する。代わって一世を風靡したのが、いずれは結婚することを前提としながら、独身を謳歌しようとする「Hanako族」だ。未婚女性の結婚の焦点は「結婚生活」から「独身脱出」へと移っていく。

1　雑誌『結婚潮流』の終焉

◆マンネリ化と蛇行

『結婚潮流』は数年にわたって注目を集め続けたが、次第に腰砕けしてしまった。換言すれば、若いエネルギーが枯渇して、誌面がマンネリ化したのである。本章ではその後期の『結婚潮流』の没落を観察することになる。

その極点は１９８６年の誌面で、そこには編集部の倫理崩壊の片鱗さえ見られる。竹内洋、コシノ・ジュンコ、飯田哲也らによる11月号の特集記事は、筆者たちの了解を得たのかどうか知らないが、84年2月号に掲載された特集ほとんどそのままだ。

転換点は、おそらく85年3月号、つまり創刊3周年目くらいにある。この号からデザインが一新され、三浦朱門の連載「男ごころの読み方」が始まるなど連載がやたらと増える。また、8月号になるとついに「○○と結婚する方法」が衣替えして、「自分発見シリーズ　あなたは○○の妻として向いているか」となった。なにがあったのか知らないが、荒谷めぐみがこの号をもって編集長を降り、初期から執筆者だった藤田多克子が編集長に就任する。ちょっと細かいことだけれど、「１００

『結婚潮流』、散る

Y　この章では『結婚潮流』が儚くも散る時代を扱うんですよね。

S　そうそう。雑誌の経営って難しいんだなって思いますよ。『結婚潮流』の場合は、徐々に他のメディアからの注目を失って、内容も陳腐になっていきます。正確な売上推移はわからないですけど。

Y　へえ。おもしろくなくなって読者が離れちゃったんですかね。

S　というか、やっぱりビジネスモデルとして無理があったのかなって思うんですよ。

『ゼクシィ』モデル

S　いったん『結婚潮流』から離れますけど、同じ結婚雑誌でも『ゼクシィ』は成功を収め続けてますよね。数ヶ月で読者が入れ替わることを前提に、特集内容を常に循環させて、売れ続けている。

Y　確かに、『ゼクシィ』を1年間毎号買い続ける読者なんて、私たちくらいですよ。

人の釣書」には84年8月号から「記者の目」という項目が加えられていた。釣書に掲載される男性に対する編集部記者の寸評だ。これもこの号から消える。いちいち取材する余裕がなくなっていたのかもしれない。

ちなみに三浦朱門は連載開始早々、85年4月に文化庁長官に就任した。就任すると「女性を強姦するのは、紳士として恥ずべきことだが、女性を強姦する体力がないのは、男として恥ずべきことである」――なんだか最近も某NHK経営委員が日本の繁栄にはオタクよりセクハラ男の方が大事というようなことを言っていたが――という文章を批判されて謝罪に追い込まれたことはよく知られる。そんな彼の当時の本の一節を挙げておこう。

年頃の男性が女性に望むものは、私は男性だからはっきり言えますが、それは女性の身体です。身体というよりは自分の性欲を好ましい形で充たしてくれる女性です。「好ましい形」と書きましたが、好ましいということの内容が時代と共に、また相手によって変わってゆきます。[……] 女性の場合は男性のように激しい性欲の満足を求めるということはあまりないでしょう。しかし何よりも女性が男性に期待するものは、保護者としての男であるようです。

（三浦朱門『好きになる男　好きにさせる女』1985年）

S　たとえば「結婚式の費用や手順」なんかは、結婚式を挙げるカップルの誰もが知りたいことだから、数ヶ月ごとに載っていってくれないと困るわけです。

Y　『ゼクシィ』は「めでたく結婚が決まったので、結婚式と披露宴開催に必要な情報一式を数ヶ月でまるっと手に入れたい」という目的意識を持つ人たちが、一時的に読者になる雑誌ですもんね。

S　そう。それは広告とも連動して。広告主も『ゼクシィ』の読者は入れ替わるとわかってるから、毎号広告を出さなきゃいけない。首都圏版では1ページ100万円とも言われる広告費を集め続けることができる。独り勝ちですよ。

おんなじような性格の雑誌はあんまりないけど……。

Y　「たまひよ」とかですかね。

S　ベネッセが出している子育てのための『たまごクラブ』、『ひよこクラブ』ですね。

Y　妊娠中はたまご、赤ちゃんを育

この頃から『結婚潮流』の蛇行ははなはだしい。さしあたり「○○と結婚する方法」の系譜だけ追っても、もともとは結婚相手の職業を理解する企画だったはずが、翌年4月には「26歳でも間に合う「持ち駒〔ス・ペ・ア・男・性〕」の・作り方・選び方・保ち方」という、遊び人感満載の雰囲気に転換する。さすがに結婚雑誌としてこれではダメだと気付いたんだろう、10月にはようやく「あなたの勤め先別相手の見つけ方　見わけ方　つかまえ方」という特集に戻るけれど、対象読者を絞り込むこの特集の組み方もマーケティングの観点から見れば失格だろう。無方針な雑誌運営はさぞかし読者離れを招いたに違いない。

◆保守回帰する議論

内容も陳腐になった。荒谷は1985年8月に編集者を降りてから、86年1月に退社するまでしばらく別の新雑誌の編集長をしていたようだが、その間子どものような『結婚潮流』を傍目に見ながら「あ、その子は、そんなことをしたらダメなのに。そこは、こうしないと……」とハラハラしながら見ていたらしい（荒谷慈『愛して感じていい女』）。

そうこうしている間、以前、シングルを推奨した女性誌を手荒に批判していた古

てる段階になるとひよこ。『こっこクラブ』という雑誌もありましたが、こちらは2011年に休刊になったようです。

他に小学館の『小学○年生』とか。このシリーズも二年生～六年生は2009年から徐々に休刊になっていって、いま残っているのは『小学一年生』のみですが。

S　人生のわずかなステージにだけ関連する雑誌って、対象の年代層に大量のボリュームがないと難しい。少子化が進む現在、『小学○年生』が休刊していくのもむべなるかなと思います。

迷走の末

S　そして結婚雑誌も「結婚を望む女性が独身脱出するまで」という限られた期間、限られた読者に購読されるものにすぎない。テーマも結婚しかないから、新しいネタを提供し続けることも難しい。

Y　え？　『結婚潮流』の特集、意外とバリエーション豊かですけど。

屋信二に代表される古株の執筆者が常連となって、その保守的結婚観が全面化する。すでに見たように、家族のかたちをめぐる議論は、女性の職場における地位の問題が顕在化したことでほとんど見られなくなってしまっていたが、出会い方、適齢期についても保守的結婚観への回帰が生じる。

象徴的なのは、おそらく男性と思われる編集者が書いた次のような編集後記だ。

見合いをダサイと思いがちですが、実はそうではなく、若い人にのみ与えられた特権だということを改めて認識してもらいたいものです。若い人々は大いに見合いをして、一生を通じての素晴らしい伴侶を見つけてください。

ウーン、見合いの話が少なくなってきたら、結婚相手を自分で見つけるしかなく、大いに恋愛でもしましょうか。

（橋本迪幸「こちら編集室」『結婚潮流』85年6月号）

売りだったはずの若い女性編集陣のパワーはどこへやら、ここで想定されているのはただ受動的に見合いを待つ女性像である。結婚のための積極性はおろか、結婚への真剣なまなざしも消えている。

適齢期については、申し訳の如く、「あせりは禁物、いつかこの広い世界に自分

S　そう、そこに問題があります。読者は入れ替わっていくし、結婚にまつわるネタってそう多くはないんだから、本当は『ゼクシィ』みたいに次々婚活市場に参入する独身女性（もしくは男性）を相手に鉄板ネタを使いまわすのが筋なんです。

ところが、『結婚潮流』は特集を変え続け、さらに連載まで取り入れて、継続読者を前提とした雑誌運営をしてしまった。はじめは編集部員の若さで乗り切れたけれど、いずれ力尽きる。構造的原因だったんじゃないかと思うんですよ。

Y　そっか、最終的に独身脱出するにせよしないにせよ、婚活のための情報しか載ってない雑誌を半年、1年買い続けてくれる読者って多くはないですよね。狭すぎるテーマでの継続読者前提、迷走は当然の帰結だった、と。

S　そうかもしれません。迷走で言えば、「あなたの勤め先別　相手の見つけ方　見わけ方　つかまえ方」って企画、ダメですよね。

のために産まれてきた男に出逢うはず、その人に出逢うまではのんびり自分を磨いていればよい」、「この出逢いは大切にしたいと心底思える相手に出逢うまで男も女も一生適齢期と思えばよい」という、テレビキャスター・松村満美子の恋愛至上論はあったけれど（『結婚潮流』85年4月号）、当時の編集部の方針は明らかに違う。女性の生理的限界が前面に押し出されるのだ。

常連執筆者となった古屋信二は、結婚後に三つ違いの子どもを2人産むという前提で、女性は23～24、男性は26～27という適齢期を設定する。荒谷に代わって新編集長になった藤田多克子も86年11月号に掲載された「〈適齢期〉女性生理現象・男性生活力が結婚へ向かうスピードの差を生む」という文章で、そのタイトル通り、女性について生殖の側面から適齢期を定義したうえで、さらに次のようなことまで書く。

キャリア志向もそれはそれなりに、シングル志向もそれはそれなりに、ひとつの考え方だとは思いますが、自然の大きな摂理からはみ出してみても、結局あまり得るところはないのではないかと思うのです。キャリアだ、シングルだと飛び出した女性たちが得たものは、結局骨折り損のくたびれ［ママ］儲けだったことに皆さんはとうの昔に気が付かれていたと思います。

Y　え？　私、「出版社勤務女性のための」だったら買いますよ。

S　そりゃあ自分が対象なら買いますよ。

でも、女性側の属性で切り分けてしまうと、該当する属性の女性しか手に取らなくなっちゃう。

Y　あ～確かに「金融機関勤務女性のための」は買わないわ。

S　対象読者の母数は圧倒的に少なくなっちゃいますよね。

『結婚潮流』が一時的とはいえ、それなりに売れたのは「○○と結婚する方法」と、男性側の属性を切り分けることで、全属性の女性を対象にできたからです。

Y　パイロットや官僚と結婚する可能性は出版社勤務でも金融機関勤務でもあるから、女性みんなが潜在的な読者になるわけですね。

S　加えて、その職業の男性も手にとってくれるかもしれない。

Y　でもそれは、女性を属性で切り分けた瞬間に成り立たない。

S　失敗に気付いたんでしょうね。

荒谷らがなんとかキャリアとの両立を実現しようとしたのとは対照的に、ここでもまた保守的な結婚観への回帰が進んでいる。確かに生理的理由から適齢期を設定するロジックは、前半期の飯田の議論にも登場していたし、現代の婚活論にも共通している。けれど、その飯田だって2人産むのが前提というような、家族のかたちを乱暴に決めてかかるような議論はしなかった。ここでの議論が異様なのは、『結婚潮流』前半期とは対照的に、職業選択、ひいては家族のかたちの柔軟性が跡形もなく失われてしまったということなのだ。藤田は『結婚潮流』が終了したのちも、いくつか結婚関係本を著しているが、そこでも女性は本能から「安定」と「強い者」と、そして「子供」を求めるという前提から議論を進めるなど（藤田多克子『結婚したくなったら読む本』、『素敵な結婚に近づく方法』）、新しい時代環境のなかで保守的な結婚観をいかにして守るかに注力したように感じられる。

そんなこの雑誌の末期に清涼を与えてくれたのは中垣昌美・龍谷大学教授（当時）の「「結婚」と「結婚生活」の違いがわかれば、幸せになれる」（86年11月号）という文章だった。まったくの偶然だろうが、同じ特集に載った文章で、藤田が「男性に結婚を決意させるということは、案外飼い犬に鎖をつなぐという、こんな単純な作業によく似ている」と結婚を鎖にたとえたのに対して、中垣は「関係は一つの絆である。しかし、この絆は鎖の絆ではない。いつまでも切れない絆であるこ

1年ほど経つと、再度、対象読者を広げようと目論むようになる。「あなたとは、こんなに違う「男性の結婚願望の中身」七大研究」（86年11月号）、「びっくりするほど効果のあるパーティーハント術」（86年12月号）、「結婚相性事典」（87年1月号）とかね。『an・an』にも載っていそうな企画でしょ？　これなら女性は自分の属性に関係なく手に取れる。けど、それなら『an・an』でいいんで、わざわざ『結婚潮流』を買う必要はないですよね。そうして『結婚潮流』は退潮していく。

生き残りの道

Y　う〜ん。でも、それなら、どういうふうにしてたら生き残れたんですかね？

S　わかんないですけど、『結婚潮流』も婚活サービスみたいのを始めるようになってたんで、そっちにシフトするって手はあったかもしれませんね。

あの『ゼクシィ』も、結婚する

とをだれも保証してはくれない」と、藤田の主張を真っ向から否定し、そのうえで「結婚と結婚生活は別である。結婚がすべてではなく、結婚生活がすべてなのである。だから、結婚生活をより充実したものにするために結婚するのであって、結婚さえすれば良いということにはならない」と書いたのだ。まるで『結婚潮流』に初志を思い出させるが如くであった。

確認できた『結婚潮流』は87年1月号が最後だ。そこには廃刊・休刊という文句はない。新聞報道によると、発行元がこの1月に倒産し、一時休刊を余儀なくされたのだという。その後、藤田多克子を中心とした同じ編集メンバーで4月に復刊される予定だという報道まではあるが（注23）、復刊された『結婚潮流』にはお目にかかれていない。

カップルの全体数が減少し続けることを危惧してか、2014年12月になって「ゼクシィ縁結び」、「ゼクシィ恋結び」といったサービスを展開するようになっているんです。

せっかく「東洋経済オンライン」に記事があるので、常見陽平さんによるゼクシィ担当者インタビュー『ゼクシィ』は、なぜここまで強いのだろうか」を参照していただければと思いますけど、そういう試みをもっと本格的にやることはできたかもしれない。

Y　なるほど〜。若者の人数が減って誰もが結婚するとは限らない時代、単発のライフイベントを狙いまして……という構成は、いかに『ゼクシィ』といえど厳しいのかもしれませんね。

S　ちなみに荒谷さんのもとで副編集長を務めた図師千鶴子さんは、1984年3月で『結婚潮流』を辞めた後、そこで培った人脈をつかって大学教授なんかを講演会の講師として斡旋、派遣する会社を始めたらし

2 バブルの『Hanako』へ —— 女性のキャリアと結婚

◆『Hanako』の最盛期

大阪で『結婚潮流』が退潮するなか、1980年代末から90年代にかけての女性の生き方を象徴する雑誌となったのが『Hanako』だった。雑誌『クロワッサン』の限界を指摘した松原惇子は、『Hanako』が創刊された88年の時点ではこの雑誌を「ユニーク」と評するにとどまっていたが、10年後には「『Hanako』は八〇年代終りから九〇年代にかけての女性の生き方を象徴した雑誌」とまで評価を一変させる（『クロワッサン症候群　その後』98年）。その理由は、この雑誌が、若い女性たちに海外ブランド信仰を根付かせ、海外旅行と外食文化を習慣づけ、バブル期のシングル女性の望む生活を提示したからだ。この雑誌はいわばバブルの空気を象徴した、いや、もっと言えばバブルの空気（の一部）をつくり出した雑誌だった。

そんな『Hanako』に88年から94年まで連載されていた吉田秋生（スージィ・吉田）の「ハナコ月記」は、初代編集長だった椎根和をして「八〇年代に、

い（「好評〝プロフェッサーバンク〟」『日本経済新聞』84年）。その後、どうなったのかわからないんですけどね。

Y　たくましいですね。

「死ぬまで」特集

S　雑誌つながりで、ふつうの雑誌の話してもいいですか？

Y　ええ。でも、ふつうの雑誌ってどういうことですか？

S　『結婚潮流』や『ゼクシィ』、『たまごクラブ』みたいに、特定のステージにいる人が、期間限定で読者になりうる雑誌ってむしろ少数派なんですよ。そうでない大多数の雑誌は、読者の入れ替わり・卒業を前提とはせず、継続読者をどれだけ繋ぎとめられるかを考えなきゃならない。

Y　なるほど。確かにそういう雑誌がほとんどですね。

S　けど、とりわけ週刊誌ですけど、ここ数年の雑誌って、「長生きするためには」とか「死ぬまで」と

同棲中の、あるいは新婚早々の、若い二人の実生活上に起こる、少しエロい、女性側からの理不尽な感情をリアルに描ききってくれた」と評した名作だ（『銀座Ｈａｎａｋｏ物語』）。このマンガ、半分フィクション、半分ノンフィクションといった感じで（当時の吉田より少し若い）20代後半のイラストレーターという設定の主人公・ハナコさんと彼氏のサラリーマン・イチローさんの日常生活を描いている（吉田秋生『増補　ハナコ月記』）。

当時の若い同棲カップルの生活ってこんなんだったのかなと、感じるところは多い。たとえば、生活空間を見ると、創刊初期には彼女たちの食卓はちゃぶ台で、寝床は畳のような床に布団を敷いて、布団の脇には『ａｎ・ａｎ』が置いてあった。ところが、『Ｈａｎａｋｏ』がメジャーになるにつれて「ハナコ月記」におけるハナコさんも堂々と『Ｈａｎａｋｏ』を読むようになる。そして「Ｈａｎａｋｏ族」のライフスタイルが普及するにつれて、ハナコさんはダイニングテーブルで食事を摂るようになり、渋滞にも負けずスキーに出かけるようになる。記念日にはイチローさんはハナコさんが『Ｈａｎａｋｏ』で選んだブランド物をプレゼントしなきゃならない。高級レストランやディスコが混雑し、タクシーを停めるのに道路で万札を振る……バブル時代というと街中の図が浮かびやすいが、それぞれの家のなかで、それぞれの若者はどんな生活を送っていたのか、その実態はとても興味深い。

か、特定の世代を狙った特集だらけじゃないですか。

老後が人生の3分の1を占める時代だし、「長生き」や「死ぬまで」に紐付けられるネタはいくらでも出てくるから企画が成立するんでしょうけど、本来的には幅広い世代を対象にしていたはずの雑誌が、いつの間にか『小学○年生』とか『ゼクシィ』みたいな、人生の特定のステージだけを見据えた雑誌に変質しちゃってるんじゃないかなぁって。

Y　読者の入れ替わりが少ないと、ネタも彼らの加齢に合わせてだんだん高齢者向けになっていくんですね、きっと。雑誌を読む習慣のある層を確実に、と思ったら、中高年層を狙うしかないのかも。

S　経営的にはそうなんだけど、それだともはや総合雑誌じゃないですよね。『たまごクラブ』と同じで、特定の読者層にしか開いてない。もはや雑誌は公論を担えないかもしれない。

©吉田秋生

高等遊民！

S　かといって、比較的若めの読者に向けた雑誌はさらに厳しい。ネットに喰われてる部分ももちろんあるけど、そもそも若者に響くネタを雑誌主導で打ち出すのが難しくなってきている気がします。

80〜90年代の『POPEYE』（マガジンハウス）、『ホットドッグ・プレス』（講談社）みたいに、男性誌が次々と新しいネタを提供できた時代もあったんですけどね。

その点、いまでも高等遊民的な若者に響くテーマを打ち出し続けて健闘してるのが『現代思想』（青土社）ですかね。部数は高等遊民の数が上限になりますけど。

Y　高等遊民……。

『現代思想』という誌名ではありますが、特集テーマは社会・政治分野の時事的なものも多く、単に思想や哲学を扱うだけの雑誌ではないんですよね。時事的なテーマと思想をつなぐイメージでしょうか。

たとえば2018年の1年間だ

そんなカップルの描写で目を引くのは、夕食のあと片づけをするイチローさんの姿だ。一度だけじゃない。何度も描かれている。料理もゴミ出しもハナコさんの担当で、いまから見ると家事が平等に分担されているとはとても言えないけれど、それでも当時の吉田はイチローさんに同情的だ。GWも仕事に追われて家でボーっとしているイチローさんについて、吉田は「「過労死」というコトバがハナコさんのアタマに浮かびます」とナレーションを入れ、ハナコさんに「死ぬまで働いちゃうなんてバカみたい」と語らせる。モーレツに働いて家に帰っても亭主関白になれない、カワイソウね、といった描きぶりなのだ。

なぜ吉田はそんなにイチローさんに同情したのか。それは、ハナコさんが、男女平等の正論で男に家事を負担させながら、それでいて女性同士休みをとって旅行に出かけられる、いわば家庭からも会社からも自由な存在だったからだ。深夜残業を強いられ、休日も運転などの家族サービスを強いられ、プレゼントなどの出費も強いられるサラリーマンを後目に、ハナコさんはつぶやく。「女にうまれてヨカッタ」。それは当時の「Ｈａｎａｋｏ族」のホンネだったのかもしれない。

と、1月から順に、「現代思想の総展望2018」「保守とリベラル」「物流スタディーズ」「現代思想の316冊」「パレスチナ-イスラエル問題」「公文書とリアル」「性暴力=セクハラ」「朝鮮半島のリアル」「考古学の思想」「大学の不条理」「多動」の時代」「図書館の未来」。

近年はLGBTや精神病理なんかを特集テーマに据えていたこともありましたね。2013年9月には「婚活のリアル」も！「～のリアル」ってタイトルの特集が結構多いのも特徴的です。

S 『中央公論』で鼎談させていただいたとき、京大の佐藤卓己先生が、若い人々にとって『現代思想』が重要な論壇になるかもとおっしゃっていたのを思い出します。毎号でなくても気になるテーマの号を手にとることで『現代思想』に興味持つ人が増えてるんじゃないかと思うんですよ。

高齢者にはあまり浸透していないようで公称部数は8千部と少ないん

◆Ｈａｎａｋｏさんの限界

底抜けに明るく、楽しいこんなシングルライフの描かれ方を見ていると、ある想像をしてしまう。それは、１９８０年代から90年代初頭にかけての「Ｈａｎａｋｏ族」は確かに自由を満喫しようとし、また実際したのだと思うのだけれど、それはサラリーマン男性と、そしてまた女性の独身脱出後の将来という犠牲の上に成り立っていたのではないか、ということだ。アッシーくん（車で自宅への送迎をしてくれる男友達のこと）、メッシーくん（タダ飯をおごってくれる男友達のこと）、彼らは独身の間必死に尽くしてくれるけれど、独身脱出したらもうお構いなしなんだ。だから、いまのうちにハッチャケて楽しもう。そんな感覚があったのではないか。

作詞家・秋元康が「女性が遊べるだけ遊んでから結婚したいという傾向が顕著になっていったのと、バブルが膨らんでいった時期は同じです」と書いたのは（『そのうち結婚する君へ』92年）、そんな世相を切り取っていたように思われる。『Ｈａｎａｋｏ』のキャッチコピーは「キャリアとケッコンだけじゃ、いや」だった。つまり、いくら女性の社会進出が進んだと言っても、女性のライフコースには常に結婚が想定されていた。ＤＩＮＫｓ（子なし共働き）に明るい光を当てて結婚を明るく描き出そうとする試みもあるにはあったが、社会全体には、自由を満喫できる独

ですけど、大学生協や大型書店で見ている限り、若い人には『世界』はおろか『中央公論』より、はるかに読まれていると思う。２０１３年の「富士山と日本人」なんかもそうだけど、誰でも興味を持ちそうな間口の広いテーマと思想をつなぐのがうまいですよね。

連載のジレンマ

S　でも、個人的には不満もあって。というのは、連載がかなりの部分を占めてるんですよね。『ａｔプラス』や『アステイオン』もですけど、テーマ次第での購入になる特集中心の雑誌の連載って、読者としては向き合い方が難しい。総合雑誌の連載小説もですね。

Y　確かに、長い論考や小説の一部を連載として掲載されてしまうと、途中からは入りづらい。あれは読者というよりは作家さんのペース作りのための枠なのかも。

S　ぼくは毎号は購入しないんで、連載は追いかけてない。そういう連

身時代と、それとは切り離された結婚生活とを分断する結婚イメージが蔓延していた。

3　『an・an』と『ゼクシィ』――結婚と恋愛の切断

◆結婚はいずれするけれど、いましたいかと聞かれると――80〜90年代の『an・an』

　こうして、独身女性に向けた言説では結婚をあえて分離した恋愛が語られるようになる。『Hanako』はほとんど結婚特集を組まなかったし、他の雑誌も似たりよったりだった。人材コンサルタントの常見陽平は、この時代の恋愛論について、こう回顧している。

　1980〜1990年代にかけて醸成され、いまでも残っているメディアによる恋愛指南的なものは、基本的に「恋愛ハウツーをエサにして、いかに消費させるか」を主眼にしており、「読む人がどういう影響を受けるか」「本当に幸

載は終わるとすぐに本になっちゃったりするし。

Y　そんな佐藤さんのような、雑誌を見て連載の存在自体は認知してくれている（読んではいないかもしれない）読者に、単行本になったとき買ってもらうための周知の意味も含まれてるとか？

　でも、読者としては連載もその1回分だけでおもしろくないといやですよね。私、週刊誌によくある1〜3ページの短い連載コラムなんかは好きですよ。毎号買ってなくても楽しんで読めるし。

S　もちろんもちろん、読み切りなら歓迎です。ただ、書籍にするための準備作業としての連載って、雑誌読者が軽視されてる気がして、読む気を削がれちゃいますよ。

　話を戻すと、『結婚潮流』にも同じ問題があって、継続読者なんてそうそういないはずなのに、連載枠も結構あるんです。そう考えると、わたしたちは同じ問題とずっと向き合い続けているのかもしれない。

せになることができるのか」といったことはまじめに考えられていないのではないでしょうか。

（常見陽平『ちょいブスの時代』2013年）

彼が挙げているのは『ホットドッグ・プレス』に代表されるような男性誌だけれど、女性誌も同じだ。ライター・佐藤留美は80～90年代の『an・an』の恋愛記事を分析して、「あなたから男を好きになろう。」（92年1月3日／10日号）や「女からの告白を、男たちは待っている。」（94年11月11日号）といった特集に見えるように、90年代前半に女性が男性を選ぶ時代が来たとしている（「女が男を選ぶ時代」）。女性の側も恋愛に積極的になっていたわけだ。こうして恋愛を扱う言説が拡大すると、常見の言う通り、将来の結婚生活への想像力は捨象されてゆく。将来を見ずにいまを楽しむ、そんな空気が生じるのだ。

では、こうした恋愛論ブームのなかで結婚はどう捉えられていたのか、ここでは『an・an』を素材にして見てみることにしたい。

『結婚潮流』が83年3月に創刊して話題を呼ぶと『an・an』はこれに呼応して、同年11月11日号の「女の本音　つっぱってきたけれど実は結婚したいのです」

Y　読者の入れ替わりや継続読者の変化に対応・対抗するために、多くの雑誌が試行錯誤を繰り返しているんでしょうね。

バブリー雑誌

Y　そういえば、『Ｈａｎａｋｏ』は大胆な軌道修正を図った雑誌ですよね。私が知っているのはカジュアルな雰囲気になって以降の『Ｈａｎａｋｏ』だから、昔はバブリーな雑誌だったって知ったときはビックリしました。

S　ぼくもです。『Ｈａｎａｋｏ』がバブルの空気を牽引してたって言われると驚きますよね。『Ｈａｎａｋｏ』が当時の空気とうまく合ったのは、初代編集長の椎根和さんが書いているように、編集部の女性たち自身がその生活を先取りしていたからだったんでしょうね。あの時代に週末に海外に飛んでたり、ブランド物買いまくったり、高級レストランに通いつめたり、読者のバブリーを先取りバブリー。

をはじめ、結婚特集を組むようになる。まず、90年代までで確認できた『ａｎ・ａｎ』の結婚特集を羅列してみる。

85年3月15日号　「幸せになりたい――おしゃれだってもう大人だもん　だからちょっと結婚考えちゃう」
90年2月2日号　「それでも、結婚したいですか？」
90年10月19日号　「結婚したくない女はいない。　私の結婚条件。」
91年6月7日号　「結婚について、男が考えていること。」
92年6月26日号　「独身女性たちの結婚への期待と不安。」
93年6月25日号　「結婚について、いま全国の女性が知りたいこと。」
94年7月15日号　「男が結婚を決意する時。」
95年7月7日号　「独身女性の運命の選択、結婚するの？　結婚しないの？」
98年1月16日号　「あなたは恋愛体質？　それとも結婚体質？」
99年9月24日号　「それでもやっぱり、結婚したいですか？」

独身脱出前の女性を対象にした女性誌だけあって、85年の特集号には「恋愛から結婚まで」というルポが掲載された。当初はゴールとしての独身脱出が想定されて

そんな編集部は１９８９年に松下由樹、藤井フミヤ、石田純一などの俳優陣でドラマ化もされたそうです。「オイシーのが好き！」っていうタイトルで、脚本はテレビマンユニオンの今野勉さんや内館牧子さんが担当しました。

Ｙ　へえ。おもしろそう。

あの『あすなろ白書』にも！

Ｓ　当時の『Ｈａｎａｋｏ』の影響力って、いまだと想像できないくらいですよ。

たとえば柴門ふみさんの名作マンガ『あすなろ白書』。特に象徴的なのは、主人公の園田なるみが、勤め先の社長と不倫旅行に向かう車中のシーンですね。そこでなるみは社長の読んでいる本を取り上げて、「私の雑誌」といって『Ｈａｎａｋｏ』を渡すんです。行き先のホテルも、なるみが『Ｈａｎａｋｏ』の特集を見て予約する。『Ｈａｎａｋｏ』が若いＯＬの指針だったことがよくわかる。

いたのだ。

ところが、86年10月17日号の「なぜ中途半端な男と妥協しなければならないの？」という座談会では「妥協結婚」が明快に否定される。林真理子を筆頭に、登場している女性たちは必ずしも独身脱出したくないわけじゃない。むしろ、独身脱出したい。だが、相手がいない。たとえば、林はこんなことを話している。

私、お金、頭、社会的地位、そうでなかったら私への愛情が飛び抜けている人がいたら結婚したと思うんだけど、なあ。

私、見栄っぱりだから、見栄えがいいのとか「いや、さすが」とかいわれたいとか思っちゃって。

（「なぜ中途半端な男と妥協しなければならないの？」『an・an』86年10月17日号）

『結婚潮流』のような配偶者選択へのシビアな認識が全面に出てくるのだ。

Y　そのシーン覚えてます。

S　ちなみに、取り上げられるまで社長が読んでいた本の著者は「大後研一」。もちろん、大前研一さんをモジってるわけです。

Y　小ネタもおもしろいですね。

S　大前研一さんの影響力もいまではあまり想像できませんよね。

ぼくと同じ日本政治史が専門の松浦正孝先生に「プラザ合意と「平成政変」」っていう論文があって、そこでは、当時の政治と経済の連関を捉える資料として大前さんの本がフル活用されてるんですよ。読んだときにはよくわからなかったんですけど、『あすなろ白書』にまでネタとして出て来てるの見ると、あぁそれだけ影響力があったんだなぁって。

Y　ていうか、大前さんネタまで自然に入ってくる柴門ふみさんのマンガって、すごくないですか？　2017年からは『恋する母たち』が連載中だけど、どの作品も世の中のリアルタイムの状況を反映していて勉強になります。

◆インセンティブは子どもだけ

もっとも彼女たちに言わせれば、他に道がなければ独身脱出するのだ。ところが親からの圧力が少ない。なにより独身が楽しい。その状況で、よい相手が得られないのなら、なぜ結婚などする必要があるのか。吉廣紀代子『非婚時代』や坂元良江『結婚よりもいい関係』など、自由な「非婚」を薦める書籍が注目されたのもこの頃だ。

結婚へのインセンティブがないという傾向は「Ｈａｎａｋｏ族」の登場とともにますます加速する。１９９０年2月2日号の特集には独身女性80人のアンケートがあるけれど、独身脱出について「特に急いではいないが、そのうちするつもり」68%、「積極的ではないが、成り行きでするだろう」21%、「近々予定がある」8%、「しないつもり」3%という結果が出ている。ここで注目して欲しいのは回答の割合より選択肢だ。「結婚したい」なんて選択肢はそもそも用意されていない。

背景にはもちろん、独身の愉悦がある。98年10月2日号の「30歳過ぎても結婚を選ばない、そんな女性たちの恋愛観」は、30歳を超えても独身を貫くことをポジティブに扱っている。そこでは結婚は恋愛の墓場として観念される。88年から89年にかけて『Ｈａｎａｋｏ』に田中康夫が「Ｔｈｉｒｓｔｙ」という連載をした（91

S　『恋する母たち』は、名門中学に通う息子を持つ3人の40代女性の、三者三様の不倫を描く作品ですね。これもまた、時代をよく映してますよね。

赤名リカの運命

S　ちなみに『Ｈａｎａｋｏ』は、『東京ラブストーリー』にも登場します。

Y　どんなシーンでしたっけ?

S　赤名リカが病院で診察を待ってる場面なんですけどね。ほら、リカって奔放な女性みたいに描かれてるじゃないですか。

Y　ですね。社長と不倫したり。

S　でも、この場面でのリカはちょっと違うんですよ。不倫相手の家族を思いやるようなそぶりを垣間見せているんですね。

Y　いかに奔放に見える女性も、家庭やそのなかでの女性の役割という規範を受け入れざるをえなかった、みたいな。

S　そう。まさにそこで『Ｈａｎａ

年に『ＴＨＩＲＳＴＹ』として書籍化）。女性の不倫の短編集である。恋愛要素は結婚では満たされない……そんな前提を暗示しているかのようだ。

結婚が自由で楽しいシングルライフの終末ということになれば、自由を満喫する女性ほど、ますます独身時代を楽しもうとするだろう。そうして独身がより明るくなればなるほど、ますます結婚生活は暗く見える。こうして悪循環は亢進して、恋愛の溢れたシングルライフと結婚生活とのイメージの亀裂は広がっていく。

それでも林真理子が最後に結婚側に踏みとどまるのは、子どもが欲しいという一点においてだ。

私は子供を産める年齢のぎりぎりまでひとりでいるつもり。

（先の座談会での林真理子の発言）

子どもを産むために結婚はするけれど、それまでは仕事も遊びも楽しむ、そんな『Ｈａｎａｋｏ』の時代の結婚観が背後にある。

そうして結婚を前提とするとなると、いくら独身を楽しんではいても、ときには結婚のことが頭をよぎることもあっただろう。どうやって、独身脱出をすればいいのか。そんなとき何を頼ればいいのか。

ｋｏ』が描かれている。

ぼくには、『Ｈａｎａｋｏ』が体現する独身女性の自由が、実は結婚制度のなかに入ることで閉じる運命にあることを暗示しているように見えるんですよね〜。深読みしすぎですかね。

Ｙ　いや、確かにそういうことかもしれませんよ。当時の『Ｈａｎａｋｏ』的世界観とは異なる種類の思いやりが挿入された場面ですもんね。コントラストが利いてます。リカちゃん派の私としてはせつないシーンでしたけど、やっぱり当時って、女性が「家庭」や「母」の役割に縛られずにキャリアウーマンとして生き続けることが難しい時代だったんでしょうね。

「バリキャリ」と「腰掛け」

Ｓ　社会学者の木村敬子さんは、1984年の論文のなかで当時の20代女子に特徴的な職業意識として「職業継続型」と「結婚・出産退職型」があるとしたうえで、後者について酒井順子はこんなことを書く。

若い頃からファッションやデートのしかた、ボーイフレンドの見分け方には、それぞれマニュアルが用意されていたけれど、さすがに「結婚」に対するマニュアルだけは、どこにもない。

（酒井順子「25歳の女たちをじんわり襲う、「結婚」という名の不安」『an・an』91年11月29日号）

そう、気がつけば『結婚潮流』は退場していた。

◆『ゼクシィ』の登場

だが、それに代わる結婚雑誌がなかったわけではない。

実のところ、『結婚潮流』以降、雨後の筍のごとく、結婚情報雑誌としては『ウエルド』、『セリーズ』、『ブライダル・パスポート』、『マリッジ』などが創刊され、1990年代からの『ゼクシィ』（リクルート）に通じる経脈が形成されていた。88年創刊の『ミスター・パートナー』、92年創刊の『けっこんぴあ』などもこの経

興味深い指摘をしてるんです（「女性の性役割意識」）。紹介しますね。

木村さんは、この「結婚・出産退職型」にとって職業は一生のものというより、手段なのだと言います。そしてその背景には「職場で下働きの仕事に酷使されるよりも結婚して〝優雅な〟主婦になる方がよい」という現実的な判断があると。

Y　へえ。「バリキャリ」に対する「腰掛け」の話に似てる。

S　まさにそれですよ。職場における男女差別もあって、専業主婦志向が強まるっていうのはいまもありますよね。当時は職場での男女格差がもっとひどいので、こうした専業主婦志向はもっと生じやすかったでしょう。

でも、木村さんはそこで決め台詞。「ただ〝職場の先〟はみえても〝家庭専念の先〟がみえないあたりにも女子青年の甘さがある」

Y　専業主婦になったからって将来が安泰とは限らないぞ、ってことですね。

脈にある。ただ、当時の報道には結婚生活ではなく独身脱出にばかり着目するこれらの雑誌への不信感が溢れている。

「男に好かれるしぐさ」「あなたを目立たせる化粧法」等々、結婚相手をみつけるためのハウ・ツーものと、「夢色ブライダル・イン・ハワイ」「ワンダフル・アイランド・グワム［ママ］」のタイトルに象徴されるようなロマンチックな新婚イメージものが基調。そして最大の目玉記事は、自己紹介と理想の異性イメージの「求婚個人広告」である。
でも、ここにはどんな家庭を目指すのか、理想イメージは希薄だ。結婚は、完結したゴールになっている。
（「結婚」『朝日新聞』85年9月16日朝刊）

これらの雑誌は独身脱出後の結婚生活を提示するものでも、そのためのマニュアルを示すものでもなかった。そんななか、93年、折しも当時の皇太子と雅子妃結婚の祝賀ムードのなかで、『ゼクシィ』が『XY』という名称で創刊される。「男と女の恋愛を支援する情報誌」という恋愛重視のキャッチコピーではあったものの、『ゼクシィ』がすぐにこうした結婚雑誌の経脈に呑み込まれたことは不思議ではな

職場の華と社内結婚

S　専業主婦になったからって「ルンルン」ってわけじゃない。でも、そのことは「Ｈａｎａｋｏ族」はわかってたんじゃないかって気もするわけです。だからこそ、将来的には主婦になることを想定しながら、いまを楽しもうとする。会社の側もわかってるから、若い女性社員を職場の華として扱う。そしてときには社内結婚を強く後押ししたりする。

Y　私の両親、80年代の職場結婚カップルなんですけど、当時は若手社員同士みんなで週末の旅行やスキーに行ってたとか。

S　いまだったら考えられないよねぇ。というか、スキーがそんなに流行っていたこと自体、想像できないか。

『ハナコ月記』では、スキー場が混むからわざわざ北海道に出かけたりもするんですけど、それでも予約とれないんですよね。いまならそんなことないでしょ。

い。そうして、結婚雑誌に変化した『ゼクシィ』がはじめにターゲットにしたのは男女共同参画の理想からこぼれ落ちてくる女性たちだった。編集長の宮下英一曰く……。

キャリアウーマンが、キャリアを捨てて結婚に走るなんて、絶対ないと思うんです。

ただ、この不況下ですからね、独身のOLが転職を考えていても、転職しようがない。特に一般事務職の方々は、肩たたき的な状況になっていますから。でも、結婚に逃げ場を求めようとした時、相手が誰でもいいということではないんですよね。

(山本かずしげ「「それでも結婚したい」女性たちが狙いはじめた男性像」『DIME』93年6月3日号)

そうしてつくられた『ゼクシィ』の誌面は、編集部企画のイベント、交際相手募集の個人情報、ウェディング情報を掲載して、先の『朝日新聞』記事の表現を借りれば「結婚相手をみつけるためのハウ・ツーもの」と「ロマンチックな新婚イメー

Y　いまも昔も土日や連休中の観光地は混むけど、予約すらとれないってすごいですよね。

S　スキーブームって要は1987年の映画「私をスキーに連れてって」の頃から10年間くらいだと思うんですけど、当時のスキー場の写真をいま見ると笑っちゃいますよ。どこ滑んねんって。

Y　わかる！　ゲレンデが人で埋まっちゃってる感じですよね。

ちょうどその時代かちょっと後かな。私、幼稚園に上がる前くらいから冬になると家族でスキー場に行ってたんですよ。山口の家から夜中出発で早朝に広島のスキー場着。ゲレンデの混み方もだし、リフトの列も毎度すごかったのを覚えてます。

妥協はイヤ！

S　バブルの頃って、みんな無鉄砲な感じありますよね。いまの人間からすると、果たして当時の人々は将来のこととか考えてたんだろうかと思ったり。

ジもの」の双方をまさに含んでいた。そのなかでも個人情報のページは「ゼクシィ王国」と呼ばれていたらしく、20代を中心になんと毎号2千人を超える応募者があったという。とはいえ、全体的傾向としては、結婚情報サービスはしだいに専門の業者によって担われ、雑誌『ゼクシィ』は成婚後、結婚式に向けての段取りを担当する雑誌へと舵を切る。こうしたあり方が現在まで続いているのはみなさんご存じの通りだ。

こうしてみると、同じ結婚関連の雑誌とはいえ、『結婚潮流』と『ゼクシィ』とのあいだには大きな亀裂が広がっている。『結婚潮流』は結婚生活への想像力を喚起しようと試みたが野垂れ死んだ。他方、『ゼクシィ』を含む、その後の結婚雑誌は、「完結したゴール」としての独身脱出に焦点を当て、独身脱出の方法や儀式（特に結婚式）へとその視線を移して生き残った。

◆みんなで渡れば怖くない――結婚生活への想像力の欠如

とはいえ、いくら輝かしい独身脱出ばかりを見ようとしても、当事者たちの頭の片隅に、時には結婚生活への不安が生じるのは当然だろう。1992年以降の『an・an』で、ときに「結婚白書」という名のもと、大規模なアンケートが実施さ

本文でも紹介してますけど『an・an』86年10月17日号に「なぜ中途半端な男と妥協しなければならないの？」っていう座談会があって、林真理子さんたちが語り合ってるんですけど、そのなかに当時大学4年生の酒井順子さんも登場してるんです。

Y　え、興味あります！

S　少し引用してみましょうか。

「松田聖子がどーしてあんなに騒がれるのか、わからないですね。仕事も結婚も子供も、フツーに欲しいモノを手に入れていくと、自然にあーなる。べつに我慢することは、ないですしね」

「具体的には28歳ぐらいで、安定した生活の人と結婚したいですね。いまの生活レベルは下げたくないから」

S　どうですか？　のちに「負け犬」を自称するとは思えない余裕が

れるようになったのはその不安への処方箋だったように思われる。こうしたアンケートでは大勢の既婚者・未婚者の意見がシェアされる。その多くは有名人ではない一般読者だ。みんながどう思っているか、知りたい。

92年の特集を見ると、「結婚生活と仕事を、どう両立させようか」、「産む？ 産まない？ いまから気になる子供のこと」、そして男性はいつ独身脱出を決意するのかなどが並ぶ。もっとも、方向性は一貫しない。特集のタイトルだけを見ても、「それでも、結婚したいですか?」のあとに「結婚したくない女はいない」、かと思えば「それでもやっぱり、結婚したいですか?」。「〝結婚適齢期〟は存在しない時代になった」（93年6月25日号）と言ったかと思えば、「現代女性の新・結婚適齢期は、29歳という説が圧倒的だ」（95年7月7日号）、かと思えば「〝結婚適齢期〟なんか、もういらない」（99年9月24日号）。

誌面は大規模アンケート調査や芸能人へのインタビューが中心で、お世辞にも独身脱出後の結婚生活の展望を積極的に考えようとしているとは言えない。何らかの結婚観を模索したり提示したりする代わりに、むしろ「みんなで渡れば怖くない」という雰囲気なのである。結婚より恋愛に主たる興味が向かっている以上、次第に結婚への関心が薄まっていったのも当然と言えば当然なのかもしれない。結婚をゴール（独身脱出）としてしか捉えない恋愛ブームが収束し、結婚の意味が再び本

漂っていますよね。

Y　ですね。

S　すでに紹介した安井かずみさんも加藤和彦さんと再婚後の1988年に刊行された本で次のように宣言していました。

「仕事と家庭、どちらを取るか、と私に問われたら、「両方！」と即座に答える。私はそのつもりである」（『女の楽しい結婚方法』）

共働きが現実的になった社会のなかで、選択肢が増えているっていう明るい未来像があったんだと思うんですよ。その奥底では「結婚できない」社会への移行が進んでいたわけだけど……。

Y　ですよね。結婚が「誰もが当たり前にするもの」ではなくなっていき、他にも「○○できない」って話がどんどん出てきたのが、この後の時代です。

「結婚できない」を回避できても今度は経済的な問題から「子どもを

格的に問われるようになるには、21世紀を待たなくてはならない。

持てない」とか、はたまた結婚以前の問題としてそもそも「恋愛ができない」とか。そして、必ずしも経済的な理由によるものではないけれど「若者の○○離れ」を盛んに言われたり。

なんだか暗い話になっちゃいましたが、次の4章はそんな21世紀に突入です！

第4章

婚活1.0
―― 婚活論のゼロ年代

21世紀に入って「婚活1.0」がやってくる。そこで流行していたのは、婚活という言葉の名付け親たちが想定した「社会改善＋恋愛婚活論」ではなく、「マーケティング婚活論」だった。「マーケティング婚活論」とはなにか。

1　長期不況と婚活1・0——マーケティング婚活論

◆カネとカオの交換としての結婚

2017年のTBSドラマ「あなたのことはそれほど」の冒頭、ヒロイン・渡辺美都《みつ》（波瑠）とその親友・飯田香子《きょうこ》（大政絢）は友人の結婚式に出席して結婚式場の廊下を歩きながら、自分たちの結婚観を語り合う。

香子　二次会は全力で婚活だね。
美都　もっと自然に出会う運命っていうか……。
香子　出た、運命。「6年2組、三好美都、将来の夢：お嫁さん」、卒業文集、あれ、みんな覚えてるよ。昭和かって。
美都　他に大それた夢がなかっただけです〜。
香子　でも、いまはそれが一番大それた夢だったりして。

運命的な恋愛の先に結婚を妄想する美都に「昭和」というレッテルが貼られるの

桜子さんの武器

Y　本文でもドラマの話してるんで、ちょっとドラマのことしゃべってもいいですか？

「やまとなでしこ」の話をしたいんですよ。なにを隠そう、この本の企画が始まる前から、結婚ネタと言えばこれ、とまっさきに思い出していたのが、2000年放送「やまとなでしこ」だったんです。いま振返っても超名作。

簡単に説明すると、玉の輿に乗るために客室乗務員になって合コン三昧の日々を送る主人公の桜子さん（松嶋菜々子）が、自身の唯一の武器と認識しているのが「若さと美貌」。で、首尾よく大金持ちのお医者さん・東十条さん（東幹久）をゲットするんです。これってまさに「カネとカオの交換」ですよね。最終的に選ぶ相手が東十条さんじゃなかったので、当時は惜しいことをするなぁと思いながら見てました。

S　結局は真の愛に気付くみたいな話なんでしたっけ？

とは対照的に、香子は現実を見据えてカネを重視し、婚活に邁進する現代的な女性として描かれる。そして、香子は髪の薄めな男性と若い女性の新婚カップルを発見して、こう評する。

香子　美貌とお金の等価交換。

こうした見方が現代の婚活の一般的な前提だとすれば、その創始者は間違いなく「結婚とは「カネ」と「カオ」の交換」だと喝破した心理学者・小倉千加子ということになる。小倉は03年のベストセラー『結婚の条件』のなかで「男の資源がカネであり、女の資源がカオであるなら、資源のバランスが結婚年齢とともに崩れるのは必至であり、女の側が必ず不利になる」と書き、「男女は決して平等ではない」と続けた。

婚活アドバイザーの山田由美子は、男性側がお見合いでOKをもらいやすい基準として以下のものを挙げている。

5歳～6歳年下を希望するなら、年収500～600万円は必要。
8歳年下を希望なら、年収800万円。

Y　そうそう。真の愛によって結ばれるのは、お母さんと一緒に実家の鮮魚店を切り盛りする欧介さん（堤真一）。彼もステキな人だったのでなんとか結末に納得はできましたよ。ただ、東十条さんもお金持ちなだけじゃなくて性格のいい人だったんです！　だから惜しいという気持ちは最後まで残りましたね。

カメレオンはあり！

Y　いま思えば、カメレオンのおもちゃをくれる35歳男性をかわいいと思えるほど、当時の私は成熟してなかったのかもしれない。単にダサっと思ってましたから。
　数学ができるという設定がなかったら、欧介さんは完全にナシでしたね。まあ、30代になったいま思うのは、欧介さん悪くない！　むしろとてもいい！　そのカメレオンちょうだい！　ってことだったりもするんですけど。

S　すげー語りますね。
　2000年って時代は、そんな雰

10歳年下を希望できるのは、年収1000万円以上。

（山田由美子『バランス婚活』2013年）

こうしたドライな結婚の実相と共鳴するように、『結婚の条件』と同じ03年、酒井順子による『負け犬の遠吠え』がベストセラーになる。この本は、自らのように結婚しない女性を「どーせ負け犬ですよ」と旧態依然の社会規範から自虐的に切り取ることで規範から自由に生きる余地を獲得しようとするものでもあったが、同時に、その自由を積極的に選び取ったはずの女性たちがいかに「負け犬」を内面化しているか、既婚と未婚に勝ちと負けを対応させているかを、鮮明に描き出した。

この2冊に共通していたのは、規範論（べき論）はさておき、社会の実相を正面から捉え、その社会通念を当事者たちも、意識的・無意識的に内在化してしまっている状況を明示したことである。酒井の『負け犬の遠吠え』は結婚しないことを正々堂々と問題視する言説を開鑿《かいさく》し、小倉の『結婚の条件』は結婚のお花畑イメージにメスを突き刺したのである。恥じらい抜きの結婚追求はこの頃から盛んになったのであり、後付けで考えれば、婚活現象はこの頃からすでに生じていた。

この婚活現象の追い風になったのが長く続く不況だった。カネとカオの交換は、男性がカネを持っていて初めて成立する。ところが、安定した正規雇用や定期昇給

囲気があったかもしれませんね。ぼくもあまりよく覚えてないけど、まだ合コンがキラキラしていた一方、結局最後には愛が大事みたいな空気もあった気がする。ただ、そこでも確かに前提になってるのはカオとカネなんですよね。

「やまとなでしこ」では桜子と東十条とに当たるわけですけど、男性が経済力を、女性が美貌を提供し合う「カネとカオの交換」って、データでも確認できるそうなんですよね。アメリカと中国のデータですけど、ダニエル・ハマーメッシュ（Daniel Hamermesh）っていう経済学者の本で。

Y 『美貌格差』ですね。ご紹介ありがとうございます！

S 東洋経済から訳書が出てるんですよね。

見た目と学歴

S ハマーメッシュによると、美形でも不器量でも既婚者の割合はほとんど違わないと。

を見込むことが難しくなると、男性にとってカネの見返りに若くて綺麗な女性を得る夢を持つことすら難しくなる。男女の給与格差が縮小すれば相対的に男性の持つカネの有り難みも低減する。そんななか、小倉が早くから見通していた通り、若い女性たちのなかには、母親の期待を映すように、もはや珍種となりつつある専業主婦をめざして邁進するものが少なくなかった。

こうして長期不況によってマッチングの不全が生じる。女性側にはバリキャリ独身を「負け犬」と呼ぶ空気が生じて専業主婦志向が戻ってきた。ところが、同年代の男性側も長期不況のもとかつての男性ほどには——つまり1人で1世帯の経費を賄うほどには——カネを用意できない。こうした状況を反映して、女性のなかにはカネを持っている年配男性に走る傾向も見られたし、そうでなければ必死によいスペックの男性を探したり、何かを妥協したりしなければならなくなった。それが婚活現象を過熱させ、婚活論の繁栄を築くことになった。

◆結婚できるスペック・できないスペック

時代変化が結婚観にどれだけ濃い影を落としているのか、佐藤留美は2008年にこんなことを書いている。

けれど、容姿が並より下の女性、特に下から15％に入る女性は、低学歴の人と結婚する傾向があるというんですね。低学歴は、一般的には低収入の傾向があるので、「カネとカオの交換」の実在を示唆しています。

Y　うわ、露骨ですね。

S　ちなみに、結婚とは少し違うんですけど、最近の経済学ではネット婚活というか、いわゆるオンライン・デーティングですね、その研究がたくさんあります。

アメリカの事例ですけれど、女性は相手の学歴や人種を重視するのに対して、男性は自分の学歴を超えるともはや相手の学歴を気にしないとか。

Y　気にしないんですか。なんだか不思議議です。

S　日本でもあるんじゃないですか？「嫁の方が稼ぎが多いんだよ」という男性は、金額的にどれくらい多いのかについては、そう気にしてない印象がある。

数年前から、「勝ち組」「負け組」「格差社会」「二極化」「下流」「ワーキングプア」といった言葉が、半ば定着しつつあるほどまでに流行し、ロスジェネ男たちは、否が応でも、自分は勝っているのか？　負けているのか？　下流なのか？　と自問させられる日々を送ることとなりました。

「結婚」は勝ち組を証明するステータスとなり、「結婚」は「する・しない」という問題よりは、「できる・できない」という問題で、語られるようになりました。

（佐藤留美『結婚難民』2008年）

若いうちに結婚することが「有利」な女性は、不況下でただでさえ限られたカネを目指して熾烈な競争をしなければならない。「不利」な若い男性もまた、カネの大幅な改善が見込めない以上、「不利」を受け入れたうえで結婚に向かう他ない。どうして、そこまでして結婚に向かうのか？　その一つの理由は、いまは結婚「できる」かどうかがスペックの証明になっているからなのだ。

とはいえ、相手が誰でもいいわけではない。それぞれのスペックを測って、それ

学歴についても、よく「東大女子はモテない」って言われるけど、どうせ自分より学歴が上なら、東大学士女子だろうと、東大修士女子だろうと、東大博士女子だろうと、もはや気にしないといったことなんじゃないかな。

カップル間格差

S　ところで、「カネとカオの交換」は理論的にも妥当性があるらしくて。ブジャークという経済学者は、仮に男女の経済力の格差がなくなったとしても、相手の性がどれだけ稼ぐのか、そして婚活市場でなにが測られるのかという社会規範が変わらない限り、女性にはカオ、男性にはカネが求められる構造は変わらないっていうんですね（Bjerk 2009）。

Y　夢も希望もないですね。

S　すごく雑にまとめると、男性は高収入の場合には相手のカオを、低収入の場合には相手のカネを、比較的重視すると仮定して……。

Y　ふーん。まあ、現実にもそうな

が自分の条件と合うかどうか突き合わせて、結婚相手として適当か診断しようとする。「難しいから、エイヤッでやっちゃえ」とならずに、それだけの合理的計算をしようとするのは、自分の人生をまるでコンサルのようにマネジメントしようという思考・行動様式があるからだ。経営学者の三宅秀道は、昭和から平成にかけて人々の思考様式に大きな変化が生じているのではないかと指摘したことがある。

端的に言うと、多くの人がマーケティング寄りのマネージャー気取りというか、ビジネス評論家的な物言いになって、モノやサーヴィスそれ自体を見るよりもまず、「市場に仕掛けられた商品」として分析するようになった。

（三宅秀道「『マネジメント』という言葉の罪」『新潮45』13年12月号）

三宅に言わせれば、テレビでAKBを見ていても、人々は娯楽に興じるというより「マネジメント」に携わるかのようにそれを講評するようになったというのである。こうした思考・行動様式が各々自身の人生に対しても適用されている。自分自身で自分の適性を見極め、適性の合う仕事を選んで、よりよい人生をマネジメントする、そのために自分自身を商品としてマーケティングする、ないしするべきという姿勢は、現代においては広く受け入れられている。

んだろうなって話ではありますね。違和感はないです。

S　で、マッチングすると、カップルはどうしても、

・（高収入、美人）同士

・（低収入、不器量）同士

になりやすいという結論です。

Y　なるほど。正直、個人的な実感としても、収入の程度や社会的地位が同等な夫婦の場合、容姿の水準もかけ離れてはいないことが多い気はします。プラスマイナスどちらの意味でも、なんでこの人とこの人⁉みたいなカップルってなかなか見かけないんですよね。

しかしこうして文字にしてみると、カップル間の格差を強烈に感じさせられますね。

S　ひとりひとりの格差が、カップルになるとますます強化されるっていうね。

経済学者の橘木俊詔さんたちも経済的側面について「パワーカップル」と「ウィークカップル」に分化するって話なさってますね（橘木・

◆マーケティング婚活論

この姿勢が人生の枢要な一部である配偶者選択にも適用されることは言うまでもない。そもそも、1993年に八代尚宏が『結婚の経済学』という本を著して「結婚市場」（本書では「婚活市場」と呼んでいる）の生理について説明したとき、彼は「今後は、結婚するかしないかを含めた、個人にとって選択の余地の大きな家族形態というものが、経済社会のなかでクローズアップされていくだろう。そのため個人の選択が基本となる状況のもとで、結婚や家族の分野に経済学の手法を使うことがますます有用になる」と予言していた。現代はまさにその予言の通りになってきたのである。

自分がしたいからやる、結婚したいからする、といったように、「恋に盲目」的な態度はマネジメントの観点からはとても非効率だ。自分の希望はなにか、自分のスペックはどんなものか、相手のスペックはどうで、どれくらい結婚できる可能性があるのか、それらを考慮に入れるコンサルのような思考が求められるようになってきたのだ。

これは一面から見れば恋愛の妙味をカラッカラに干したもののように聞こえるだろう。しかし翻って、果たして戦略を抜きにした恋愛などあるだろうか？　自分と

迫田さやか『夫婦格差社会』）。

婚活するのは正社員？

Y　経済力も容姿も似た者同士ってケースに加えて、典型的には、見た目のよくないお金持ちの男性の妻がすごい美人で専業主婦というケースや、それとは逆に美人とは言えない女性がいかにもモテそうな男性、たとえばバンドマンを必死で養っているケースなんかもそう違和感はないんですよね。イメージかなり偏ってますけど。

結局、経済力や容姿のどちらか、あるいは両方が弱い場合には、自分と同様に片方が弱い、あるいは両方が弱い相手でなければマッチングが難しいということなんでしょうか。

そして、それが現実なのだとすると、「結婚する」は、みんなが気軽に選べる道というわけではなくなってきますよね。自分とマッチングしそうな相手と結婚するくらいなら独身でいる方がマシって思っちゃう人もいるかもしれないし。

の相性はどうか、自分の相手としてどんな人がふさわしいか、そしてどうやって相手をオトすのか。恋愛がゲームであるように、婚活もその延長にある、やり直しの難しいゲームにすぎない。

そもそも、こうして個人個人が戦略的に自分をマネジメントする、とりわけマーケティングのように婚活する前提には、ライフスタイルの自由化がある。想像してみて欲しいが、ライフスタイルの自由度が低い社会ではターゲットの選択の幅は狭いし、自分を自由にブランディングすることもできない。たとえば、すべての男性が正規雇用、かつ週日・週末を問わず成果や労働時間によって評価される会社員である一方、すべての女性が専業主婦で育児を担い、育てる子どもの能力や数で社会に評価されるという仮想世界があれば、そこでは男性側も女性側も結婚相手に求める条件はほぼ揃ってくる。どうせ家庭にほぼ関与しない男性にはより高収入な職業、それを期待させる高学歴、女性には家事能力と有能な子どもを育てる教養と子どもの数を期待できる若さが求められることになるだろう。そして両者の社会における評価基準が異なる以上、家の内と外との峻別が尊ばれる。

リーダーが成功する条件の1番目は配偶者、どんな嫁さんを選ぶかだ。「仕事を早くあげて（京都市の）鴨川でデートしよう」といわれたり、「子供を風

S　実際、2010年に社会学者の村上あかねさんは婚活現象を検証して、婚活をする人は正社員に偏っていて、「非正社員は働き方のハンデを結婚活動で取り戻すことができていない。というよりもむしろ、スタートラインに立つことが難しいようだ」と結論づけています。

一応付記しておくと、村上さんがここで示したのは、正社員／非正社員と婚活への意欲との関係であって、成功率じゃありません。ただ、現実に正社員と非正規社員では結婚や出産の傾向にも差があります。

Y　婚活者が相手の年収での足切りをするって話はよく聞きますよね。女性は特にかな。

婚活は条件でのスクリーニングが前提だから、そこではねられると思ったら婚活アプリに登録する気も失せちゃいそうですね。

高収入は自信になる

S　『AERA』が「独身の論理3・0―独身的自衛権を行使せよ」

呂に入れてやって」といわれたりしたら、これはパーだね。
（永守重信「「片山君、日本のジョブズになれ」（下）」『ＮＩＫＫＥＩ　ＳＴＹＬＥ』２０１６年6月28日）

日本のバブル期の都会で、男性側ではイイ大学を出て大企業に入った男性が尊ばれ、女性側では短大卒が尊ばれたのには相応の理由があった。翻って、ライフスタイルが多様化し、それを自由に選択できるようになった現在の社会では、それぞれのスペック（の現れ方）が異なり、それぞれが求める結婚相手が異なり、だからこそ各々が自分自身をマネジメントする必要が出てくる。

こうして、自分自身をいかにしてマーケティングするかが婚活の結果を左右することにもなった。事実、マーケティング戦略を用いた婚活本はゼロ年代に入ってから百出した。数ある婚活本のなかでも、こうしたコンサル的マーケティング戦略を婚活に直接に適用したのは、婚活ブーム以前の２００３年に出版されていた江藤あおい・永島もえの『婚活マーケティング』だ。[注24]そこでは、ターゲットを設定し、ターゲット・ニーズを的確に理解し、それに合わせて自分をブランディングすることが説かれていた。もちろんターゲティングの前提には、自分が結婚になにを求めているのか明確にする必要があるわけで、そのことは婚活マーケッターを自称する

とかいう、トホホなタイトルの特集を組んだことがあるんですが（２０１４年6月23日号）、その特集の独身男女調査によると、「自分は、異性から見て魅力的？」という質問に対する男性の「はい」という回答は、年収７００万円以上では3割なのに対し、５００万円未満では１・5割だったというんですね。顕著な差です（この調査は14年5月下旬、オンライン、世帯年収４００万円以上、35～49歳の独身男女、１０３５人を対象にしたもの）。
Y　ＡＴＭ的な側面を男性たち自身が自己評価に取り込んでいるってことでしょうか。
S　ＡＴＭ？
Y　「夫はＡＴＭ」ってよく言いません？　ひどい話ですけど。ＡＴＭからは家族のためのおカネを引き出すことができます。
S　そんな……。ひどい表現ですね。でも、そういうことですよ。
実際、収入の低い男性は、婚活市場に出る前からそれを織り込んで行

臼井令子によって強調された。すなわち、臼井は「あるべき姿」、「ターゲティング」を明らかにしたうえで相手をオトすために「AIDMA（アイドマ）（注意→関心→欲求→記憶→行動）」を使うというステップを提唱したのである（『次の誕生日までに結婚する！方法』）。

こうして、それぞれの望むライフスタイルに合わせて、条件に合う相手を探す条件婚活を行う、いわば婚活市場においてマーケティングを行う婚活を、本書ではマーケティング婚活と呼び、それを薦める婚活論をマーケティング婚活論と呼ぶ。このマーケティング婚活論では、婚活市場の熾烈さゆえ、若い世代も早い時期から婚活について考えるべきだと主張された。この婚活論に『結婚潮流』の「婚活0・0」以来の伝統を見ることもできよう。自分のライフスタイルを反映した結婚生活を想像する婚活論が息を吹き返したのである。

◆存在しなかった熟年離婚ブームとその影響

なぜ独身脱出後に長く続く結婚生活がそこまで重視されるようになったのだろうか。そこには2000年代後半の熟年離婚ブームも与《あずか》っていたように思われる。

熟年離婚とはもともと結婚して20年ないし25年の夫婦を指す用語で、つまり「熟

動しちゃう。

結婚で不景気を吹き飛ばす！

Y　カネ要素、つまり収入が重要ということは、景気も結婚行動に影響するんですよね。

S　はい。たとえば、社会学者の関内文乃さんは、2008年のリーマン・ショック以降、『AERA』誌上で語られる婚活が、高収入の男性を狙う性格のものに変質したと分析しています（「婚活ブームの2つの波」）。

Y　不況下の低収入を結婚で一発逆転ということでしょうか。

S　一発逆転かはわからないけど、補塡ってことはあるんじゃないでしょうか。不況下で理想の経済力を手に入れるためには、相手のカネで埋め合わせるしかない。

それから、本文でも書いた通り、不況下だと労働条件もツラいじゃないですか。労働逃避の欲求も強くなったんだと思います。

Y　でも、結婚相手だって不況下の

年結婚」の破綻ということなのだが、話題になった05年当時はむしろ「熟年の夫婦」の離婚と捉えられた。要は、結婚継続年数にかかわらず、夫婦の年齢の方が重視されていたように思われるのである。たとえば、テレビ朝日で放映された同名のドラマでも、渡哲也演じる豊原幸太郎（60歳）が定年退職を迎えた日になって松坂慶子演じる洋子（57歳）から離婚届を突きつけられるという設定になっていて、結婚継続年数より老夫婦であることの方に主眼があったように思われる。

この熟年離婚が話題になった理由は、夫の厚生年金の報酬比例部分を合意なしに夫から妻に分割できるという年金分割制度が07年から実施されるのを、虎視眈々と待っている妻がいるのではないかと、世間のオジサマたちが戦々恐々としたことにあった。自分の妻も実はそうなんじゃないか、自分は妻にとって金ヅル以上のなにかだろうか。リアリティがあったのだ。

もっとも、実態としては、そんな熟年離婚ブームは存在しなかった。確かに熟年離婚は増えていたけれど、熟年離婚の急増はブームよりずっと前、1970年代後半から90年代にかけて起こっている（**図表4**）。この間、20年以上同居している夫婦の離婚（これが熟年離婚の正確な定義だ）の件数は4倍以上に増加して、「熟年離婚」という用語もこの急増の時期から使われ始めていた。05年の第一生命経済研究所の「潜伏する離婚予備軍」という報告が危機感を煽ったが、言説としての

同時代人ですよね？ 厳しい労働条件や環境で働いてる可能性が高いんじゃないかなぁ。労働逃避の願望を理想的なかたちで叶えてくれる人なんてなかなか見つからないと思いますけど。

年上の魅力

Y あ！ それで浮上してくるのが年の差婚の可能性なんですね。

S そういう側面もあると思います。若い人が成功者になるかどうかは確率論だけど、年上だったら確実か、少なくとも予見可能性は高いしね。

Y 年上なら、社会人生活のスタートが好況時でホワイト企業に就職できたとか、景気のいい時期に高いお給料をもらっていたとか、お金に対する態度ひとつとっても同年代の相手とは違うかも。

そう言えば、年上としか付き合わない女の子って友達にもいました。求めていたのは、頼り甲斐やステキなデート、現時点での収入の高さな

図表4　熟年離婚件数の年次推移

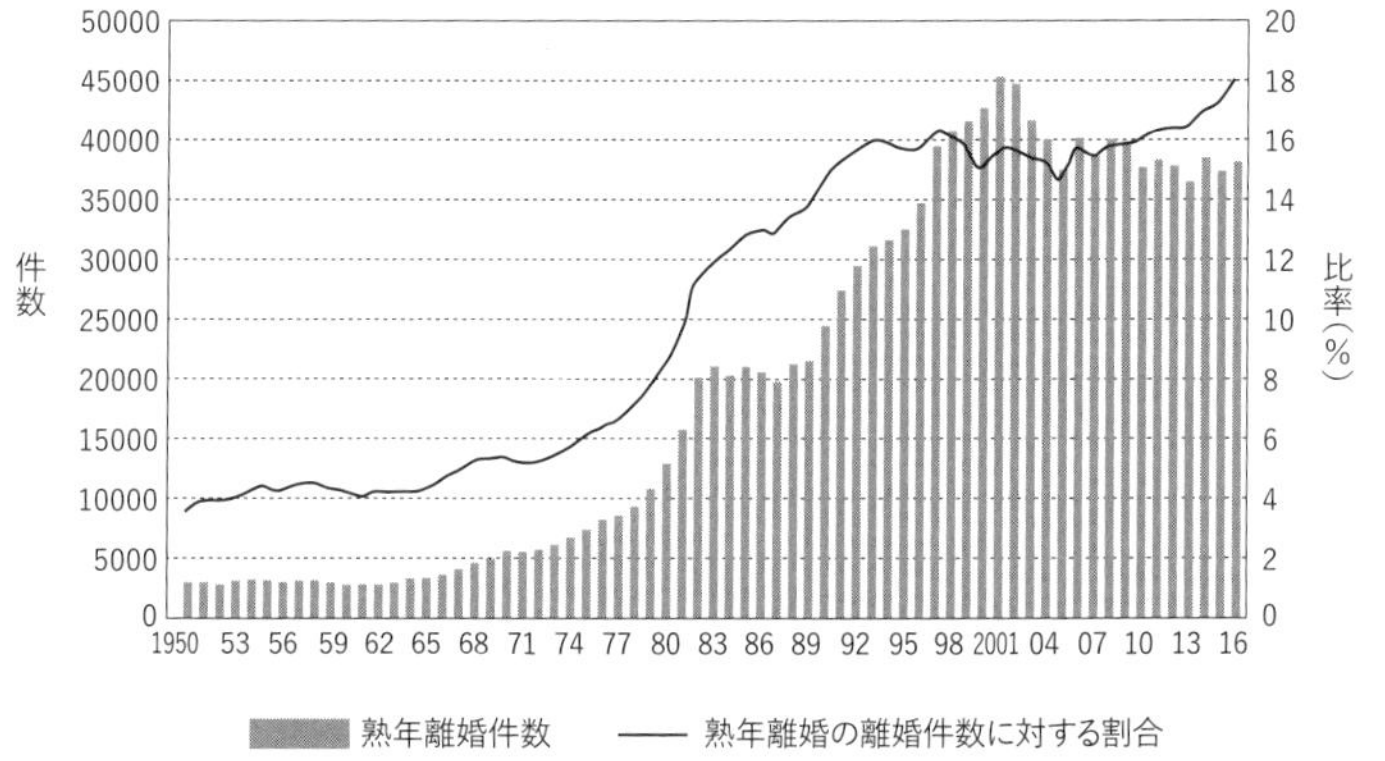

出所：厚生労働省「平成21年度「離婚に関する統計」の概況」および各年度「人口動態統計月報年計（概数）の概況」から筆者作成

「ブーム」とは裏腹に実数はむしろ小康状態にあるというのが実情なのだ。不況が離婚率を引き下げたために、これを妻たちが離婚のタイミングを虎視眈々と待っているように見えただけで、それは幻想でしかなかった。

とはいえ、実態抜きでも熟年離婚が話題になったことが、恋愛結婚賛歌に肘鉄を食らわせたのは確かだ。長年連れ添ったからといって夫婦がそのままであるとは限らない。

実は1960年時点での男性の平均寿命は約65歳だった。しばしば誤解されているが、各年に発表される平均寿命はその年

どなど。

S　生涯年収で測った経済力だけじゃなく、デートにお金かけてくれるかって重要ですよね。

ぼくのまだ若い知り合いにも、バブルを知ってるおじさんたちに高いレストランやホテルに連れてってもらって、高いプレゼントもらってる子います。

いまの若い男性なんて、普通そんなことしないじゃないですか。食事でも割り勘がかなり多いでしょ。高級レストランでおごってくれるおじさんたちとの交際を経たら、もうカネを使わない同世代の男性との交際には戻れないってこともあるかも。

港区女子か！

Y　それって、『東カレ』の「港区女子」みたい！

S　東カレ？　の港区女子？

Y　えっ、知らないんですか？

『東京カレンダー』という雑誌があるんですけど、いまはむしろオンラインの『東京カレンダー』こそが

に出生した子どもの平均寿命を指す。つまり、60年に出生したいま59歳くらいの男性たちは、生まれた時点では65歳の平均寿命と考えられていたわけだ。ところが、周知の通り社会環境や医療環境の変化のおかげで平均寿命はずいぶん延びていて、最新の推定ではいま59歳くらいの男性の平均余命は24年以上ある。(注25)

これだけ想定外に老後が長くなれば社会保障や介護の人生における比重が大きくなり、結婚においても老後の結婚生活が避けられない問題になるのは当然だ。2014年のデータでは20～40代の既婚女性全体で50・6％、20代既婚女性でも49％ほどが熟年離婚について肯定的な見方を持っている（20～40代既婚男性全体では30・4％）。(注26)子どもも仕事も手を離れてからが延々長くなった人生において、カップルを組み直す可能性は十分にありえることだ。そんな認識が共有されるようになったことは、一方で再婚市場を活気づけることにもなったし、他方では新婚市場における結婚相手のイメージをも変えるようになった。将来、子どもや仕事というようなかすがいを失ってもなおカップルを維持する条件とはなんだろう、その条件を具備した結婚をするためにはどうしたらいいんだろう、と。

たとえば、幸福な夫婦関係のために家庭内別居するという選択肢がさかんに報道されるようになったのはその頃からだ。夫側の定年退職によって夫婦が一緒に過ごす時間が突然増えることで両者のストレスが増すことが話題になり、夫婦が近くに

『東カレ』として広く認知されている印象ですね。バブリーな夜の街を跋扈する外資系エリートとか起業家とか、現代の貴族みたいな人たちを題材にした連載が大人気なんです。

S　まったく別世界や。

Y　「港区女子」はその『東カレ』のヒロインとも言うべき存在です。夜の六本木や西麻布、湾岸タワーマンションのパーティなどに出没する得体の知れない綺麗な女性のことを言うんですよ。いいとこに住んでたり、いい服着てたりするんだけど、お金の出どころは不明、職業は自称モデルなどが多いそうです。2018年頃からはキャリアも美貌も兼ね備えたタイプが最強港区女子として登場しはじめていますが。

ちなみに『東カレ』は近年出会いにも力を入れていて「東カレデート」はハイスペ男性に出会うことのできる恋活・婚活アプリとして存在感を示しています。

S　港区女子ってまるで架空の設定だけど、本当に存在するんですか

いなければいけないという固定観念が問い直されるようになった。敷地内に書斎をつくって夫の定年前と同様の生活のリズムをつくるとか、仲が悪いわけじゃないけれどベッドを別室に置く（夫婦別寝）とか、さらには婚姻関係だけ維持して関係を解消する「卒婚」とか。いずれにせよ、熟年離婚という流行語によって結婚生活継続の困難が広く知られ、また結婚生活の多様性が可視化されたことで、独身の人々も事前に結婚生活について深く考える機会が増えたことは間違いない。

◆マッチングサイト

さらに、条件婚活という大勢を後押ししたのがインターネットだ。そもそも、社会の流動性が高まれば高まるほど、多様な出会いの場が生まれる。学校や職場での縁が多かった時代から、友人の紹介へ。そして、21世紀に入ってからは、ｍｉｘｉのコミュ（コミュニティ）やオンラインゲームのオフ会のように、友人・知人さえ介さず出会える時代へ。そこではもはや、自分が与えられた、もしくはそれまでの人生のなかでつくってきた環境・人間関係とは無関係に出会いをつくることができる。それでいて、趣味や嗜好は予め知ることができるから街中のナンパとは訳が違う。実際に2000年代半ばから、オフ会で出会ったカップルというのが周囲に聞

ね、そんな女の子たち。

Y　たぶんいるとこにはいるんですよ。私も会ったことはないけど、いつか会いたい！

若さゆえの

Y　話を戻すと、学生の頃って、高いごはんや、ブランドバッグのプレゼントを新鮮に感じるものだし、それは仕方ないんじゃないですか。若さという特権をとりあえず使ってみたいというのもあるかも。経験値稼ぐ時期ですからね。

ただ、いざ結婚を考える段になったら、バブル的なお金の使い方する人って忌避されるんじゃないかなぁ。既婚者やら結婚しない主義者やらも紛れ込んでたりしてそうで怪しいし。彼らは前途有望な若者の敵じゃないでしょ。

S　比較的若い側の男性としてはそう願います。ただ、肌感覚として年の差婚は少なくないですよ。

もっとも、統計で見ると近い年齢の相手と結婚する傾向は強くなって

かれるようになったし、ここ数年は婚活サイトで出会って結婚するカップルなど少なくない。

そうした出会い方を端的に表現したのが、いわゆるマッチングサイトだろう。典型的なのは、吉原真里が『ドット・コム・ラヴァーズ』で紹介したMatch.com。アメリカではとてもポピュラーなマッチングサイトだ。1995年、ウィンドウズ95によるインターネット時代の幕開けとともにサービスを開始したこのMatch.comは、膨大な数の男女が個人個人のデータを登録して、それがネット上で他の利用者から閲覧できるというかたちをとっている。

日本ではというと、2000年にブライダルネットが、02年にYahoo!パーソナルズ（のちYahoo!パートナー）が、さらに03年にエキサイト恋愛結婚がスタート、04年にはMatch.comが日本に上陸した。そして、婚活ブームがやってくる。既存の結婚情報サービスがここぞとばかりに「婚活」というワードで広告を打ちまくったのと同じように、Yahoo!やExcite、Match.comと提携したgooなどのポータルサイトがサイトトップでそれぞれの婚活サイトをアピールするようになったのは、いまでも記憶に鮮明だ。

最近ではフェイスブックを使った恋活・婚活も話題になっている。この分野ではネットマーケティングの提供するOmiai（12年2月から）とエウレカの提供す

ます。昔なら男性側が10歳年上の夫婦もそう珍しくはなかったわけですけど、いまは近い年代の相手を求める傾向が強まってきてます。見合いや職場結婚が減って、大学などが出会いの場になっていることも関係していると思います。

いまだと、一回り違ったらそれなりに驚きますよね。

Y　驚きます。

S　だから年の差婚が目立って、注目されるんでしょうね。

女優は誰と結婚する?

Y　芸能人カップルに、年の差婚が続いた時期がありましたけど、当時も毎度「年の差婚!」って騒がれてましたし。

敬称略しますけど、

・タレント・木下優樹菜（当時23歳）とお笑い芸人・藤本敏史（同40歳）

・女優・篠原涼子（同32歳）と俳優・市村正親（同56歳）

そして、

るPairs（12年10月から）が二強。いわゆるSNSのなかでも匿名性の低いフェイスブックのアカウントにもとづいて恋活・婚活をするから比較的安心だし、それでいて個人のプロフィールを業者の責任で確認する結婚相談所や結婚情報サービスと比較して安価だという利点があって流行っている（Pairsは17年11月から、Omiaiは18年4月から、フェイスブックアカウントなしでも登録可に）。海外で火が付いたTinderもフェイスブックのプロフィール情報を利用した出会い系アプリで、近年日本で流行し始めた。こうした状況を見て、フェイスブックのマーク・ザッカーバーグCEOは18年5月1日の記者会見でフェイスブック自身が出会い系機能を導入すると発表した。悪質勧誘や詐欺といった問題も多いものの、特にフェイスブックに代表されるように、マスデータを共有してまず条件で絞ってから相手を見つける傾向はしばらく続きそうである。（注27）

　電子端末を使う結婚情報サービスは以前からあったものの、こうしたマッチングサービス・アプリでは、利用者個人個人が膨大なデータベースにアクセスできるようになったことが画期的だ。こうした仕組みでは仲人やゲートキーパーは消滅してしまうから、どんなプロフィール写真を使うか、どんな紹介文を載せるか、どうやって相手を選ぶか、どうやって相手にアプローチするか、それぞれの利用者がそれぞれのマネジメントをしなければならなくなる。そしてまた、膨大なデータベー

・女優・上戸彩（同27歳）とEXILE・HIRO（同43歳）というカップルも。

S　実業家との結婚では、15歳上の社長と結婚したテレビ東京の大人気女子アナ・大江麻理子さんや9歳上の社長と結婚した伊東美咲さんの例がありますし、2018年にはZOZOTOWNの前澤友作社長と女優の剛力彩芽さんの恋愛話が話題になりました。

　こういうニュースを聞いて、多くの若い男性が「やっぱり上の世代が奪っていくんだ」と歯ぎしりしたと思うんですけど、それでも押し黙らざるをえなかったのは、例に挙げた男性のスペックがカネだけには還元できないからなんでしょうね。

　おもしろければ美人女優とも結婚できるんだって、あのお笑いブームのなかで多くの国民が思い知ったわけですよ。

Y　離婚しちゃったけど、お笑い芸人の陣内智則さんが国民的女優・藤原紀香さんと結婚しましたもんね。

スから相手を選択するにあたっては、全員に会って世界に１人の運命の相手を探すわけにはいかないのだから、どうしても条件をまず先に立てた婚活をせざるをえなくなる。ネット時代の到来はマーケティング婚活を後押しした。

ここまで21世紀に入ってから、不況やネットや熟年離婚に後押しされたことで、マーケティング婚活とそれを推奨する婚活論が隆盛してきたことを論じてきた。ここに少し遅れて「婚活」という用語と「婚活ブーム」が登場する。

2 「婚活」の誕生と誤読——社会改善＋恋愛婚活論とその挫折

◆「婚活」の誕生

結婚活動、略して「婚活」。本書の初めからたびたび使ってきた言葉だが、流行語になったその略称が生まれたのは、少子化ジャーナリストの白河桃子が、社会学者・山田昌弘に対して『ＡＥＲＡ』２００７年11月５日号のためのインタビューを行っていたときのことだったという。山田はそれまでにも「パラサイト・シングル」、「希望格差社会」といった言葉を流行させるなど、新語をつくることに積極的

格差婚として日本中の話題になりました。

当時、ステキだなと思ってました。女性の側が上位の格差婚ってなかなかないですからね。

婚活殺人事件

S　しかし、あれですね、小倉千加子さんはカネとカオの交換は経年変化によって女性が「不利」になるって書いてたけど、これってあくまで近い世代での結婚を前提にした場合なんですよね。

どんな年齢になったって、たいてい年上で金持ちの男性はいるんですから、それを狙い続ければいつだって若さを活かしてカネを得ることはできる。

たとえば２００９年に発覚した婚活連続殺人事件では、当時30代前半だった女性の被告が40代から80代までの男性に対して結婚を餌にして詐欺行為を行っていたと追及されたし、２０１４年、青酸カリによる連続不審死では、当時60代の女性の被

な学者で、ここでは「就活」との関係から「婚活」という用語を提唱したのだった。08年、山田と白河は『「婚活」時代』を出版する。

　著者たちが述べるように、それ自体が新しいムーブメントへのスイッチを入れたわけではない。山田と白河は「結婚活動をしないと結婚できない時代」になったという認識のもとで、すでに生じていた合コンや見合い、自分磨きなどの潮流を「婚活」というラッピングで応援しようとしたのだ。とはいえ、「婚活」という語が用意されたことで、出版物や広告に「婚活」の字が溢れる「婚活ブーム」が到来したことは疑いがない。

　そのインパクトをたとえば『ａｎ・ａｎ』に見てみよう。まず婚活ブーム以前の特集には、少しずつ結婚に前向きな雰囲気が醸成されているのを見ることができる。

02年4月17日号　「いつかは結婚、私らしく！」
06年9月27日号　「結婚Ａ　ｔｏ　Ｚ」（小特集）
07年5月23日号　「恋より楽しい結婚をしよう！」

　だが、「婚活ブーム」を受けて、白河が登場した「最強＆最新・成功する〝婚活〟講座。」（08年11月19日号）など、特集の数は一挙に増える。

告が結婚相談所を利用してさらに高齢の男性の保険金殺害を繰り返していたと報じられました。

Y　こういう言い方するとあれだけど、結婚詐欺って美形による犯罪だと思ってたからどちらの事件も衝撃でした。

　ニュースになり始めたとき、なんで被害者男性たちは騙されたんだろうって話題になりましたが、孤独とか、自己肯定感の欠如とか、生活するうえでの必要とか、事情はいろいろとありますよね。

　結婚を容姿や年齢みたいなわかりやすい切り口だけで考えちゃいけないと改めて感じました。

S　結婚適齢期って概念が薄くなってるいまだと、いろんな年齢でのいろんな結婚のかたちが出てきますよね。

Y　子どもを産まないなら適齢期って関係ないし、そういうこととは別に人生のパートナーを求めて結婚する晩婚さんも多いですしね。

　経済的な部分も変わってきてい

08年5月28日号「どっちがいいの？　早い結婚vs遅い結婚」
09年2月4日号「大人の婚活マニュアル完全版」
10年1月13日号「結婚を決めた88組のリアルレポート」
10年11月3日号「結婚できる女　できない女」
11年8月24日号「いまこそ結婚？」
12年6月6日号「結婚しない？」

数もそうだが、質も変わっている。たとえば、婚活ブーム前の07年5月23日号のアンケートは「結婚は何歳までに？　子供は欲しい？」と、ぼんやりとした展望を聞いたものであったのに対して、ブームを受けた08年5月28日号のアンケートでは「いつする？　誰とする？」とより切迫感がある。10年11月3日号の「結婚できる女　できない女」という特集名にも表れているように、結婚できるかどうかという個々のスペックが重視されるようになってきてもいた。

て、いまはまだまだ男女の格差が大きいけれど、ある程度の収入を得ている女性の場合、男性に養ってもらう必要がないから離婚しても経済的に追い込まれる心配は昔ほどない。女性の自立が進むほど、結婚の縛りが緩くなってきてるのかも。

負け犬はカッコいい？

Y　自立した強い女性って意味では、私、『負け犬の遠吠え』が出たとき大興奮しながら読んだんですよ。「負け犬めちゃくちゃカッコいい！」って。

S　本文でも紹介した酒井順子さんの2003年のベストセラーですね。働くシングル女性の姿を『負け犬の遠吠え』で初めて知ると、そうなるのかもしれない。

けど、現実には多様な受け止め方があって。輝くシングルのイメージを持ちながら当時働いていた女性たちのなかには、山本さんとは違ったかたちで受け取った人もいました。記者として『AERA』のセックス

◆社会改善＋恋愛婚活論

それでは山田や白河の議論はどのようなものだったか。まず大前提は、結婚は、「就活」などと同様、自分から積極的に活動して手に入れるものだという主張である。そこで山田と白河が想定しているのは、リッチな男性を捕まえることではない。そうではなく、女性が望む高収入の結婚相手はもはや多くないのだから、夫に経済的に依存する結婚（昭和結婚）ではなく、新たなカップルのかたちを目指すべきだというのである。

そこでは、マーケティング婚活とは異なる「婚活」の体系が示されている。先に1980年代の婚活論から、婚活論の焦点には①出会い方、②家族のかたち、③適齢期という三つがあると述べた。ここではその三つに沿ってマーケティング婚活との差異を見る。すると、この婚活論が恋愛を重視すると同時に、社会や国家に意識を向けたものであったことが見えてくるはずだ。そこで本書では、彼／彼女たちの議論を「社会改善＋恋愛婚活論」と呼称することとする。

①カップルの出会い方

第一にカップルの出会い方について。社会改善＋恋愛婚活論もマーケティング婚

特集を牽引していた斎藤珠里さんは、こういうふうに書いています。

「私の世代の前後、つまり40～50代の働く女性たちは、アメリカ型の「かっこいい女」を目指してきました。男と対等に渡り合うために女であることを削り、社会で声を大にしていかなければならない、という頑張りです。女を削るなんて無理があって、やっぱり個人的には犠牲を強いていたんですが、みんなそれを口に出して言うのはプライドが許さなかった。それを公然と言い放ったのが「負け犬」本でした。読者たちが、自分だけじゃなかったんだと仲間意識を持てたことが、爆発的な「負け犬」現象につながったんだと思います」

（玄田有史・斎藤『仕事とセックスのあいだ』２００７年）

S　実際、斎藤さん自身も30代後半になってからバリキャリを降りて、子どもを3人産んで、フランスにも

活論も恋愛結婚が基本である。しかし、社会改善＋恋愛婚活論が恋愛を重視しているのに対して、後者の方が見合いに親和的だ。たとえば、ライター・大塚玲子の著書に登場する、2回目の見合いで結婚したある女性（46歳）は、恋愛と見合いとの差異を相性と条件のいずれが先行するかに求めている。この女性に言わせれば、恋愛とは相性が条件に先行することであり、見合いとは条件が相性に先行することだというのだ。

結婚に〝条件〟をつけるんは、問題はないと思うんです。ただ、条件つけるんやったら、〝恋愛〟にこだわらんでもええんじゃないか。恋愛といいつつ、条件から恋人を探すっていうんやったら、「それは恋愛じゃないだろう」って思う（笑）。

〝恋愛〟と〝条件〟を両方求めるっていうのは、そんなにうまいこといくんかなっていうのもありますし、あとは、どちらも中途半端になるんじゃないかなぁっていうんは思いますね。それは「あぶはち取らず」というか、欲張りのような気がする（笑）。

（大塚玲子『オトナ婚です、わたしたち』２０１３年）

留学して、そんな生活に満足されてます。

ただ、そういうふうには降りることのできなかった人もたくさんいたんだと思います。

Y　そんな背景はつゆ知らず。

「負け犬」著者も別の道に

S　酒井さん自身も、40代を前にパートナーと一緒に暮らしていると語ってますよね。法律婚はしていらっしゃらないようですが（「『負け犬』著者　パートナーを得て思う、単身社会の備え」）。その意味では彼女自身も「負け犬」とは少し別の道を歩いている。

Y　えっ!?　酒井順子さんにパートナー!?　しかも40代を前にってことは1966年生まれの酒井さんが『負け犬の遠吠え』をお出しになった直後ですよね？　私が負け犬に憧れまくってた頃じゃないですか！　個人的には軽くショックを受けつつ、酒井さんのお幸せを遅まきながら全力でお祝いしたいと思います。

マーケティング婚活論の想定する婚活もまた、恋愛による幻想を避けるため、条件を相性に先行させる。その意味でマーケティング婚活論は、この46歳の女性の言う「見合い」に近似している。

社会改善＋恋愛婚活論もまた条件について語るところは多いものの、決してマーケティング婚活のような条件婚活ではない。そこでは相手に求める条件を下げ、恋愛の可能性を広げることが強調される。容貌や収入などの面で高い条件を求めると、恋愛対象を減らしてしまうというわけだ。白河はかつて「「運命の人」といつかめぐり合う」という物語は捨てられないものだが（『結婚したくてもできない男　結婚できてもしない女』02年）、身近に「青い鳥」はいるものだと説いていた（小澤裕子・白河『「運命のヒト」は海の向こうにいた』04年）。条件を下げれば身近にも結婚相手を見つけられるというのである。

他方、マーケティング婚活論は恋愛対象を広げようと考えていない。そもそも「結婚と恋愛は別だ」と考える者は全体で52・3％もいるのだ（注28）、とにかく恋愛に頼らなければならないというわけでもない。どのような条件を設定するかこそ、マーケティング婚活においてより重要とされている。

そういえば最近、酒井さん、『百年の女』って本をお出しになったんですよね。時代を超えて『婦人公論』を読む本。

S　そうそう、『婦人公論』創刊100年の記念出版ですよね。『婦人公論』をずっと読んで追っていらっしゃるんだけど、ずっと位置づけを変えてきた雑誌だから、おもしろいですよね。『東洋経済オンライン』も2013年に記事にしてましたよね。

Y　雑誌編集長へのインタビュー連載「教えて編集長！　買いたい女子の射止め方」の一環ですね（長瀧菜摘「『婦人公論』に見る、変わる妻たちの関心事」13年）。

熟年離婚から死別待ちへ

S　編集長へのインタビューもおもしろいんですけど、そこで示されてるデータもおもしろくて。最近はそれなりに年配の女性読者が多い雑誌だと思うんですけど、そこで注目してるポイントが変わっているという

②家族のかたち

家族をめぐっては、社会改善＋恋愛婚活論は明確に共働きを推奨する。希望する世帯年収が一定なら、自分が働いて収入を得れば得るだけ、相手に求める収入が少なくてすみ、結果的に恋愛対象を拡大できるからだ。一方、マーケティング婚活論はハイリスク・ハイリターンを覚悟するなら専業主婦／夫を狙うことも是だと考える。この考えの差異の背後には、新たな家族のかたちの導入を通じて多くのカップルが結婚する社会を復元し、その先に少子化問題の解決を期待する社会改善＋恋愛婚活論と、国家や社会という視点を欠き、個々のカップルが自由にそれぞれの家族を構想するべきだと考えるマーケティング婚活論とのあいだの社会イメージの差異も横たわっているように思われる。

③適齢期

最後に適齢期について。そもそも恋愛を前提とする結婚観をとる場合、自分が満足する恋愛をして、「結婚したい」と思ったときが適齢期ということになる。たとえば、白河桃子は「妊活」を打ち出す以前の『「婚活」時代』では、「四十歳からが結婚適齢期？　三十五歳からの婚活」という章まで立てて、若い女性しか受け入れない日本人男性の意識改革を求めていた。結婚における出産という要素はそこまで

んです。

というのも、1998年から2004年にかけては、

「もう一度、夫を見なおしてみよう」

「嫁と姑はわかりあえるか」

「夫婦の絆って何ですか」

みたいに家族と自分の関係性を問う特集が人気だったっていうんですよね。

一方、2006年以降は自分自身に関心が向いていると。これ、まさに熟年離婚ブームと重なってるわけです。で、人気だった特集のタイトルを見てみると、確かにはじめの頃は、

「捨てて始まる、新しい私」（08年5月号）

「離婚しないでいる妻たちの本音」（08年10月号）

ってな具合に熟年離婚ブームの影響が見てとれる。

ただね、そのあとはだんだんと雰囲気が変わってきて、

「40代から備えるひとりの老後」

重視していなかったのだ。

ところが、少子化対策との連関が強まってくると、社会改善＋恋愛婚活論において適齢期はにわかに重要性を高める。とりわけ「妊活」を提起した白河は、就活・婚活・妊活という三大「活」は若年期の生活において一連になっており、その連なりのなかで婚活は「「妊活」の序章」だと位置づけるようになった（齊藤英和・白河『妊活バイブル』12年）。このように婚活と妊活が結び付けられると、妊活と年齢が連関する以上、婚活も年齢と連関するようになる。こうして、白河も「結婚適齢期は35歳」など具体的数値を示すようになっている（ただし、彼女たちは妊娠に年齢的限界があるという知識の普及を目的としており、画一的に皆が子どもを産まなければならないと考えているわけではないことに注意されたい）。

こうした少子化問題などへの関心が、白河らの議論を単なる恋愛婚活論ではなく、社会改善＋恋愛婚活論と呼ぶ理由である。彼女たちのみならず、たとえば婚活ブームのなかで「婚学」を謳って活動した九州大学の農学博士・佐藤剛史も、共働きの強調はないものの、結婚や出産の社会に対する役割を強調する。

一人の人生の幸せを考えても、社会全体の幸せを考えても、ちゃんと結婚して、適切な時期に子どもを産み、夫婦関係をしっかりと続けていくことが必要

「妻たちの婚外恋愛白書」「40代からの性を愉しむ」って、まるで「どうせ夫は先に死ぬよね～いまは婚外恋愛で解消しておくか」といった感じ。

Y　夫が死ぬのを待ってる妻って怖くないですか？

S　山田昌弘さんは、柴門ふみさんとの対談のなかで「[熟年離婚は]統計的にはほとんどないと言っていいです。年金分割よりも遺族年金のほうがいいですから、女性にとって別れるより死んでくれたほうが得だと（笑）」と説明していますよ（「迷走する夫婦」）。

Y　損得だけ考えるならおっしゃる通りですけど……。

女の不満は外で解消？

S　まあ、それは極論ですけど、こういう特集が実際に読まれてたとすれば、熟年離婚ブームは夫への不満の水位を上昇させたけれど、法律婚というダムを正面から決壊させることはなくて、その不満の水圧はむし

となっているのです。

（佐藤剛史『結婚検定』２０１４年）

他方、あくまで個人の選択を重視するマーケティング婚活論にとってみれば、子どもをつくるかどうかという選択自体カップルの自由なので、（カップル間で嫡子が絶対条件である場合を除き）適齢期をさほど重視しない。とはいえ、マーケティング婚活論はその条件婚活という性格ゆえに、婚活をなるべく早く始めることを要請している。それは第一に、婚活市場における価値の観点による。結婚はカネとカオの交換なのだという小倉千加子の定式を持ち出すまでもなく、特に女性にとって若さは高い価値を持つがゆえに、競争相手が本腰を入れないうちにより早くパートナー選択を行うことが戦略的に有益とされる。そして第二に、条件婚活によるパートナー選択や条件の妥協の過程には時間的コストがかかることから、早いうちから自分に合う相手を探すことが重要視されるからだ。ここで『結婚潮流』における荒谷の、18歳から結婚のことを考え始めるべきという主張を想起してもよいだろう。こうしてマーケティング婚活論は個人の選択を重視する分だけ、自己責任を問うものでもある。早くから結婚するのかどうか、相手にはどんな条件を求めるのか、予見してマネジメントできる人にはよい結果を与えるが、そうでない人を導くことは

ろ支流をつくることで解消されたって言えそうですね。

支流は婚外恋愛だけじゃなくて、韓流アイドルとか、いろいろあるわけですけど。

Y　フィギュアスケートもまさにそれですよ！

どんなに遠くの国で開催される大会でも、日本の中高年女性たちが応援グッズを携えて客席にいるのがテレビに映ってます。自由な時間とお金って最強の組み合わせですよね。いつも本気でうらやましいです。

S　出た、熱狂的な羽生結弦ファン。

年収800万ならいいのか

S　全然話変わりますけど、婚活の話題だと、高収入とか趣味とか、相手に高いスペックを求めてる人いるじゃないですか。

Y　いますね。年収800万円以上を希望、とか。

自分のスペックとの兼ね合いもあるでしょうし、あんまり欲張りすぎ

ない。

◆速攻婚活論

　さて、ここまで社会改善＋恋愛婚活論とマーケティング婚活論との対比に注目してきたが、「婚活1・0」においてはこの二つのカテゴリーに入りきらない婚活論として、「速攻婚活論」とでも呼ぶべきカテゴリーが存在する。一般にこの種の議論は結婚の対外的な側面を重視する。すでに紹介したように、独身脱出を（たとえ一時的にでも）したということが、その人物の価値になると考えたとき、未婚より名誉あるバツイチの方がマシという議論が生まれる。そこでは結婚生活より独身脱出に比重が置かれることになる。こうして速攻婚活論は近い期限を設定して、それまでに結婚するという目標を、社会改善＋恋愛婚活論における恋愛、マーケティング婚活論における条件以上に優先させる。そこで設定される期限は一般に30歳、35歳、40歳といったような区切りであることが多い。

　社会改善＋恋愛婚活論でも妊活を想定する場合には年齢は重視されるし、マーケティング婚活論でも年齢は条件として重要になるが、しかし、速攻婚活論ではその期限の重みがまったく違う。多くの速攻婚活論では、年齢や周囲の状況などから慌

ない方がいいんじゃないかと思いますけど。

S　でも、ぼくはスペックの均衡を気にするよりも、条件を明確化することの方が大事だと思うんですよ。

　それに、高いスペックを求める人にしても、ぼくなんかはむしろ条件が少なすぎるんじゃないかって思いますね。

Y　え？　どうしてですか？

S　年収が仮に800万円だとしても、現実に重要なのって、その収入をどう使ってどういう生活を送りたいかということですよね。でも年収で条件付けする人の多くが、結婚後の生活にまでは想像力を働かせていないんじゃないかと思うんですよ。

　むしろ年収のような指標でくくれない細かい条件を多く設定するほど、具体的な生活も浮かんでくるし、そしたら、いたずらに高スペックを求めることもなくなるんじゃないかなって。

Y　あ〜。なるほど。確かに、年収800万円でも、生活費をギリギリ

て近い期限を設定して絶対視するために、往々にして他の条件や恋愛は放擲《ほうてき》されることになる。言ってみればマーケティング婚活論が結婚生活を重視して、そのために条件に注意を払うのに対して、速攻婚活論は独身脱出を重視するのだ。

追い詰められた（と思っている）人が飛びつくので、この種の婚活本は多い。しかし、この類の本は常に一つの問題を抱える。それは、速攻での独身脱出を目指して猪突猛進する（多くの場合は）女性に対して（多くの場合は）男性が身構えてしまうということだ。この人は表面しか見てないんじゃないか。こんな短期間で選ばれて本当に自分のことを好きなのだろうか。みんな疑心暗鬼に陥る。そんな男性をどうやってオトすのか。恋愛でもない。自分の条件との合致を強調することもできない。

解決策は二つしかない。一つは、同じように独身脱出に猛進する相手を探すことだ。相手も結婚を焦っているなら、こちらばかりがガツガツということにはならないだろう。もう一つは、そんなガツガツを脇に置くほどに相手に幻想を見せることだ。これはなかなか難しく、たとえばクラブのママ・田辺まりこによる『3カ月でプロポーズさせる銀座ママの極上テクニック』のように、性的な「極上テクニック」で虜にして一気に陥落させてしまえというものしか探すことができない。ここまで振り切ってしまえば、これはこれで清々しい。「セックス」を前面に出した議

の金額しか渡さないドケチ夫との結婚生活とか悲劇ですね。

その意味では、おっしゃる通り、年収がいちばんの条件って、ややおおざっぱかも。生活スタイルや金銭感覚についての希望なしに、単に年収800万円を条件にするのって、むしろ無欲な人と考えることもできる。

「似ている」だけじゃ危険

S　条件で言うと、「自分と似てる人がいい」っていうのもよくあるけど、これも結局は十分に考えてないんじゃないかって思う。

Y　本文でもこの後扱う「同一幻想」というやつですね。

S　要求がたくさんあるように見えるけど、実はあんまり想像力が働いてない気がする。

別にネタにする気はないですけどね、最近再婚された元・モーニング娘。の矢口真里さんも2011年に俳優・中村昌也さんと結婚した直後、こんなことを言っていましたよ。

論としては――速攻独身脱出のためではなく金持ちと付き合うために――「何より大切なこと。それは何といっても、セックスです！」という堀江貴文『〃本物のお金持ち〃と結婚するルール』と双璧をなす。

以上、「婚活1・0」における婚活論には主として三つの類型があった（なおある）と見ることができる。まとめておこう。

①マーケティング婚活論

個人個人がそれぞれ、自分に合った家族のかたちと相手を選ぶことを重視し、そのために恋愛の幻想を排除した条件婚活を徹底し、そこでの競争において優位に立つためにできるだけ早い時期からの婚活を推奨する

②社会改善＋恋愛婚活論

共働きを推奨して条件面での高望みを縮減することで恋愛の可能性を広げる一方、妊活によって適齢期を設定することで少子化対策をも実現しようとする

「大きな違いは身長だけ（笑）。食べ物の趣味とかゲームや『ワンピース』が好きなところとか、双子みたいによく似ているんです」

（『an・an』11年8月24日号）

Y　47・5センチの身長差婚が話題になったけれど、矢口さんが自宅に不倫相手を連れ込んでるところに中村さんが帰ってらっしゃって離婚することになったって噂になりました。って、ネタにしちゃったじゃないですか！

S　少し後の本文にも出てくるけど、やっぱり同一幻想はどこか限界ありますよ。別人なんだから。

しかし、同一幻想とか、理想のカップルのイメージって、みんなどうやって持つようになるんだろう。

Y　同一幻想からは離れるけど、私の場合、理想のカップルのイメージはもっぱらマンガ由来です。

理想と現実

Y　『ベルサイユのばら』のオスカ

③速攻婚活論

独身脱出の期限を最重要視して、そのなかで条件を（できれば恋愛も）追求しようとする

こうして再整理してみると、多くのアイデアは1980年代の「婚活0・0」にすでに現れていたことがわかる。他方、現代だからこその変化も見られる。少子化が国家的問題となっていることが「社会改善+恋愛婚活論」において社会改善が意識されたことの背景にあるし、また、かつてならば親が設定する見合いによって解決されていた独身脱出の期限という問題が顕在化して「速攻婚活論」が目立つようになったのはライフスタイルの自由化抜きには語れないだろう。

◆「婚活」の誤読

以上見てきたように、山田や白河が「婚活」という用語を提唱したとき、それは世上のマーケティング婚活論に対して社会改善+恋愛婚活論を高唱したという位置づけであった。ただし、彼／彼女たちはその後、社会改善の主張は誤読されたと繰り返し訴えるようになる。

ルとアンドレみたいな身分を超えた愛に、マリー・アントワネットとフェルゼンみたいな禁断の愛。『ガラスの仮面』の速水さんとマヤのように、過去の因縁と葛藤を乗り越えてというのもグッときます。この2人には年の差もあるんですよね。あと、『天は赤い河のほとり』の時空を超えた愛も感動的でした。

私は何かを超えたいんです！　愛の力で！

S　なに妄想爆発させてんすか。

しかし、「妄想のなかの理想」と「現実における理想」とは実は違うでしょう。アイドルと結婚するのが夢だけど、現実的には親のような夫婦になりたい、みたいな。

Y　わかる。結局、私も現実的には両親が理想かも。で、生きてきた環境が自分と近い相手の方が一緒にいて楽。

身分とか立場とか時空を超えるのって、実際には結構難しいんですよね。

「高収入の男性が少数なら、早くつかまえなければ」という意識が、むしろ強まっているのが、もう一つの意図せざる結果です。本当は、収入に依存した結婚はやめようという提言だったのですが、これはもう出版直後から始まっていた誤解です。

（山田昌弘「「婚活」流行の背景と影響」山田・白河『「婚活」症候群』2013年）

実際、2009年に放映されたNHKドラマ「コンカツ・リカツ」の脚本家、仲村みなみはこのドラマのコンセプトの誕生について次のように書いている。

08年夏。ふら～っと入った二子玉川の駅ナカ書店で見つけた一冊の本、それが「婚活時代」でした。もう、プンプン匂っていましたね、「時代の空気感」みたいなものが。で、読んでみると「なんじゃこりゃ～」な面白さ。「恋」の前に、「愛」の前に、まず「条件」で「すりあわせ」かい、と。しかし彼らは本当に真剣に結婚を望み、心から幸せになりたいと思っているのです。このズレ感。なんという時代が到来したのでしょう……というようなことを某所で話

結婚のコスパ

S　親で言うと、2015年6月22日号の『AERA』で「結婚はコスパが悪い」っていう特集やってましたけど、そこで、フルタイム共働き家庭に育った女性は結婚を忌避する傾向が強いことが明らかにされていましたね。

社会学者の水無田気流さんはこの現象について、子どものころに理想と現実の落差に触れたことが影響しているんじゃないかと分析していました。

Y　理不尽な苦労をするお母さんの姿を見て無理だと思ったってことですかね。ありそう。

S　データが首都圏の平均以上の年収を得ている人たちを対象にしているんで（男性は年収300万円以上、女性は200万円以上）、いろんな偏りがあるとは思いますけど。

ただ、同じようにフルタイム共働き家族に育っていても、男性だとそこまで結婚を忌避するわけじゃないっていうのも、おもしろいなぁ。

していて、婚活があるなら「離婚活動＝離活」があってもいいじゃないか、と誕生したのがこのドラマ「コンカツ・リカツ」です。

（NHKオンライン「コンカツ・リカツ」紹介ページ）

そう、彼女が『「婚活」時代』を読んで得たのは、「条件」と「すりあわせ」によるマーケティング婚活のイメージだった。なぜ誤読が生じたのかと言えば、先に述べたように、世の中にはすでにマーケティング婚活論の流れがあったからだ。『「婚活」時代』をもとにしたドラマ「コンカツ・リカツ」の脚本家ですらそうだとすれば、世の人たちが社会の実相につられて誤読が広がっていったのは不思議ではあるまい。

◆ドラマ「コンカツ・リカツ」と「婚カツ！」

こうしてドラマ「コンカツ・リカツ」が放送された。婚活中の町田七海（桜井幸子）、離活（離婚活動）中の工藤梨香子（清水美沙）、一つ屋根の下に住むアラフォー2人を中心として繰り広げられるドタバタ劇だ。

簡単にストーリーを紹介しておく。40歳を前にして、同居する母（松坂慶子）に

Y　お父さんが楽してるのを見て、これならやれると思ったとか。ありそう。

S　そう。子ども世代が親の背中見て、結婚について考えているとするならね。

これまでの共働き家庭が、結局のところ女性には辛く、男性には楽だったってことですよね。少なくとも子どもにはそう見えてた。

Y　わかる気がします。

ウェブサイトの消失と「魚拓」

Y　本文に2000年頃から日本にもネット婚活が出てきたって話ありましたけど、意外と早いんですね。gooとか懐かしい！

S　そうですね。手元に残っている当時の記録によると、婚活ブームが始まった頃、Yahoo!は「縁結び」と「出会い」、gooは「恋人探し」と「恋愛&結婚」というカテゴリーをトップページに掲載しました。いずれも以前には一つずつしかなかったものです。

3ヶ月以内に結婚するよう言い渡された「パラサイトシングル」の七海は婚活に奔走。「婚活エリート」の斉藤誠（保阪尚希）と出会って、結婚へ一直線……のはずだった。ところが、古くからの友人でバツイチの佐々木洋介（二階堂智）、こちらは婚活において条件がいいとは言えないが、彼からの片想いにいつしか後ろ髪を引かれるようになって、ついに斉藤のプロポーズを断ってしまう。よし、じゃあ洋介にプロポーズするぞと思った矢先、洋介は若い女の子・中谷結衣（小野真弓）と再婚することが判明。七海は、それでもあえてプロポーズして玉砕する。

一方、「勝ち組妻」だった梨香子の方は、夫の浮気で突然離婚を切り出されて、家も追い出されて七海と同居、バイトを始めながら離婚と向き合うことになる。それから、もう1人のアラフォー、「バリキャリ」な雑誌副編集長・松崎るり子（国生さゆり）も、雑誌の婚活特集を通じて村尾高志（高杉亘）という「受身王子」と出会い、彼を教育しながら、自身も婚活に邁進する。ただし、こちらも成果はない。

このドラマではプロポーズの言葉が恥ずかしげもなく吐き続けられる。しかもそのすべてのプロポーズが真摯なのである。見ているこっちがなんだかバカバカしく、恥ずかしくなってしまうくらいだ。この真摯さはアラフォーという「切迫感」に裏打ちされている。アラフォーの登場人物たちはゆるりと恋愛する余裕などもはやなく、必死で独身脱出などに打ち込んでいるわけで、事実、このドラマに登場するほ

Y　当時から記録とってるって、ホント筋金入りですね。
S　筋金くらい入ってないと、こんな本書いたりしませんよ。
　でも、この頃のウェブサイトってことごとく消えてるんですよね。ドラマ「婚カツ！」のサイトもなくなってて、本文で引用したインタビューを読むことはできないみたいです。あー、ちゃんと保存しといてよかったー。
Y　「魚拓」ってやつですね。
S　そうそう、「魚拓」。もともと釣り上げた魚の記録のために墨で紙に写しておくって意味ですけど、いつからかウェブの情報を保存しておく意味で使われるようになりました。一般的に使われてる用語なんですかね？
Y　最近も使われてるのかは知らないけど、私はウェブサイトを保存するときはウェブ魚拓ってサービス使ってましたよ。2006年に始まったみたいですね。
S　ネット上の用法として出てこな

とんどの告白の言葉は「付き合ってください」ではなく、「結婚してください」だ。「結婚を前提にお付き合いしてください」でもなく、突然「結婚してください」。

そして特筆すべきことに、「コンカツ・リカツ」のなかでは、登場人物たちはこの突然の結婚の申し出に驚かない。これは、同時期に放送されていたフジテレビの月9ドラマ「婚カツ！」におけるプロポーズと比較するとハッキリする。「婚カツ！」では、いくら旧知の仲でも突然の結婚の申し出は衝撃を与える。その差異は周囲にどれだけ婚活が浸透しているかにある。みんなが婚活に邁進して、主要登場人物たちがいわば婚活共同体のなかにいる「コンカツ・リカツ」では交際＝結婚なのは当然なのだが、一般の地域社会を描いた「婚カツ！」ではそれは当然ではないのだ。

◆ドラマに見るマーケティング婚活論

これらのドラマのなかで、果たして婚活はどのように描かれていただろうか。ドラマ「コンカツ・リカツ」のなかでその婚活イメージを最も象徴していたのは、七海が婚活のために壁に張り出している「ZY20」、その名も「絶対に譲れない20ヶ条」だろう。ここでは、婚活するにあたって、結婚相手が欠いては困る条件が細か

けれれば、若い世代が使うことなんて絶対なかった単語ですよ。おもしろいですね。

紙とウェブの相性

S　それにしても、ウェブサイトの情報が消えていくって問題、大きくないですか？

　ネット時代だからなんでも残っちゃうっていう議論あるけど、ぼくは逆にすぐに失われちゃったり、埋もれちゃったりするっていう方に賛成だな。

Y　そうそう、参考文献のURLって、つながらないこと結構あるんですよね。

S　著者のウェブサイトに資料を置いてあるとか書いてあって、そのウェブサイト自体がなくなってたり。その意味では紙の本とネット上のデータとの相性は悪いですよね。

　今回は一般書だからやってないけど、学術書だと参考文献一覧に「××年××月××日最終アクセス」って書いてあるのあるじゃないです

く書き出されていた。相手を選択する前から条件を外部化して、条件婚活を行うマーケティング婚活論である。

同じことは、ドラマ「婚カツ！」についても言える。「婚カツ！」のなかで唯一婚活に邁進している村瀬優子（釈由美子）はもともとは恋多き「だめんず好きな女だった」。そこでの恋は「ほんとに好きだったから、後悔はしてない」けれど、「彼氏じゃなくて、結婚相手」を探す以上は、「自分にピシーッとルール決めないといけなくなった（第2話）。

男性に対する条件は、自らが再び「だめんず」を選ばないための「婚活するにあたって、自分に課したルール」である。第2話で明かされた彼女の条件は以下の四つ。

身長：175cm以上
ルックス：普通以上
学歴：大卒以上
年収：600万以上

バブル全盛期に言われた「高学歴」、「高収入」、「高身長」の「三高」に、ルック

か。そりゃあ、確かにサイトの内容が変わったりすることもあるんで意義はわかりますけど、読者からしてみれば消えちゃったらどうせ見れないわけだから、あんまり意味ないよね。

Y　そうですね。特に婚活が流行り始めた2008年頃のウェブ上の情報って、もうあんまり残ってないかもしれない。フェイスブックすら日本ではまだ流行ってない時代ですもんね。

二大婚活アプリ

Y　時代は変わって、フェイスブックにネット婚活の広告が結構な頻度で流れるようになったのがSNSを経由する婚活サービス勃興期です。

S　OmiaiとかPairsとかね。ただ、誤解されやすいんですけど、こういうサービスはフェイスブック上で恋活・婚活をするっていうことじゃありません。ただ、登録されている情報、たとえば画像とか趣味とか、そういったものを一部流

スも加えるというもので、イカニモという感じがする。小倉千加子が提唱したComfortable（十分な給料）、Communicative（階層が同じかちょっと上）、Cooperative（家事をすすんでやってくれる）の「3C」、もしくは「低姿勢」、「低依存」、「低リスク」の「三低」が尊ばれる現在の婚活市場から見れば、かなり古典的な条件と言えなくもないが、それはともかく、実際にはそれ以外にもいろんな設定が用意されていたらしい。優子役の釈由美子は番組ウェブサイトで当時公開されていたインタビューのなかで、こんなことを語っていた。

優子がつけているチェック表を頂いたんですけど、ものすごくたくさんの項目が並んでいました。ルックスや車の所持から始まって、体臭や口臭、髪の毛の量や毛質まで、すっごく細かい項目が並んでいました（笑）。

「コンカツ・リカツ」でも、「婚カツ！」でも、婚活において最大の特徴となっていたのは条件婚活であった。ここにもドラマ中の婚活が社会改善＋恋愛婚活ではなく、マーケティング婚活に「誤読」されていたことが象徴されている。

ところで、興味深いのは「コンカツ・リカツ」の結末である。最後に七海、梨香子、るり子の3人は、それぞれの現実を受け入れて前を向いて歩き出す。みんなが

用して利用してる。だから、フェイスブック本体が出会い系に参入してくるとなると、どうなるかわからないですね。

この二強では、Ｏｍｉａｉが先行したんですけれど、30代以上の女性が２０１８年2月14日以前は有料だったＯｍｉａｉに対してＰａｉｒｓは当初から女性が無料だったこともあって、会員数では長くＰａｉｒｓが圧倒的です。

詳しい比較についてはネットにいいまとめがあります。梅木雄平さんの「恋愛婚活マッチングのＰａｉｒｓ、合計会員数１００万人を突破し、Ｏｍｉａｉとダブルスコアか？」と、アヤトさんの「ＯｍｉａｉとＰａｉｒｓを徹底的に比較していくよー。」（こちらは内容が逐次更新されているみたい）あたりでしょうか。

Ｙ　Ｏｍｉａｉにはかつて女性向けの「10～20代無料キャンペーン」もありました。30代の私はせつない気持ちになりました。

笑っていて、一見ハッピー・エンドだ。けれど、その状況を改めて見直してみれば、そこには40歳になった七海、梨香子、るり子の3人が潜在的にパートナーを欲しながら独り身のまま残されているという厳然たる現実がある。そして、そこで独り身のまま残っている（リカツの主人公である梨香子を除いた）七海とるり子の2人こそが、何を隠そうドラマ中、最も熱心な婚活実践者であった。

他方、ドラマのなかで結ばれたカップルはというと、佐々木洋介と中谷結衣、梨香子の夫とその愛人、受身王子の村尾とるり子の部下の派遣社員という3組。このうち婚活をしていたのは村尾だけで、しかも婚活とは名ばかりのマゾヒスティックな「自分磨き」をしていただけ。梨香子の夫とその愛人は「できちゃった」だし、洋介と結衣にいたっては完全なる恋愛。このドラマは婚活を全面に押し出しながら、婚活の敗北というかたちで幕を閉じる不思議なものだったのである。

だが、現実は婚活ブームのさらなる隆盛へと動き出していく。そして、そこでも相変わらず中心であり続けたのはマーケティング婚活であった。

驚異のマッチング数

S　2018年2月時点でのPairsの会員数は700万人、マッチング成立数は5600万組ですって。すごいですね～。まあ、この数には台湾事業の成果も含まれてますけどね。台湾って、スマホの普及率がスゴイらしくて、こういう事業のマーケットも大きいみたいですよ。

Y　ネット婚活サイトについては、体験談を散々漁ったけど、実際に使ってみないとわからないことも多いんでしょうね。既婚者のいま登録できないのは当然のこととして、独身のときも冷やかしで登録するのは気が引けちゃって、結局わからないことだらけです。

佐藤さんも登録したことないんですよね？

S　してないですねー。冷やかしは気が引けるっていうのもあるけど、セキュリティへの不安もあって。

3　マーケティング婚活とはなにか？

ここまで論じてきたようにゼロ年代の婚活論において主流であり続けたのは、自らのニーズを明確化し、その条件に沿ってターゲットを探し、そのターゲットに自分を売り込むという「マーケティング婚活論」であった。各論者の議論には論旨徹底しないところもあるので、ここではマーケティング婚活論とはなんなのか、その理念型を筆者なりに示しておく。

マーケティング婚活論は、敢えて単純化すればある巨大な妄想との徹底的な対決と表現できる。その幻想とは「いつか王子様が白馬に乗って迎えに来てくれるはず」、略して「いつか王子様が」幻想である。「いやいや、そんな幻想持っていないよ」という人は少なくないだろう。けれど、そのすべてではなくても、一部分でも幻惑にかかったままということはないだろうか？　ここでは「いつか王子様が」幻想を、①唯一幻想、②好条件幻想、③来訪幻想という三つにほぐして、その幻想性を確認しておきたい。

情報流出が怖い

S　2015年7月には利用者が3700万人にのぼるという有名な不倫あっせんサイト「アシュレイ・マディソン（Ashley Madison）」から情報流出が起きました。ハッカー集団が公開した情報から、公人を含め、多くの個人が特定されています。

Y　大騒ぎになりましたよね。

S　既婚者向けの出会い系サイトだったために自業自得というような報道も多かったわけですけど、あらゆるサイトにそういったリスクがあるわけで。

もちろん、ネット婚活してますって堂々と胸を張って言える人であれば躊躇しないと思うんですけど、いくら合理的なシステムでも婚活サイトを利用してることを人に知られるのは恥ずかしいっていう感覚は根強く残っているんじゃないでしょうか？

Y　確かにそうですね。この企画が始まった2013年頃は特にそうで

◆唯一幻想

「唯一幻想」。別名、王子様幻想。一生に一度、世界に1人だけいる運命の相手に出会える、という幻想のことである。実際に相手が王子様（とか御曹司）かどうかはここでは問題じゃない。自分の主観として相手を「運命の相手」、しかもただ1人の「運命の相手」と感じることを指す。

さて、この幻想が幻想たるゆえんは二つある。一つは、《世界中にはものすごい人数がいるのに、そのなかで1人の王子様を見つけることなんかできっこない！》からだ。よくある話ではあるが、とりあえず最近見つけた水城せとなのマンガ『失恋ショコラティエ』のなかのイケメンフランス人・オリヴィエのセリフを引いておこう。

たとえどんなお金モチでも　美男美女でも　どんなアコガレがあっても
出会えた人としか恋はできないよ
人生の中で巡り会える相手って　案外　限られてる
ハムスターは同じカゴの中にいるハムスターとつがいになる
それと同じでしょ？

した。2019年のいまは少し状況が変わってきた気がするんだけど、この本出るまでに何年かかってるんだろう……。という話はひとまずおいて、ネット婚活をなんとなくうしろめたく感じる人たちもまだまだいると思います。働いている業界によって違ったりはするけど、30代以上の人にはそういう恥ずかしさの感覚を持っている人が多い。

S　婚活サイトに登録してるってことは、友人や知り合いのなかに、自分の求める条件の人がいない、ってことですよね。それは非常に自然なことなわけですけど、他人からはともすれば「人の輪が小さいんじゃないか」とか「やたら条件が高いんじゃないか」とか、邪推される恐れもある。

Y　それくらいならいいけど、非モテ疑惑とか、知り合いのいない婚活サイトでデビューしなおすしかないくらいマズい理由がある人なんじゃないかとか。

S　だから、ネットで婚活している

（水城せとな『失恋ショコラティエ』第3巻、2010年）

だが、本当に心配すべきは王子様が見つかるかどうかではなく、それが唯一でなかったときどうするか、なのかもしれない。これがもう一つの問題、《あれ？　王子様が他にもいた！》だ。全世界を見渡すことなく、たまたま入っていたカゴのなかで王子様を見つけてしまったなら、実はそのカゴの外にも王子様候補はたくさんいたかもしれない。独身脱出したあとになって現在の相手よりもっと「王子様らしい」王子様が現れるかもしれない。[注29]

自分と相手の感覚や好みがまったく同じだ、だから運命だ、と強弁する人がいる。柴門ふみのマンガ『同・級・生』は、『東京ラブストーリー』や『あすなろ白書』などと並ぶ、柴門の名作恋愛群像劇だけれど、そこにもヒロイン・名取ちなみが大学時代の同級生で恋人だった鴨居透との関係について「驚くほど感覚が同じで、ほとんど同時に同じこと考えた」と回想するシーンが登場する。2014年に日本公開された人気ディズニー映画「アナと雪の女王（Frozen）」のなかに登場する「とびら開けて（Love is an Open Door）」という楽曲の歌詞はその典型例で、恋人同士がmental synchronization（精神的同期）と、妄想を爆発させている。もっとも、柴門ふみもディズニーもそんなに甘くはないので、これらのカップルの楽天に結婚

とは公言できない。そんな構造がある気がしますね。

IT業界人と婚活アプリ

Y　実は、私個人としても、ネット婚活に対してはネガティブな印象を持って生きてきました。

で、世の中におけるネット婚活の立ち位置が変わってきたって感じたのが、IT企業勤めの人から話を聞いたときなんです。先進的なサービスに仕事で関わっている人たちにとっては、新しい技術をいかした出会いってむしろ新鮮でおもしろいこと、もっと進むと当たり前のことだって。

豆知識として、マッチングアプリ利用者にはIT業界の人が多いという情報を得たので、婚活中の方に共有させていただきたいと思います。

S　あ、それはわかる。ITの人たちはやっぱり電子媒体を通じたコミュニケーションへの抵抗感が少ないんでしょうね。

Y　ネット婚活＝恥ずかしいってい

は用意されていない。実際にも同一性によって運命を同定している限り、そこで一つでも相違が発見されれば、それが運命の切れ目になってしまう。そんなわけで、これもまた同一幻想とでも呼ぶべき幻想であって、唯一幻想と同軌にある。

唯一幻想を実現する道は二つしかない。一つは、これからの人生のなかで出会える人々すべてを想定したうえで、現在見えるカゴのなかに王子様がいるのかどうかを見極める、全知全能の力を手に入れること。それが無理なら、他の王子様が現れるたびに新たな王子様に乗り換え続けることだ。それが理想のカップル像と違うなら「王子様」を信じるべきではない。

◆好条件幻想

仮に「運命の人」の実在を認めるとしても、その王子様がどんな人かはまったくわからない。実は貧乏かもしれないし、趣味が合わないかもしれないし、浮気性かもしれない。たとえそうであっても、人は恋に落ちてしまうことがある。それなのに、多くの人は自分の王子様、運命の人は「白馬」に乗ったステキな人だと信じる。恋に落ちた相手はきっと自分の人生を豊かにしてくれるはずだと信じて（もしくは、信じ込もうとして）しまうのだ。これを「好条件幻想」、別名、白馬幻想と呼ぶ。

う感覚、古いのかも。われわれみたいな環境にいるとわからないけど、ネットの出会いもリアルの出会いも同等に捉える人は増えてきているのだし、実際、ネット婚活でハイスペ（ハイスペック）カップル誕生とかあるみたいで。

S　ホントこの数年の変化は目まぐるしい。一口に「ネット婚活」って言っても、その内容も変化してる気がするし。

Y　ん？　どういうこと？

ネット婚活とは

S　ネット婚活って、当初は結婚相談所や結婚情報サービスが提供しているものでした。補足すると、相談所は仲介者がコミュニケーション面までサポート、情報サービスはデータベースを利用して相手を紹介するところまでという違いがあります。ただ、もともと地域の仲人的な人が地域内でやっていた相談所が情報共有するようになったことで、「つなぐ」力の強さに違いはあるものの、これが幻想たるゆえんは、恋に落ちた相手はたいてい自分の人生計画を多少なりとも狂わせるからだ。考え抜いた条件を追求して相手を選んだ場合でさえ、すべて思い通りというわけにはいかないのだから、偶然に恋に落ちた相手が予想もしていない欠点を持っているのは至極あたりまえだろう。もっとリッチな生活をするはずだったのに（貧乏で好きなブランドを買えない）、家族でバンドを組むのが夢だったのに（相手の音楽の趣味が違った）……希望を持った瞬間、幻滅は用意されている。

そんなわけで、王子様（と思われる人）と白馬はふつう両立しない。だからこそ、白馬に乗っていない王子様と、白馬に乗っている凡人（に見える人）という対比が、古今東西、あらゆる物語の主題になる。もっとも、多くの人の実際の人生の選択においては「白馬に乗っていない王子様」も「白馬に乗っている凡人」も選択肢にはないのだ。

◆来訪幻想

王子様はいつか向こうからやってきてくれる、これを来訪幻想と呼ぼう。この幻想性については古くから言及があり、たとえば、漫画家・真島久美子は1991年

両者は区別がつかなくなっていく。

さらに、その後は婚活アプリも登場して、以前は安心な反面お堅かったネット婚活が、どんどん手軽になってきました。

代表的なものを挙げていくと、結婚相談所系では、「ブライダルネット」があります。日本結婚相談所連盟を運営するIBJによるものですね。IBJは2006年にヤフーから独立して設立、2019年には老舗大手結婚相談所ながらウェブ婚活への参入に失敗したサンマリエを買収しています。

既存の結婚情報サービスがやっているところとしては、オーネットが楽天グループに売った「楽天オーネット」、リクルートの「ゼクシィ縁結び」が代表的ですね。

ウェブから新規参入したところには2003年にサービスを開始した「エキサイト婚活」、ヤフージャパンの運営する「Yahoo!パートナー」、本文でも紹介したアメリカからの上陸組「Match.com」など。

に「今の王子さまたちは忙しすぎて、眠っているお姫さまのところまで、わざわざ来てはくれない。昔話とはちがって、私たち女性は自分の力で目覚めなければならないのだ」と書いている。さらに「婚活」のファウンディング・ペアレンツの1人・白河桃子もこの点については「婚活」以前の2002年の著書『結婚したくてもできない男　結婚できてもしない女』のなかで、「王子様　いつか迎えに　いくからね」という川柳を引いて「今どきの王子様はただ待つだけのものじゃなく、女が迎えに行くものになった。そして今どきの女たちは、馬にまたがって王子様を追いかけるぐらいの気概はもっている」と論じている。

そうして、いまでは女性側が待っていることは否定的な意味を持って捉えられ、マンガ『30婚』の作者・米沢りかは男性からのアプローチを待って、自分から積極的に動かない女性を「待受女」と呼んで、運命を信じてる「運命待受女」、傷つきたくない「過剰防衛待受女」、自分に自信がなくて行けない「自信喪失待受女」と、分類までしているほどである。白河はさらに進んで、こうした積極性――「婚活」の「活」――は結婚のみならず、青春全体において要請されているという時代診断をしている。それゆえ白河は、「就活」、「婚活」、「妊活」という三大「活」は「何事も受け身では実現しない」という同じ構造を根底に持っていると論じる（白河・常見陽平『女子と就活』）。

2007年に「出会いステーション」からリニューアルした「youbride」は、ライブドア、LINE、ミクシィと親会社が移っているのを見てもウェブ婚活一筋ですね。そしてフェイスブック連携で一気に巨大な会員数を得ることに成功した「Pairs」（2015年に米IACグループにM&Aされた）と「Omiai」。

こうして見ると、サービスの出所はさまざまなんですけど、アプリになるとみんな並列で選びますよね。大きな変動でした。

Y　へえ。そんなにいろいろあるんですね。婚活アプリとは縁がなかったし、私このなかではPairsとOmiaiくらいしか知りませんでした。

S　ちなみに、婚活の前段階の恋活についてもアプリが百出していて、リクルートの「ゼクシィ恋結び」やサイバーエージェントの「タップル誕生」、それから「Tinder」なんかもですね。

こうした態度は必ずしも女性に限らない。世上、「草食系男子」と呼ばれる恋にセックスに消極的な若い男性たちは、いわば「待受男」に他ならない。相手が「いつか」必ずやってくるとは限らない。「向こうから」やってくるとも限らない。仮にやってきてくれようとしても、道の途中で他のお姫様（や王子様）に喰われているかもしれない。

◆【番外編】冬眠幻想

ここまで「いつか王子様が」幻想について見てきたけれど、この幻想は基本的に女性サイドから見た幻想だ。当然、そこには対応する男性側の「いつかお姫さまと」幻想がある。かつて社会学者・多田道太郎は彼の16歳の頃の恋愛への視線を復元している。

いまだ恋愛の経験はない。しかし、恋愛とは何かを「知っている」。ベアトリーチェでもあき子（『天の夕顔』）でも誰でもいい、ともかくそういった絶対の恋人が自分を待っているはずである。この広い空の下のどこかで、ただ一人の女性が、自分との出会いを待っているはずである。

Y　Ｔｉｎｄｅｒは、いわゆる「ヤリモク」の人たちが利用するアプリという印象でした。実際に使っている人の話では、Ｔｉｎｄｅｒの出会いが仕事と繋がるとか、必ずしもそうではないみたいですが。

S　「ヤリモク」って……一応、説明してくださいよ。山本さんみたいに若い読者ばっかじゃないんですから。

Y　いや、私ももう若くはないけど。「ヤリモク」というのは、体の関係を持つことを目的として出会おうとする感じです。

S　「ヤるのが目的」ってことですよね。

婚活トラブル

S　Ｔｉｎｄｅｒは興味があるかないかを、スマホのスライドひとつでパッパッと決めていける。手軽なアプリだから、いろんな目的の人がいる。その点、うまく利用できればいいけど、想像してたのとは違う不幸な出会いがないとも限らない。

（多田道太郎「恋愛の失墜」１９６６年）

ベアトリーチェは父に辱められ、父親殺しの裁判によって処刑された16世紀ローマの実在の女性。多田はスタンダールが「チェンチ一族」で描いたベアトリーチェ像を想定している。あき子は中河与一の小説『天の夕顔』に登場する人妻で、主人公の想い人である。どちらも、典型的な純愛の対象とは言えないが、とにかく美しく魅力的な女性として描かれている。

と、そんなことはどうでもよい。16歳の多田の心性には「いつか王子様が」幻想とおなじ構造がある。唯一幻想と好条件幻想、そして来訪幻想に代えて「冬眠幻想」とでも呼ぶべき幻想、つまり、「お姫さま」は自分と出会うまでいつまでも待っていてくれるという幻想が三つセットになっているのだ。

男性の「冬眠幻想」が女性の「来訪幻想」と対になっていることは言うまでもない。それもこれも、「告白は男性がするもんでしょ」という、なんら正当性のない巨悪がはびこっているせいだ。現在でも若い頃散々遊んでおいて、結婚相手は清純な女性がよいという男性がよくいるけれど、そういう人たちは冬眠幻想のただなかにいる。自分が遊んでいる間に相手も遊び始めているかもしれないのに。

別にTinderに限らないですけど、ネット婚活するときにはそういう問題に気を付けなきゃいけないですよね。報道によると、婚活サイトについて東京都消費生活総合センターに寄せられた苦情は２０１６年度から70件を超えていて、相手から投資用マンションの購入を勧誘されたり、出会い系サイトに誘導されたりという被害が多いらしいですから（「婚活サイト　トラブル多発」『読売新聞』17年）。

Y　怖いですよね。安全に使うための知識と心の余裕は絶対必要！　追い詰められて判断力が鈍っているほどトラブルに遭いやすくなるだろうから。

S　それにしても、こんなに自由に、積極的に「婚活」する時代が来るとは思わなかったですよね。10年くらい前は「出会い系」なんて、触れちゃいけない、すごくブラックなイメージでしたもん。

Y　援助交際の影もありましたしねぇ。出会い系からまともな恋愛関ここまで見てきた「いつか王子様が」幻想や「いつかお姫さまと」幻想は、なにも現代になって生まれたものではない。けれど、現代社会の流動化は、その幻想の虚構性をますます強化しているように見える。とりわけインターネットの普及は各個人が見える世界を広げて、王子様が上書きされる可能性を高めたし、長い経済不況は「白馬」の数を激減させてしまった。男はかつてほど勇猛に「来訪」しなくなり、「冬眠」しない女性も増えた。

◆マーケティング婚活論

こうして「来訪幻想」が幻想であることが明らかになったとき、自ら積極的に相手を探し、手に入れる活動、すなわち「婚活」が求められることになる。毒リンゴを食べたわけでもないのに、来訪を信じてぬくぬくと百年の眠りを楽しんでいてはいけない。

だが、「来訪幻想」を否定する婚活論のなかにも、恋愛を重視して、「唯一幻想」や「好条件幻想」に陥るものは少なくない。そこで処方箋として登場するのがマーケティング婚活論である。マーケティング婚活論では「唯一幻想」のように、出会った相手が唯一の存在だとは考えない。しぜん、結婚相手を複数の候補のなかで

係に発展するはずがない、みたいな。

S　すごくわかる！　見ず知らずの人と会って、なにされるかわからん、みたいな感覚あった。女性側はもっと不安だったと思うけど、男性側だってコワイ人たちに絡まれるかもしれないとか、病気うつされるかもしれないとか。

もうぼくら旧世代なんですかね〜。もしくは保守派？

Y　同年代でも感覚はそれぞれですよね。いま現在進行形で出会いアプリを使っている同世代は、そこまでネガティブなイメージなんて持ってない気がする。

「パパ活」と名前を変えた援助交際は問題になっていますが、婚活・恋愛のための出会いアプリと、お金を介したグレーな活動はそれなりに棲み分けがある印象なんですよね。

S　時代の変化もあると思う。みんなスマホで位置情報とれるし、都会も全体として清潔で安全になった印象はありますもん。

比較考量して決めるという態度が要請されることになる。では、複数の候補のなかでどのように決めればいいのだろうか。そのなかで運命を感じる相手がいればそれが万事解決だろうか。マーケティング婚活論はそう考えない。そこに「好条件幻想」の罠があると考えるからだ。そこで、マーケティング婚活論の核心たる「条件婚活」が登場する。

◆条件婚活

なぜそこまで敢えて条件にこだわる必要があるのか。普通の人なら条件を考慮にいれて相手を選ぶでしょう、そう言われるかもしれない。ところが、現実に「好条件幻想」から逃れるのはそこまで簡単ではない。実際に恋愛をしていると、恋は盲目、目の前はともすればモヤで覆われてしまい、冷静な判断力を失ってしまう。そして、気付けば「いつか王子様が」幻想に陥ってしまうことになりかねない。

結婚して、いざフタを開けてみたら……実は子どもが欲しかったのに彼は望んでいなかった、仕事を続けたかったのに彼は妻が専業主婦になることを希望していた、実は彼に地方・海外転勤があって妻の帯同を希望していた、などなど。外から見れば事前に把握できたでしょう、と思う齟齬に結婚してから気付くカップルは少なく

歌舞伎町浄化作戦は2004年ですけど、それでも大学生の頃行ったらちょっと怖かった。2015年にTOHOシネマズができてからは、もうほんと客引きくらいしか気にならない。

Y　昔の歌舞伎町、キャッチがうようよいましたもんね。いまはつきまといもないし。私が対象から外れただけかもしれないけど。

S　まぁいろんな条件がそろったからこそ、積極的に出会い系とか、婚活できるようになったんですよね。その点、「婚活」って言葉をつくったファウンディング・ペアレンツは卓見でしたよね。

就活と婚活

S　もちろん、婚活が「活動」だっていうのを喝破した山田さんと白河さんは偉いんですけど、社会学の分野では、1980年代にはすでに社会学者・オッペンハイマー（Valerie Oppenheimer）が婚活（mate search）を就活（job search）と比

ない。噴出する諸問題に対して「でも愛があるからやっていける」なら素晴らしい美談だ。けれど、現実はそう素晴らしくはなくて、その頃にはもう愛は冷めてるかもしれない……。

マーケティング婚活論は、そんなことになるくらいなら徹底的に条件付けをしておく方が安全安心だと考える。恋愛の幻覚に囚われる前から条件を準備しておき、リストアップして、外部化しておくのだ。こうして条件を基に結婚相手を探す婚活を条件婚活と言う。経済的条件や身体的条件、住環境や家庭環境に至るまで、自分が許容できる相手の条件を事前に設定して、それを揺るがすことなく相手を選ぶ。ここで重要なのは「外部化」だ。しっかりメモしておくなり、信頼できる友人に話しておくなりして、自分が恋愛の幻覚に落ちたときになお、冷静に「好条件」を判断できるようにしておかなければ意味がない。

◆条件婚活の真実

最後まで条件を譲るなということではない。

たとえば、お笑い芸人・横澤夏子が婚活を始めた当初の条件。

較して捉える見方を提示していました。

世界中どこでも、いつの時代にも、二つには似てるところがあるんでしょうね。

Y　私が就活してた頃は、「就職は結婚みたいなもの」ってたとえられてたけど、その後、結婚のための活動が就活に似るようになってきたのかも。

S　「就職は結婚みたいなもの」っていうのは、終身雇用が多かった時代のことですよね。その企業と一生付き合うつもりで就職しなさい、っていう。

非正規も、リストラも多いいまだと通用しない。まぁ離婚も増えてるから、そもそも「結婚みたいなもの」っていう比喩自体も通用しないかもしれないけど。

Y　世の中変わりましたよね。

現代の日本では二つの「活」が、ただ似てるだけじゃなくて、つながっている気もします。就活の成否が婚活の成否に直結するみたいな。

それまでの私の理想は185センチ以上で、区役所に勤めていて、昔からの飲み友達が3人以上いて、俳優の田中圭さんに似ていて、私を確実に幸せにしてくれて、お金をかけない趣味を持っていて、私よりよく食べて、ユニクロをユニクロっぽくなくおしゃれに着こなし、私の27センチの足より大きな足を持っていて……。やばい、まだまだ何ページでも書けそう。

（横澤夏子『追い込み婚のすべて』2018年）

ここに書かれていること以外にも、逮捕歴などがなかったり、生殖能力があったり、自分の仕事を応援してくれたり、そういったことは暗黙の前提になっているのだろう。そんな理想の相手などいるわけない。しかし、条件を書き出しているうちに、自分が目指す結婚生活、ひいては自分の人生計画が見えてくるはずだ。その過程で、この条件は実はガマンできる、ということが見えてくるかもしれない。横澤が座右の書としていた『スパルタ婚活塾』の著者・水野敬也は、先の横澤の本のなかで彼女と対談して、次のように話す。

「『スパルタ婚活塾』の」冒頭では絶対に妥協はするな！と言っています。
［……］そう考えた方が行動できる。すると、色々な経験ができて理想の形が

S　そうですね。何をもって就活の成功って見るかはわからないですけど、山本さんの周りではトップ企業に入った人の方が結婚してるんですか？

Y　卒業後も付き合いのある早稲田の友達を見る限り、メディア大手企業以外ではだいたいそうかも。大学時代から付き合ってた恋人とそうそう別れないし、就職してからもモテるし。あと、希望通りに就職して仕事に自信持ててるかどうかもあるんじゃないですか。

S　男性の場合ですね。女性の場合はどうですか？

Y　女性の場合も、いまでも忘年会や新年会なんかの集まりに出てくるような子は、キャリアも結婚も子どももそれなりに希望通りという人が多いかなぁ。もちろん、希望通り＝バラ色の生活なわけではないし、みんなそれぞれ苦労してるけど。

カーテンリングじゃイヤ

S　それすごい話だなぁ。もう受験

変化していくんですよね。［……］で、目標に向かって頑張っているうちに［……］ここは譲れない、ここなら我慢できるっていうことが見分けられるようになるんです。一見これも妥協に見えるけど、高い目標を設定して自分から行動したあとの人間って、自分の選択を納得して進んでいけるんですよね。

どこまで妥協して、どのような結婚生活を実現するのか、それを考えるには、自分自身が理想とする結婚生活とその条件をまず示さなければならない。

そして自分のスペックに鑑みて希望の条件を下げていく。このように自分のスペックと希望の条件を釣り合わせることを婚活アドバイザーの山田由美子は「バランス婚活」と呼んでいる（『バランス婚活』）。この妥協の結果、最終的には最も重要な条件だけに絞り込むのが望ましいというマーケティング婚活本もある。たとえば結婚相談所代表の大西加枝はその1人だが、彼女の本では婚活と恋愛との違いが強調され、両者が「恋に盲目」にならずに条件をすり合わせることが主張される。

「愛し合っているからわかりあえる」という過信が家族から建設的な話し合いを奪っているのではないでしょうか。

の成否が、就活も婚活も含めて人生を決めちゃってるみたい。

その点、研究者はせっかくいい大学に入っても、自分たち自身で市場価値を落としに行ってるんだから外れ値だよな。研究者の場合、大学院に進学すると自分の市場価値が落ちると見て、計画的に大学時代に将来の結婚相手と交際を進めておく人も少なくないように思います。大学院を終えてみたら就職は厳しいし、就職できても大学の同期と比べれば低収入なんだから、ほとんど詐欺だけど。

前にも話した網野夫妻みたいにね、はじめからわかってて貧乏研究者からのカーテンリングの婚約指輪で満足してくれる女性がいてくれればいいんだけどね。

Y　ロマンチックで非常にいい話ですけど、まあカーテンリングにはダイヤついてないですしね。

婚活はお早めに

S　婚活は早めに始めた方がいいん

婚活は結婚を前提に男女がおつき合いをするものです。自分のできることとできないこと、得意なことと不得意なこととを謙虚に持ち寄って、築きたい家庭のビジョンを積極的にすり合わせるべきだと思いますし、それができるのも婚活のよいところでもあります。

（大西加枝『37歳からの婚活』２０１６年）

世間ではマーケティング婚活について、恋愛や結婚に対してゲーム感覚だと、眉をひそめる傾向もある。『結婚潮流』がテクニック重視だと批判されたように。だが、幻想に固執してみても幸福な未来は待ってはいない。なぜこれだけ世の中に婚活本が溢れるのか……。その前提として、マーケティング婚活論が有益であり、それを求める人が多いという現実を見なくてはならない。大事なのは幻想を振りまくことではなく、現実と真正面から向き合っていくことだ。

◆価格.comよりメルカリ

マーケティング婚活の核心には、まず自分の人生を構想して多過ぎるほどの条件を準備しておき、具体的な相手を探す過程で（自分の夢とともに）その条件を削っ

ですよね、本来は。ただ、まだ身分が不安定な男性や若い女性を狙いたい男性は、若いうちは経済的充実や社会的上昇を優先して、そのあとパートナーを探した方がいいかもしれない。非正規など身分の不安定さは婚活市場では不利に働きますから。

　ところが現在の日本では、先に経済的充実や社会的上昇を目指したからといって、それが得られる見込みは高くない。研究者もそうですけど、非正規や任期付きから抜け出す見込みがなかなか立たないけどどうしても結婚したい人は、どこかで見切りをつけて不利な婚活市場価値で戦うしかない。

Y　なるほど。男性と女性で事情が違ってきそうな部分ですね。今後は女性も経済力を求められるようになるかもしれないけど、いまのところ女性は年齢の方がより重視されてるから。

S　年齢の話では、若い女性を狙いたい男性は、自分の市場価値を上げ

てゆく、条件婚活がある。

本書で社会改善＋恋愛婚活論者と分類している白河桃子は、以前、マーケティング婚活を2000年以降に特徴的な「価格.com婚」と呼んだことがある。

> ＩＴの普及により「商品を買うなら比較検討してよりよいものにしたい」という意識が広がり、価格比較サイト「価格.com」などで、あらゆるものを一斉検索して比較することが可能になりました。
>
> そんなＩＴの進化の後に婚活ブームが起き、結婚に関しても、偶然出会った人や会社が隣だった人が運命の人ではなく、「比較検討してよりよい人に出会いたい」という選良意識がより鮮明になってきました。
>
> （山田昌弘・白河桃子『「婚活」症候群』２０１３年）

彼女はさらに、いいものを求めて比較検討を続けていても、結婚は家電を買うのと違って手間もかかるし、失敗もつきものだから、結果的には「多すぎる出会いが逆に結婚しにくくしている」とも言う。確かに婚活サイト利用者のなかにはそれを価格.comと同様の感覚で利用し、白河が指摘するような罠にハマっている人もいる。

てから婚活市場に加わった方がいいって言いましたけど、逆もあって、ぼくみたいに年上が好みの場合には（笑）、待っていると年上の男性に取られてしまう恐れがあるから、早めに婚活した方がいいことになる。

基本ルールはあっても、それぞれの状況や選考によって戦略は変わります。

目指すカップルのかたち

Ｙ　私は同い年プラスマイナス2歳くらいがいいですね～。同じマンガやアニメを養分に育ってるはずだから話が合うし。

Ｓ　どういうカップルのかたちを目指すかによって、相手に想定する年齢は変わりますよね。パートナーと気楽に話すことを求めているなら人生経験が似ている方がいいだろうけど、パートナーに刺激を求めているならむしろ違った人生経験を持っている相手の方がふさわしかったりする。

しかし、ここで注意したいのは価格.comの想定する市場と婚活市場との違いである。その差異を単純化すれば、ほとんど区別のつかない商品がならぶ量産品市場と、個々別々の商品がならぶオリジナル（一点もの）の市場と表現できる。その意味で婚活サイトは、価格.comというよりむしろ、一点ものを扱うメルカリに近い。

中古品を主として扱うメルカリでは、同種の商品のストックが多いわけではないし、たとえ同種の商品であってもキズや使用感などによって各商品の価値はそれぞれだ。人気商品はフローで動くので、常に商品状況をモニタリングしなければならないし、もし希望する商品が見つかれば（それとまったく同じものは補充されないので）即断しなければならない。安価な商品ならともかく、高価な商品の場合には事前にその状態を詳しく確認してみなければ購入するかどうかの決断はできないものだが、悩んでいる間に人気商品は売れていく。予算が決まっているなら希望する条件はあきらめざるをえないし、希望する商品を見つけたら金に糸目はつけないと決めていても、そんな商品は永遠に出品されないかもしれない。こうしたメルカリの特徴は婚活サイトの特徴にピッタリ当てはまる。

こうして実際の婚活市場においてはメルカリ同様、商品がすべて一点ものという点、決断にいたるまでの時間という問題、そして表示と実物の差といったことが、選択を困難なものにする。その意味で「メルカリ婚」は、白河の指摘する通り、多

Y　私は安らぎつついい刺激も欲しいですね。ただ、刺激的な人って割にたくさんいるけど、それと安らぎを両立する相手になるといっきに希少性が上がるような気がしますね。

S　やばい……調子に乗ってる人がおる。そんな相手を見つけられたなんて奇跡ですね。

Y　私の場合は、夫と大学時代の同期で付き合い長いですからね。昨日今日出会ったなかから探そうと思ったらさすがに無理かも。

速攻で判断は難しい

S　なんにせよ、いい相手を見つけようとするとき、速攻婚活って難しいですよね。期限内で婚活するってことになると、どうしても恋愛の優先順位はかなり低くなってしまう。そこで条件が重視されることになるわけだけれど、それにしたって条件を精査するほどの余裕はない。

収入がこれだけあるってことは優秀なんだろう、きっとみんなからも慕われているんだろう、そういう判

すぎる出会いを提供して結婚を難しいものにしている側面があるだろう。だが、メルカリがユーザーたちの幸福を阻害しているとは考えられない。確かに、インターネット発達前のようにリサイクルショップをいくつか回るだけでエイヤッと買っていた時代に比べると購入に時間はかかるようになったかもしれない。「あー、あのとき買っておけばよかった」という後悔も増えたかもしれない。けれど、目的の商品と出会うことができるようになったり、よりよい商品をより納得して買えるようになったりしたことは間違いないのではないか。

こうしてマーケティング婚活論は、とりわけシビアな経済状況のもとで、自由にライフスタイルを選択するにあたっては現在でも有効な婚活論なのである。マーケティング婚活論が最も力強く生き残っているのには、それ相応の理由がある。

◆幻想ではなく物語として――運命との付き合い方

最後に、既存のマーケティング婚活論では議論されていない点について触れておきたい。それは、人によっては感じてしまう「運命」についてだ。恋愛を重視しないマーケティング婚活論は、運命がなくても自分の希望に近い人生を送ることができるように設計された婚活論だ。それどころか、マーケティング婚活論は、運命を

断をせざるをえなくなる。

そんなにスゴイ人がなんで売れ残ってるんだろう、っていう部分には意識が向かなくなってしまったりするかもしれない。

Y　あるある。

S　精神科医の香山リカさんが紹介している事例があって、ある女性が婚活サイトで何十回と「お見合い」をして「高い条件」を満たす人と結婚したんだけど、妊娠・出産してみたら、夫は職場復帰にまったく理解がなくてうつになってしまったという話でした（『結婚と女性の意思』）。

なんで、そんなミスマッチが起きたのかっていうと、やっぱり「35歳までになんとか結婚しなければ、という思いの方が強くて」ということらしい。

Y　うわ～。

S　つまり、婚活サイトを利用して条件婚活をしているように見えても、その実が速攻婚活だと、本当に自分が求めてる条件が取捨選択できてないことがあるってことですね。

感じることは条件の比較考量を難しくするとすら考えている。

けれど、このような立場に立ってもなお、ひとめぼれや運命が効用を持つことはありうる。それは独身脱出前ではなく、その後だ。かつて所ジョージはこんなことを言っていた。

ウチのカミさんステキですよ。実際は素敵じゃないのかもしれないけどね。でも自分で選んで結婚したんだから、選んだ人を素敵に見ないと、どうしようもないワケ。自分を否定することになっちゃうよ。

（所ジョージ「結婚生活は面白いイベントがいっぱい。」『自由時間』1994年4月21日号）

ひとたび択び、その関係を継続したいと考えるなら、相手が、相手との相性が、ステキだと信じることは結婚生活の維持に有益だ。そこでひとめぼれや運命といった物語を利用することは無為とは言えない。とはいえ、それは独身脱出後に関係を円滑に継続させるために利用する「物語」であって、独身脱出前の「幻想」とならないよう注意しなくてはならない。そしてまた、独身脱出後であったとしても、この「物語」がいつしか「幻想」へと変質して、たとえばDVを受けながらも相手を

年収とか身長とか、世間で「高い」と思われてる条件に固執することになっちゃう。

Y　多くの女性にとって相手の年収や身長とか「高い条件」が大事なのは間違いないけど、それ以外にも自分の求める条件をはっきりさせておかなきゃってことですね。

120個の条件

Y　速攻婚活と言えば、2015年にはフリーアナウンサーの中島彩さんの「三か月婚活大作戦！」もありましたね。3ヶ月で100人の男性と出会い、その後、婚姻届を持って公開プロポーズ→結婚を目指すっていう話。

S　そう。意中の方には振られてしまって、82人目の研究者の方にプロポーズ、成功、結婚するんですね。

おもしろかったのは、この中島さん、はじめは120個の条件を挙げてるんです。「スマホでゲームアプリやらない人」とか「先つんつんの革靴履かない人」とか「私がめった

運命の相手と信じて離婚に踏み切れないというような悲惨な状況に陥らぬように注意しなくてはならない。

もちろん、人間の認識力や判断力には限界があるので、ときには理解できないものを「運命」と名付けて、それに身を委ねようとすることは理解できる。しかし、そうして他人事として片づけていることのいくらかは自分でマネジメントできることなのだ。マーケティング婚活論、その背後にある自分自身の人生をマネジメントしようという発想は、「運命」だと思われていたものの手綱を握ろうとするものであると言ってよい。

に出会えない尊い女性であることを、わかっている人」とか、いろいろあるわけですけど、それがたった3カ月で三つになっちゃうんですよ。

Y　40分の1か。

S　なんでそうなっちゃうかっていうのは、120の条件が瑣末すぎて結婚生活への想像力が足りてないってこともあると思いますけど、やっぱり時間が限られてたってこともあったと思うんですよね。

Y　なるほど。ちなみに中島彩さんは結婚後、婚活塾を立ち上げて婚活本も出されたそうですよ。

S　うわ、その婚活本確認してない。でも、2018年のいま婚活塾はもう動いてなさそうですよ。婚活関係って、こういうこと多いんだよなぁ。

第5章

婚活本の世界

書店に溢れる婚活本。目指すのは同じいい出会いやいい結婚のはずなのに、内容はさまざま。自分磨き、ありのまま、つながり、ついには授かり婚まで……。そんな婚活本の大海を覗いてみよう。

1　どうやって出会うか

さて、これまでマーケティング婚活が婚活ブームの中心になっていることを確認し、その理念型を探ってきた。では「婚活1・0」では、どのような婚活が具体的にイメージされてきたのだろう。本章ではこの10年に出版された数多くの婚活本を俯瞰してみたい。

◆自分磨き

フリージャーナリストの多賀幹子は、若い女性編集者を伴って結婚情報サービスなどを見て回った『うまくいく婚活、いかない婚活』という本の終章で「婚活を試みても成果が出ない例が目立ってきたせいか、今は実らせるためのハウツーをよく見かける」と書いている。後付を見ると2010年1月に出版されているから、この文章が書かれたのは09年中のことだろう。

確かに09年に発行された婚活本を眺めて見ると、渋谷昌三の『「婚活」の作法』、大橋清朗の『また会いたくなる人――婚活のためのモテ講座』、さらには小林祥晃

高校生で婚姻届!

Y　はじめからここに至るまでずっと婚活の話ばかりしてますけど、そういえば佐藤さんって、いつから婚活に興味あるんですか?

S　高校生くらいです。どうせ結婚するなら、早くした方がいいかなと思って。マセてる友人がいて、高3の頃、婚姻届とか取りに行ってて、いいなぁって。

Y　婚姻届? 早熟ですね～。

S　大学生のうちには結婚するつもりだったのになぁ。学生結婚なら授業料の減免もありそうだし、急げ!と。

Y　現実的……。大学から20代前半なんて人生でいちばん恋愛を謳歌できる時期なのに。

S　独身者がよりイイ結婚相手を探そうとするうちに時間が経って、結果として社会全体で未婚化が進行してしまっているという議論も有力なんですよ（江原由美子「「結婚の意味」の変貌」、宮本みち子・岩上真珠・山田昌弘『未婚化社会の親子関

の『Dr.コパの婚活風水』、水谷和生編集の『婚活！ クッキング&マナー』など、風水から心理学からパワースポットまで、あらゆるハウツー本が登場していた。当時、婚活のための作法の教室だとか、料理教室だとか、果ては茶道だとか、あらゆる業界が婚活ブームに便乗していた。現在も料理教室などは婚活のなかでよく登場するが、現在の料理教室がしばしば出会いの場として人気を集めるのに対して、当時の料理教室が婚活に臨むにあたって望ましい能力を用意する場として注目されていたことは忘れないでおきたい。

能力開発を通したこれらの婚活ハウツー本が前提としていたのはマーケティング婚活論だった。自分が求める条件の相手を手に入れたい。ならば、自分も相手の求める条件を有していることが望ましい。容姿や収入や家柄や家族は簡単には変えられないのだから、あとは資格やファッションや立ち振る舞いを手に入れよう、そう考えられたのは至極自然なことだった。

そもそも就職氷河期の影響もあってか資格を重視する傾向があったうえ、特に女性の場合には「負け犬」という言葉が普及してから、資格を「負け犬」の魔除けとして使う傾向があったように記憶する。当時は長谷川理恵がホノルルマラソンを走ったり、聞いたことのない「マイスター」の資格を取得していたりするのが、ガツガツというよりキラキラと見えていた。資格取得では長谷川理恵にも負けていな

係』参照)。選ぶのに時間がかかるなら、早めから選び始めようよっていうね。

恋愛は無駄だと卒業直前に結婚した先輩もいました。すぐに子どもも作って。そういう人も数は少ないけどいたんですよ。

恋愛は時間の無駄？

S　婚活ブームはちょうどぼくが大学入るのと同時くらいに盛り上がってきたんですけど、同時進行で見てた感じですね。山本さんはどんな感じで見てたんですか？

Y　完全に他人事でしたね。どんなに早くても結婚するのは27歳以降だろうな〜くらいで結婚に対する切実さもないし、いまをどう楽しく過ごすのかの方が大事で。

とはいえ、いつかは結婚するんだから、将来後悔しないようにいろんな人を見て、結婚後できないことはいまのうち、早めにこなさないとっていうのはあったかな。すごい遊んでたり、悪いことしてたわけではない

かった川島なお美がそれを婚活と結びつけて次のように書いていたのは象徴的だ。

「人事を尽くして天命を待つ」ってことわざがありますよね？　これを「熟婚」にたとえるなら、「人事＝女磨き」を尽くしてこそ「天命＝運命の人」を待つことができる、といえます。なのに、長い間待ち続けているうちに、その「人事」をおろそかにして、ぼんやりと「天命」ばかり待っている人も、多いのではないでしょうか？

大人の女なら、大事に扱われるのを期待するのではなく、大事に扱わざるを得ない存在になることです。「これだけは他人に負けない」と言える何かを持っているか否か。語学でも、踊りでも、料理でも、スポーツでも、何だってかまいません。

「これだけは、この世界では、私はナンバーワン！」と言えるものを身につけていたら、周囲は「他の誰でもないあなた自身」を尊重して、人としても女としても、大事に扱わざるを得ないのです。

（川島なお美『熟婚のすすめ』2009年）

けど感覚として。

S　ぼくの場合は、恋愛は時間の無駄って感覚もあったから、ある程度結婚を前提にした交際しかしない方針だったかなぁ。

結婚が目標ってわけじゃないけど、どうせ交際するなら、ね。

Y　それ書いていいんですか？　佐藤さんと恋愛したい人いなくなりますよ。時間の無駄とか100年の恋も冷めますね。氷点下まで。それに交際≒結婚って、怖いですよ。付き合ってみて合わなかったら大変じゃないですか。

S　いや、だからさ、それは付き合う前に厳しく見極めようっていう趣旨ですよ。山本さんみたいに無鉄砲に交際始めないからさ。

一度付き合い出したら別れるのとか、それなりに面倒じゃない。お互い痛むし。だから事前に十分考慮してから付き合うってこと。

Y　無鉄砲に始めないし！！！

別れるのは確かにめんどくさい部分もあるけど、その後はまたさわや婚活にあたっては、自らの条件を良くすること、つまり「自分磨き」が持て囃されたのである。

◆ありのまま——もしくは「自分磨き」批判

「自分磨き」はテレビなどでネタとして消費され、『熟婚のすすめ』が出た翌年の2010年にはもう、こうした「自分磨き」への批判が登場してきていた。たとえば、同年の嶋啓祐『婚活バカ矯正講座』の第二章はその名も「自分磨きをやめる」だ。そして11年のケツメイシの楽曲「ありのまま」は「自分磨き」をしてエリートと付き合おうとする女友達の様子を「惨めな婚活ライフ」と揶揄して「ありのままが素敵だから」と歌う。時代の空気を捉えたものだと言ってよい。

そして、「自分磨き」批判はさらに強まっていく。

消費メディアにあおられて自分磨きばかりしていると、むしろ磨きすぎて相手がいなくなる。よく磨きすぎた日本刀って、近寄るだけで、触ってないのに斬られるっていうじゃないですか。磨きすぎて、名刀どころか妖刀になってる可能性があるなと（笑）。

かな気持ちで自由や恋愛初期の楽しさを味わえるし。というか若い頃は「別れる」ってイベント自体はそう嫌いじゃなかったんですよ。むしろドラマチックな高揚と大掃除後みたいなスッキリ感があって。

あと、別れるべきと思ったときに別れないのはリスキーすぎて怖いです。将来時点での「あのとき別れていたら得られたかもしれない」モノやコトを思うと。

なんにせよ、1人としか結婚できない以上、それ以外のすべての別れは必然、運命ってことですよ。

試験期間としての同棲

S　ぼくは交際してからも、本当に相手が結婚相手としてふさわしいかどうか、お互いの結婚生活イメージが合うかどうか、試験期間としての同棲を経ることを考えます。ぼくは自分自身もマーケティング婚活派だと思うんですけど、条件を重視する以上、相手が条件に合致しているのかを査定する必要があるって感じか

（「ジレンマ＋」編集部編『女子会2・0』2013年）

これは詩人・水無田気流のセリフだが、自分磨きがいつの間にか自己満足になってしまって、相手（特に男性）から重く感じられてしまう、という図式が広く揶揄されるようになってきた。たとえばコンサルタント・水野俊哉は『モテ本案内51』のなかで、磨きすぎた女性は「大抵の男からするとすでに珍獣であり、観察している分には楽しいが、飼いならせる自信は、ほぼない」として、これを「パンダ化」と呼んでいた。「自分磨き」をしている女性たちは次第にキラキラというよりガツガツしているように見られるようになってきていた。

このような筋の婚活本やウェブサイトは、ケツメイシの楽曲のように「ありのまま」のあなたのままで運命の相手を見つければいい、と訴えかけた。婚活本で言えば、10年の恋愛応援カウンセラー・羽林由鶴《はねばやしゆず》の『ありのままでいいんだよ！』は、タイトルそのまま、体重103kgの著者が「ありのまま」を受け入れることで13歳年下の東大生との再婚に漕ぎつけるストーリーだった。

な。

とはいえ、同棲をめぐってはいろんな議論があるんですよね。

Y　お互いに理解が深まったという声も多いけど、同棲が結婚に繋がらなかった人を中心に、しない方がいい派も結構いますよね。

S　たとえば、あの有名なぐっどうぃる博士は、同棲すると幻滅するから結婚前に同棲するべきじゃないっていう立場で。独身脱出が目的ならわかるけど、幸せな結婚生活が送れる目処がついたうえで結婚すべきなんじゃないかってぼくは思いますけどね。

Y　テストは必要ですよね。

同棲できなくても、長めの旅行とか、どちらかが1人暮らしだったら週末だけでも家事スキルがわかる程度の半同棲をするとか。素が出た状態で一緒に過ごして相性を確認しておいた方がいい気はしますね。

恋愛と結婚は別

S　上の世代は同棲をずいぶん嫌う

◆万能包丁——「自分磨き」と「ありのまま」のはざまで

ケイ　結局、女は顔なのよ！
山添　こと結婚に関しては男は中身を重視しますから
ケイ　いつ中身にたどりついてもらえるの〜？
（「相席スタート」の漫才「ちょうどいいブス」）

とはいえ、「ありのままでいい」という立場に「撤退」して、それでも結婚にこぎつけられるのは、その人が恋愛を自然に呼び込んでしまうような魅力を持っている場合に限られる。「ありのまま」型婚活論で目につくタイトルが、たとえば根本裕幸『頑張らなくても愛されて幸せな女性になる方法』、水希『モテようとしなくてもモテる女になれる本』なんて具合に、婚活のみならず恋愛を対象にしているのは、「撤退」先の恋愛で勝ち残らなければ結局独身脱出は叶わないからだ。

けれど、多くの人はこう声を挙げるに違いない。モテてれば初めから苦労していないよ！　モテないけれど、それなりの条件の相手と結婚したい！　そうなればやはり自分磨きから逃れることはできない。いろいろな領域で過度な自分磨きが揶揄される現在でも、婚活において未だに自分磨き論が根強いのにはこういった事情が

んですよ。前に2回りほど上のカップルと話したことがあるんだけど、いまどきのカップルは「セックス→同棲→結婚」が結構普通ですよっていう話をしたら驚かれて。

確かに1980年代くらいまでは「結婚→同居→セックス」だったわけですよ。

Y　そうなんですか？

S　そうそう。恋愛のなかでセックスすることはあっても、結婚する相手とは結婚してからってこともあった。60〜70年代の同棲カップルが登場する小説やマンガには、四畳半の部屋で貧乏な同棲生活はしたけど、結婚は別の相手とお見合いでみたいなストーリー時々ありますよ。

Y　まさに恋愛と結婚は別、と。

S　それが時代が下ってさらに進んでいく。国立社会保障・人口問題研究所の釜野さおりさんの研究などによると、90年代に婚前性交渉への意識が寛容になったようです。佐藤留美さんが、ご自身の女子大生時代を、90年代はじめだと思いますが、

ある。

たとえば、女子力アップ・婚活コンサルタント・澤口珠子は、あるサイトの相談コーナーで「そのままの私を受け入れてほしい？　なんて自分よがりで、傲慢な考えなのでしょう……。思い上がりも甚だしい！　喝〜!!」という回答をしている。

まず自分磨き論があった。それに対するバックラッシュがあった。で、自分を磨きまくるのも、かといって捨て置くのも、どっちも極端だと理解されて、段々と落とし所がわかってきた。いまの状況はそんなところであろう。

種々の議論を見ていると、ポイントはおそらく二つあって、一つは相手に引かれない程度に身だしなみを整えること（社会化）、そしてもう一つは自分の特徴を戦略的にアピールすること（ブランディング）だ。澤口も、女性を有機栽培の野菜にたとえて、同じようなことを言っている。

だって、想像してみて。豊かな土壌で、太陽の光をたっぷり浴び、すくすく育った、生き生き新鮮な有機栽培のお野菜。「そのままの私を受け入れて欲しい病」に侵されている女性は、収穫したそのままの野菜を、洗わずに泥だらけでテーブルにゴロっと置いて、「さぁ、美味しく召し上がれ」と言っているようなものよ。

次のように回想しているのもそれと整合的です。

「下宿組の女子大生は彼氏ができるとたいてい週末同棲か半同棲へともつれこんでいた。それが羨ましくて羨ましくて仕方がなかった」

（「女が男を選ぶ時代」）

その同棲＝セックスの相手は必ずしも結婚相手とは限らなかったんだと思いますけど、それでも生活スタイルをチェックするため、事前に同棲する流れはますます強くなっているように感じます。

Y　私の友人にも、長〜く一緒に住んで30歳を過ぎて結婚したカップルがいるんですけど、そういう2人なら結婚後は安心って思ったりします。散々チェックした末に納得ずくで結婚してるってことだし。

噛み癖があったら困る

S　最近では婚前性交渉への抵抗感もほとんどなくて、それどころか、確かにお味は良いのだろうけど……泥だらけのまま食べたい人っていません。（澤口珠子「婚活女性に多い「そのままの私を受け入れて欲しい病」に専門家が喝！」）

自分磨きをしないのは、泥だらけの野菜と同じであって、洗って（社会化）、素材にあった調理・アレンジ（ブランディング）をすることは不可欠だというわけだ。コントロール不能な妖刀から便利な万能包丁へ。このあたりが婚活論1・0の着地点だったように思われる。

◆「つながり」論――合コンと街コン

「自分磨き」論でいくら自らのスペックを向上させても、出会いがなければ意味がない。とりわけ、「ありのまま」で闘おうとするなら、「下手な鉄砲も数撃ちゃ当たる」で出会いの機会をますます増やさなければならない。条件婚活に徹するならお見合いや婚活サイトでのマッチングでもいいが、もし恋愛で運命の相手を見つけようとすれば、膨大な「数」が必要になる。そこで、どこで相手を見つけるのかということが大きな問題になってくる。

交際前性交渉の可否すら普通に議論されてますからね。HKT48の指原莉乃さんも、ある番組のなかで付き合う前に「枕を交わ」すことに同意していたり（「指原莉乃、付き合う前に枕を交わすことに賛成「合わない性癖の場合もある」」17年）。噛み癖があったりしたら困るって話だったみたいですね。

Y　なるほど。確かに性的嗜好や相性が事前にわかっていたら、避けられる問題もある気がします。

S　身体や性癖の相性を知ったうえで交際して、性格や恋愛の相性を知ったうえで同棲して、そこで共同生活での相性を知ったうえで結婚に進んでいく。ちゃんと病気とか避妊とか対策して、将来のための確実な一歩なら、文句言う筋合いはないですよね。

同棲と事実婚と事実婚状態

Y　ところで、同棲って事実婚とどう違うんですか？

S　そうですね。同棲とは言っても

国立社会保障・人口問題研究所の岩澤美帆と三田房美は、1970年代以降の初婚率の減少のほぼ5割が見合い結婚の減少、4割近くが職縁結婚の減少によって説明できるとし、職縁に代わる「出会いの場」の重要性を強調した（「職縁結婚の盛衰と未婚化の進展」）。確かに、出会いの場自体が少なくなっているのが未婚化の根本的な問題なのだ。

婚活はとにかくどれだけ多く「出会いの場」をつくれるかにかかっている、職場の外でいかに「出会いの場」をつくれるかが重要だ、そんな立場を押し出すのが「つながり」論とでも呼ぶべきアプローチだ。

新たな「出会いの場」の典型は合コンだろう。合コンでは一般的に参加者の「本気度」は薄い。一夜限りの関係を求めて参加する人も多く、結婚相手を選択するには効率が悪い。ただ、そこで出会う人は職縁とは違って雑多だから、新しい「出会いの場」を提供することは間違いない。婚活の一環として合コンを重視する論者に漫画家・倉田真由美がいる。彼女に言わせれば、合コンは「出会いの場」であると同時に、次の機会を呼び込む装置でもある。次の合コンに誘ってもらえることもあるだろうし、合コンで知り合った人に友達を紹介してもらえることもあるかもしれない。どんどんと「つながり」が生まれて、出会う相手はどんどんと増えていくというのだ（『婚活』2009年）。

その内実はさまざまです。具体的には、①結婚したいけれどカネや時間がないカップル、②いま同居を試している段階のカップル、③そもそも法的な結婚を望んでいないカップル、④同棲関係にも法律婚と同じルールが適用されると誤信しているカップル、がいると言われています。ですから、事実婚は③の同棲に含まれているってことになりますね。

Y　すると、事実婚と同棲を区別するのって難しくないですか？

S　その通りです。日本の場合には事実婚は同棲よりワンステップ進んでいる印象になりますよね。

結婚式を挙げているとか象徴があればわかりやすいけど、恋愛の延長で同棲が長期化していつの間にか夫婦のようになっているという場合もありえます。それをどう区別するのか……そこで後者を指して「事実婚状態」って言葉が使われるんだと思います。

Y　将来問題が出てきたときのこと

合コンの発想の先に「街コン」があった。一時期、街コンで婚活という書籍や記事も多く現れたが、街コンはそもそも婚活のためのイベントではなかった。2004年から開催され、街コンのモデルケースと言われる宇都宮市の「宮コン」が明確に謳っているように、街コンにとって恋活とか婚活はあくまでダシで、その究極的な目的は地域振興だった。

そこで思い出されるのが、09年のフジテレビドラマ「婚カツ！」だ。このドラマ、そもそもはタイトル通りに「婚活」と「トンカツ」をテーマにするはずだった。ところが、視聴率は月9史上初の1ケタ台と低迷。結局、途中から主題は「商店街」へとすり替えられ、婚活のストーリーは急速に後景化した。地元の人々による「婚活タウン計画」が、外部資本による再開発計画を押しのけ、シャッター街化した商店街を再建してゆくという地域の物語が描かれることになったのだった。ドラマ「婚カツ！」が経験したこの挫折は、婚活が――国民食「トンカツ」の応援を受けてもなお――幅広い世代を巻き込むのは難しいことを示していたように思われる。

そんなわけで街コンはあくまで婚活をネタにした地域振興策である。それは参加者にも当然理解されている。14年にリンクバルが公表した意識調査によると、参加者のうち婚活を目的にしている人は、20代で10％弱（女性は5・5％）、30代で20％前後にすぎない。(注30) 地域振興を目的に開催され、恋人探しや友達づくりを目的と

を考えると怖い気もするけど。

S　うん。結婚の約束なしになし崩し的に同棲になるのがマズイって言われるのはそれです。「できたら婚」のような契機がない限りズルズルと独身脱出を逃して「矢部浩之・ひとみちゃん」状態になってしまうかもしれない。

Y　元TBSアナウンサーの青木裕子さんと結婚したナインティナインの矢部浩之さんは、2007年まで15年間、通称「ひとみちゃん」と付き合っていて、でも、矢部さんのプロポーズは断られちゃったんですよね。

S　綿矢りささんは、引き延ばされた同棲を「どこかあやふやな、異次元空間」と表現されているけど（「男女それぞれの視点から描かれる現代の同棲物語」）、長い同棲は、実は結婚とは違う位相にあるのかもしれない。

統計では？

Y　統計とかでは、事実婚と同棲を

する参加者が大多数の街コンは、婚活専用の場ではない。それでも現在の大学生に聞くと、婚活と聞いて街コンを想起する人は一定程度おり、「つながり」を広げる一環として街コンは根付いてきていると言えるだろう。

その先に「趣味コン」と呼ばれる場が流行してきた。同じ趣味を持つ人々による出会いイベントで、はじめはオフ会の婚活版のようにして始まったが、現在では結婚情報サービスや結婚相談所が主導するものが増えている。猫好きの「ねこんかつ」、「水族館コン」など、つながるための趣味は枚挙にいとまがない。また、街コンと銘打っているもののなかにも、サザン（サザンオールスターズ）好き向けの茅ヶ崎の街コン、アニメ好き向けの秋葉原の街コンのように、実質的には同じ趣味の人たちとの出会いを求める企画も少なくない。趣味をつながりのキッカケにしようとするのは婚活サイトも同じで、Ｐａｉｒｓは趣味の「コミュニティ」を設けて、相手との接点や話題をつくりやすくするよう試みていることで知られる。第4章の「マッチングサイト」ですでに紹介した通り、ネット婚活はここ10年あまりの間に爆発的に拡大しており、その理由の一つは「つながり」を広げることができる点にもある。

実は先に紹介した澤口珠子も、自身でネット婚活を実践して3ヶ月で１０４人と会った末に結婚した。それはやはり「つながり」づくりに圧倒的に有利だからだ。

どう区別するんですか？
同居していてもただの同棲かもしれないし、別居していても事実婚かもしれないし。

S　そう。だから、多くの統計では「法律婚」か「それ以外の同居状態」かっていう分け方をするんです。つまり、事実婚と同棲を分けない。これを届出主義と呼んでいます。

Y　別居の事実婚だとどちらにもあてはまらないんですね。

S　一方、法律婚も事実婚も包含した「結婚」とそれ以外の「同棲」との分類もあって、こちらは事実主義と呼んでいます。

Y　自分たちがどう考えているかによって決めるってことですね。

S　その通りです。日本の場合、「人口動態統計」は届出主義、「国勢調査」は事実主義ってことになってるんですが、ただ、これまでの研究によると二つの統計の差異はほとんどないとされています（石川晃「わが国における法律婚と事実婚」）。つまり、事実婚はほとんど無視してい彼女は万能包丁になるためのノウハウだけでなく、「つながり」を広げることも「自分磨き」なのだと主張する。

自分の周囲だけの狭い世界で悩むのはやめて、ネットの世界に踏み出しましょう！

新しい出会いから得た知識も教養も、そのままあなたの経験値になります。

つまり、あなたの新しい魅力になるということ。

ネット婚活は、自分を磨くツールのひとつです。

（澤口珠子『はじめての「ネット婚活」』2016年）

ネット婚活という新たな婚活市場のなかでもまた、「自分磨き」か「ありのまま」か、そしてまた磨くとすればどのように磨くのか、新たな婚活論が登場するはずである。

いってことですね。

「配偶者あり」のハードル

S　ただ、そんな簡単なことなのかなと思うこともあって。国勢調査の調査票の「配偶者の有無」欄には、確かに「届出の有無に関係なく記入してください」と書かれています。これが事実主義の宣言なんですけどね。

でも、これがサラッと書かれてるだけの書類で「未婚」か「配偶者あり」かを選べと問われたら、相当意識的に事実婚を選択している人じゃない限り、わざわざ「配偶者あり」にマークはしないと思いません？

Y　しないでしょうね。配偶者っていうからには婚姻届出してるよね、みたいな感覚が一般的なんじゃないでしょうか。

S　そうすると国勢調査は事実主義とはいっても、みんなそう思って回答してはいないおそれがある。

もう一つの問題は、事実上の状態を本人たちが申告するという形態を

2　どうやって独身脱出するか――「できたら婚」と「ゼクシィテロ」

◆「できちゃった結婚」の出自

「できちゃった結婚」という言葉がよく聞かれるようになったのはいつごろだろう？　結婚ジャーナリストの粂美奈子によれば、きっかけは1997年の安室奈美恵の結婚だったという（「できちゃった結婚をちょっとまじめに考えてみる」）。その後、「でき婚」の割合は増え続け、21世紀に入ってからは5人に1人が「でき婚」という状況が続いている。[注31]　重要なのは、「でき婚」がいまやさほど否定的には響かないということだ。

小倉千加子は『結婚の条件』のなかで、「婚前に同棲しても、親からもマスコミからもバッシングされなかった最初の女性が梅宮アンナであり、既婚女性の婚外セックス（不倫）によって徹底的にバッシングされた最後の女性が松田聖子である」として、婚前・婚外のセクシャリティが許容されるようになったのは90年代に入ってからだと書いたが、婚前性交を前提とする「でき婚」は、この流れのなかで許容されるようになったと言えるだろう。しかも社会学者の永田夏来が指摘するよ

採っているにもかかわらず、同性カップルについては誤記入として扱われてきたことです（共生ネットによる総務大臣宛質問・要望状参照）。現在どのような対応が採られているかはわからないけど、統計の結果に同性カップルは出てこないわけですね。

Y　事実主義でも事実婚と認定されないんですね。

S　同棲も、事実婚も、同性カップルもそうだけど、時代によって結婚の感覚って違いますよね。調査も実態に合わせて変えて欲しいなって思ったりします。

「主人」は古い？

S　ところで、調査と言えばカップルの関係が変わっていることを示すものもあって。インテージリサーチの2017年の調査によると、夫婦において女性が男性を呼ぶ名称は50歳代、60歳代では「主人」がトップなんですが、それ以下だと「旦那」がトップで、とりわけ20歳代では

うに、「でき婚」カップルは、恋愛結婚や近代家族のレトリックで自己正当化を図り、妊娠後（通常は出産前に）結婚することでかろうじて近代家族イデオロギーのなかに踏み止まる（「夫婦関係にみる「結婚」の意味づけ」）。「でき婚」は変わりゆく性規範を反映しながら、子どもがいる＝結婚しているという既存の社会規範のなかでおさまりがよいわけだ。

メディアでも98年の酒井法子・高相祐一（当時プロサーファー）、２０００年の木村拓哉・工藤静香、03年の広末涼子・岡沢高宏（モデル）など、芸能人の「でき婚」が次々に報じられ、01年には「できちゃった結婚」（竹野内豊・広末涼子主演）というそのままのタイトルのドラマまで放送されて、「でき婚」への抵抗感はどんどんと薄らいだ。いま有名人の結婚報道では、必ずと言っていいほど妊娠の有無が書き添えられる。

あまりの増加に「でき婚」という名称すら再審の対象となって、いまでは「授かり婚」とか「おめでた婚」という言葉の方が一般的かもしれない。「できちゃった婚」というと、どうしても当人たちの不用意さが垣間見えて、結婚生活にも育児にも暗雲がかかっているように聞こえるから、当事者カップルや関係者にとって「授かり婚」とか「おめでた婚」などの名称の方が好ましいのは容易に想像される。

こうした用語を準備したのはブライダル業界だったらしい。増加してきたマタニ

「名前の敬称付」、「名前の呼び捨て」がそれぞれ20％以上、「愛称」が15％近く出てきます（「夫婦を互いにどう呼んでいる？　全国1万人調査」）。

Y　年配の人はいまでも「主人」を自然に使うけど、若い人ほど、自分の夫を「主人」とは呼ばないし、人前での言い方も「主人」じゃなくなってきてますよね。「夫は私の主ではない」という主張をネット上でもよく見かけますし、結婚のあり方が昔ながらの男性優位のものとは違ってきていることの現れなのかもしれません。

一方、「旦那」が普及しているのは謎ですけどね。こちらは意味から離れた愛称としての「旦那」という感じでしょうか。

S　「主人」じゃないっていうの、わかるなぁ。「夫人」とか「奥様」とかもそうですよね。教授のなかには他人にパートナーを「配偶者」って紹介する先生もいますよ。堅苦しく聞こえるけど、こちらとしては好

ティ・ウェディングでも気後れせず、盛大に式を挙げて欲しいというわけ。『たまごクラブ』（ベネッセ）が04年6月の特集から「授かり婚」を、『ゼクシィ』が同じ04年から「ダブルハッピーウエディング」を、九州・山口のブライダル情報誌『ウインク』（オーエム21）が05年1月の冬号で「おめでた婚」を、それぞれ使い始めた。(注32) 同じ05年にはママとマリッジをかけて「ママリッジ」という言葉も生まれた。そして『an・an』13年9月25日号は大胆にも「プロポーズから出産まで一気に叶える！　授かり婚はこんなにスバラシイ！」とぶち上げている。

ただ、こうした多様な名称より重要なのは、「でき婚」の実態の方だ。一口に「でき婚」とは言っても、その実態には大きく2種ある。一つは予定外の妊娠という言葉通りの「できちゃった婚」、そしてもう一つが妊娠前から妊娠を独身脱出の契機にしようと決めていた「できたら婚」だ。そして、ゼロ年代になって特に注目を集めるようになったのが後者、つまり「できたら婚」だった。

◆「できたら婚」への注目

『朝日新聞』紙上に岡山県倉敷市の主婦が「できたら婚も選択肢の一つ」という投稿をしたのは2006年5月9日のこと。そこで彼女は「独身の友人の中には、

ましく聞こえる。

Y　へえ。そういえば「人の配偶者をなんて呼ぶか問題」もありますよね。仕事で関わる人には「お連れ合い」を使って事なきを得ることが多いけど、実は仲のいい友達が鬼門だったり。「旦那さん」「奥さん」以外に使い勝手のいい、ほどよくくだけた言葉がないんですよね。

S　夫婦の呼び方に戻ると、男性が女性を呼ぶ名称も「家内」から「嫁」へと変化してきているみたい。肌感覚だと、「名前の呼び捨て」とか「愛称」とかが、もっと多い印象あるけどね。

比較的上の世代だけど、お笑い芸人・フジワラのふじもん（藤本敏史）さん、タレント・ゆっきーな（木下優樹菜）さん夫妻が2010年に結婚したとき、「だぁ」、「にゃあ」と呼び合っていると話題になりましたよね。

Y　私も家では「またろう」「たろう」「タロイモちゃん」などと呼ばれてます。

結婚して夫婦になることよりも、その先の子どもも含めた自分の家族をつくることに、魅力を感じている人も多いようです」という感覚を紹介したうえで、「結婚したらぜひ子どもがほしいと考えているのなら、子どもができてから結婚するのも、あっていいと思います」と書いた。そして、これは未熟な者同士が無計画にという印象の「できちゃった婚」とは違う「できたら婚」なのではないかと主張したのだ。

この「できたら婚」は、婚活の流れのなかで次第に注目されることになった。『AERA』は07年4月30日－5月7日合併増大号で「できちゃった婚」とは異なるものとしての「できたら婚」を扱い、『朝日新聞』本紙も07年8月10日の記事で、若くして同棲し、「前から結婚してたようなもんだし、言うきっかけもなかったし」とプロポーズもなかった10代の若いカップルが妊娠によってお互いの気持ちを確認して「できたら婚」した事例を紹介した。彼／彼女の生活状況は貧しく、式もまだ挙げていないが、それでも2人目を望み、「苦労は若いうちにまとめて終えた方が、後で遊べるし」という逞しい若者を好意的に描いてみせたのだった。

もっとも、「でき婚」は必ずしも歓迎できるものではない。この若いカップルを含め、はじめての子どもを産んだときの母親の年齢が15～19歳の場合では81・5％、20～24歳では63・6％もが「でき婚」なのだが（厚生労働省「平成22年度　出生に関する統計」）、経済力にも、ときに家庭環境にも恵まれないカップルも多い。果た

S　あ……。深く掘り下げないことにします。でも、そういうカップルは明らかに増えてますよね。

需要がありますように

S　ずいぶん本文とは別の雑談しちゃいましたけど、この章は婚活本の紹介ですね。それにしても、婚活ブームの頃の婚活本はすごい勢いでしたね。

Y　山ほど買い集めましたよね。

S　しかし、そんな本を集めたり、読んでたりしてたのはぼくらくらいだろうなぁ。「婚活本の世界」ってなんですか、ほんとに需要あるんですか？（笑）

Y　需要は生み出すものなんですよ。ここは覚悟のプロダクトアウトです。そして、需要が生まれることを祈りに私はパワースポットに行ってきます。

根拠なき速攻

S　婚活本って、タイトルだけで辟易しそうなものも多いけど、内容は

して結婚生活や育児が健全に進むのか、うまく行ったとしても格差の再生産になってしまいはしないか、という危惧は拭い去れない。「でき婚.com」が09年に行った調査によると、「でき婚」から5年以内の100人のうち44%がすでにその相手との離婚を経験したと回答したという。その多くは「できたら婚」ではなく「できちゃった婚」だったのだろう。

それでも、粂が「20代後半以降でできちゃった結婚をした人に話を聞いてみると、相手とは結婚を意識しており、「子供ができたら結婚しようね」と話し合っていた、というケースがけっこう多い」、つまり実態として「できたら婚」が相当数いると書いているのは、おそらく正しい。実際、少し古いデータだが、30代以上でも子どもができてから結婚するカップルは1割強いる（大久保幸夫・畑谷圭子・大宮冬洋『30代未婚男』）。その多くは若気の至りではなく妊娠を契機にした「できたら婚」であろう。仕事などが安定して、ある程度将来の見通しが立ってからであれば、「できたら婚」は有力な選択肢なのだ。

◆契機の枯渇

それにしても、なぜそこまで「できたら婚」が注目されることになったのだろう。

全然違ったりするからね。

実際に、速攻独身脱出を希望する女性を引き寄せるタイトルを掲げながら、内容は速攻婚活論じゃないっての、結構あるんです。たとえば2013年の澤口珠子『1年以内に理想の自分で理想のパートナーを引き寄せる魔法のレッスン』や2016年の妻沼佐織『年収1000万円の男と1カ月で出会い、6カ月で結婚する方法』がそうです。タイトルには「1年」とか「6カ月」とありますが、なかを読んでもその根拠なんてまったく出てこないんですよ。

Y　なんと。

S　妻沼さんの方には「半年ほどしか頑張る気持ちが続かないからです」とは書いてありますけどね。「半年間、本気で頑張れば結婚できます」って断言してるのに、最後には「半年間頑張ってもうまくいかなかったのであれば」云々って書いてあって……。「うぉ～無責任～」って感じ。

原因として考えられるのが、結婚に踏み切る契機の枯渇だ。

彼女は豪勢な結婚式やダイヤの結婚指輪を望んでいる。若者の経済状況は芳しくないのに結婚式の費用は緩やかに増加して、2018年時点でその平均単価は357万5千円である（「ゼクシィ　結婚トレンド調査2018」）。晩婚化で結婚式時点での貯金が増えていることもあるだろうし、少子化で育児のための費用を残す必要がなかったり、親世代からの財政的支援が大きかったりするのかもしれない。それにしても巨額である。結婚に踏み切るのにはずいぶん勇気がいる。迷って迷って月日は流れる。

国立社会保障・人口問題研究所の岩澤美帆と鎌田健司は1985年以降のデータをもとに、婚前妊娠結婚の生起強度（ハザード）にはほとんど変化がなく、むしろ妊娠を伴わない初婚が先延ばしされているために、婚前妊娠結婚の割合が増加しているのだと説明している（「婚前妊娠結婚経験は出産後の女性の働き方に影響するか？」）。他に独身脱出の契機が見出せないカップルにとって妊娠は願ってもない結婚への跳躍の契機なのだ。『an・an』の既婚男性200人アンケートによると、「どちらからもプロポーズしなかった」夫婦のうち、82％の結婚の契機が子どもができたことだったという（『an・an』2013年10月2日号）。対象がわずか200人で、「どちらからもプロポーズしなかった」44人のうち、「子どもができたか

最低週1回は婚活を？

S　速攻婚活論とマーケティング婚活論を組み合わせたような、杉浦里多さんの『電撃結婚ノススメ――結婚マーケティングで8ヶ月以内に開運婚を摑む方法』、臼井令子さんの『次の誕生日までに結婚する！方法――「90日婚活メソッド」で理想の夫を手に入れる！』も、根拠は著者たちが実際にそれくらいでプロポーズされたからなんですよ。テキトーですよね。

Y　再現性とは……。速攻婚活って存在しえないんですかね？

S　本で言うと、松尾知枝さんの『3ヶ月でベストパートナーと結婚する方法』では、はじめの1ヶ月は自分磨き、それ以降は最低週1回は婚活に出かけるみたいなプランが組まれていて、かなり具体的な速攻婚活感がありますね。

Y　週1で婚活ってすごい体力。

S　本当に速攻婚活しようと思ったら、それくらいしなきゃいけないってことでしょ。

ら」結婚したのが36人という貧弱なサンプルなので統計的にはあまり信頼できないものの、妊娠が結婚の契機になる一端を示すものである。こうして、「できたら婚」は結婚に踏み切れないカップルの手助けになる。妊娠と子育てを理由にすれば、結婚式の不在や貧乏な結婚生活も（嫌々でも）受け入れることができる。

「婚活本の世界」という章でありながら、ここにたどり着くまでにずいぶん寄り道したが、婚活本のなかにも「できたら婚」を薦める本が少なくない。魅力開発トレーナーなる怪しげな肩書の滝沢充子は、女優・能年玲奈＝「のん」の演技指導で知られる人物だが、女優などの指導を婚活に適用したという著作、『たった1人の運命の人に「わたし」を選んでもらう方法』は、男性に結婚を決心させるには結婚する「理由」が必要だとして「授かり婚」が薦められている。また恋愛学者（?）・森川友義も、男性に結婚を決心させることに特化した『いますぐカレと結婚！』のなかで「授かり婚」を目指すことを薦めている。

◆ゼクシィテロあるいはゼクハラ

もっとも、現実には妊娠を待たずに早く結婚したいという女性もたくさんいる。そこで、近年話題になっているのが「ゼクシィテロ」、あるいは「ゼクハラ」だ。

婚活歴史ブーム

S　本文で少し紹介しましたが、狭義の婚活論の外の世界にも注目です。ちょうど2010年頃、婚活ブームが成熟した2010年頃、婚活歴史ものが流行っていたんです。

ひとつは2010年8月に放送された、NHK「歴史は眠らない」の「婚活白書」。日本の婚活を古代から追うっていう企画だったんですけどね、担当したのがくらたま（倉田真由美）さんで。

Y　おもしろそう！

S　そこで彼女は古代の歌垣（男女が集って歌を掛け合った民俗行事）を古代の「お見合いパーティ」と呼んだり、「つながり」のなかでの恋愛を中心にした婚活の歴史を扱っていて、「つながり」婚活論者の面目躍如って感じでした。

あと、くらたまさんの場合には「つながり」と同時に、恋愛重視なんですよね。たとえば彼女は、大正期の夫婦について、テキストにこんなふうに書いています。

これは、女性があの分厚い雑誌をカレの目の前にドシリ、メリメリと置くことを言う。もしくは、カレの目につくであろうところに隠然と置いておくのでもいい。お互いの家を訪れるチャンスがないのなら、ただ「ゼクシィ買ってきた～♪♪」とLINEするだけでも足りる。

言うまでもなく『ゼクシィ』は、独身脱出を決めてから結婚式までのカップル（主として女性）を対象にする雑誌だ。結婚式場や花嫁のドレスが並ぶこの雑誌は、プロポーズ前の男性にとっては多くは無用の長物であろう。ところが、この雑誌があまりに結婚と結びついて、もはや結婚式準備の表象とも言うべき社会的意味を備えているがゆえに、その突然の登場は男性にプロポーズを迫る無言の圧力となる。それはいわば「結婚のこと考えてね、考えないなら別れも考える」という踏み絵として機能する。男性は場合によっては、自分と彼女との独身脱出へのロードマップが大幅に食い違っていたことを知るかもしれない。男は、なにもなかったかのように彼女のロードマップに乗り換えるか、彼女との将来を捨てるかという選択を迫られる。

時代の潮流に敏感な『ゼクシィ』が、自身のこうした位置付けの変化に気付かなかったわけはない。『ゼクシィ』は攻撃力を上げるための工夫に取り組んだ。『ゼクシィ』はこれより前、2008年5月号から男性にも結婚式に積極的に参加して欲

「生活や子孫繁栄のために頭の論理だけで相手を選ぶと、男は稼げること、女は綺麗で若いことに条件が集約されるのは当然のことだと思います。その人自身に対するいきいきとした感情をないがしろにするなんてとんでもないことだ、と私は感じるのですが、むしろ恋愛感情が生じない方が楽に結婚生活を送れるのかもしれません」

（『婚活白書』2010年）

Y　「とんでもないことだ」に大賛成。熱烈な恋愛感情万歳です。

S　彼女にとっては条件より恋愛なんですよね。だからこそ、結婚の成否よりも「つながり」で恋愛のチャンスを広げて、うまくいけば独身脱出という戦略になる。逆に言えば、恋愛を重視するがゆえに「つながり」を求めざるをえない部分もあるのかもしれない。そう考えると、「つながり」論は恋愛重視と親和性高そうですよね。

しいという思いから「彼専用ゼクシィ」を付録にしていた。この「彼専用ゼクシィ」自体は結婚式をカッコよく終えるための男性への手引で、元々はプロポーズ後の男性を想定したものだった。ところが、13年12月号の「彼専用ゼクシィ」を見ると、サッカー日本代表に結婚を語らせた「花婿よ、負けられない結婚準備がそこにあるぞ！」という冊子と一緒に、「HOW TO プロポーズ」という冊子が収録されている。その目玉企画は、巷で話題になった総勢30人のお笑い芸人（既婚・未婚を含む）による妄想プロポーズCMのメイキングとでも言うべき「30人30通りのプロポーズの形」で、他にもプロポーズを成功させる極意なんかが載っていたりする。つまり、『ゼクシィ』は「プロポーズされたらゼクシィ」という謳い文句を自ら否定して、プロポーズ前の男性向けの付録を用意したのだ。

なかなか結婚を決心してくれない彼に契機を与えたい。かといって逆プロポーズはしたくない。けれどステキなプロポーズをして欲しい。あるいは結婚が決まり準備は進んでいるもののステキなプロポーズはされていないので改めてちゃんとプロポーズして欲しい。いつも花嫁たちに寄り添い続ける『ゼクシィ』だからこそ、そんな身勝手な花嫁たちの願いを受け取り、「プロポーズさせるゼクシィ」へという変貌を遂げているのだ。

独身脱出の契機の枯渇のなかで、若者も、業界も、懸命に解決の糸口を探っている。

Y　つながりのある人としか恋愛はできないですからね。

S　同じ年の雑誌『歴史読本』10月号も「日本の結婚」という特集を組んでいて、その他にもいくつかの似たような動きがあったりして、これぞ2010年の婚活歴史ブームです。

Y　ブーム？　佐藤さんのみぞ知るコアなブームでしょ（笑）。

S　「マイ」ブームです（笑）。

街コンは婚活？

Y　ブームと言えば、街コンが流行った時期もありましたよね。いまはブームも去ったけど、当時は私の勤務先近くの八重洲エリアでも開催されるくらい勢いがありました。

S　ウェディングドレスを着た綾瀬はるかを表紙に、「結婚しない？」とタイトルをつけた12年6月6日号の『an・an』は、「必勝!! 新婚活大作戦！」という特集の冒頭に「街コン」を持ってきてました。

ソーシャルネットワークとか結婚相

3 汗と涙の婚活実録

◆婚活実録

婚活ハウツー本や『ゼクシィ』とは別に書棚を飾る婚活本がいわば「婚活実録」とでも称すべき婚活体験記である。出版されている婚活本のなかには、プロのライターによる一般的な婚活の記録は実はそこまで多くない。一般人の婚活と特段変わらず、差別化が図れないからだろう。そんなわけで、典型的な婚活の実態を知ろうとすれば、その実録の筆頭にあがるのは一般人のブログということになる。書籍化されたものもあって、たえ（すぎやまえみこ画）『冷恋――29歳で結婚したかった私の本音』は人気ブログをマンガ化したもの。20代で結婚を目指して婚活を始めたはずが……けっこう切実、というか切ない。ブログは2012年の書籍刊行後も継続したが17年に無事プロポーズされてブログも幸せに終了した。6年間の経験を基にしたアドバイスとしては、スピリチャルを捨てて自分磨きをした方がいいそうだ。

同じマンガでは川上あきこ（深森あき画）『合コン1000回、結婚1回！』は「つながり」論の実例。合コンをセッティングするばっかりだった著者が、ふと近

談所を差し置いて、ですよ?

ただ、婚活としての本気度は疑問符で、キャプションにはこんなふうに書かれていました。

「本気で婚活を始めるなら、一度に効率よくたくさんの人に出会いたいもの。そんな人には、参加人数も1000人規模の〝街コン〟がおすすめ。自分から大量にメアドをGETして、その後の展開を呼び込んで！」

ふつう、婚活で「本気」と言えば、相手も結婚目的で来ている婚活パーティとか結婚相談所とかを想像しそうなものですよね。けれど『an・an』は数打ちゃ当たるの「街コン」を「本気」として推してる。まさに「つながり」を重視する街コンブームといった感じですね。Y『an・an』の読者層には若い人向けのライトな街コンが合ってたってことですかねぇ。

くにいた男性と結婚するという単なるマグレの「青い鳥」ストーリー。水谷さるころ『結婚さえできればいいと思っていたけど』も趣味の空手で相手を見つけたという「つながり」論のスタートだが、30歳という年齢を意識して急いで結婚した結果、そのお相手と離婚して新たな相手と事実婚する、という軽いタッチながら深みのあるストーリー。

マンガ以外では、最近、マーケティング婚活論の主要文献の一つである水野敬也『スパルタ婚活塾』を片手に婚活を実践し、見事結婚したお笑い芸人・横澤夏子の『追い込み婚のすべて』が、本人の経験を多く含んで楽しい。結果的に条件婚活になっていないのはご愛嬌。杉浦里多の『電撃結婚ノススメ』も同様で、基本的にはマーケティング婚活の本ながら、本人の婚活実録を収録している。どちらもあまりに上手く行きすぎていて、あんまり参考にはならないかもしれない。

黒野弥生『「婚活」あなたと巡り逢えるまでのこと』は、40歳を前にした女性の婚活実録。思い通りの婚活が成功したかのように書いているわりに、「期限は来年の誕生日」という速攻婚活の目的が達成された様子はない。結果的には知人に紹介されて「一目惚れ」で結婚しており、婚活ハウツー本としては失格。実録として読もう。

ワインスクールで婚活

S 「つながり」を重視する議論のなかには、「自分磨き」とリンクするものもありましたね。

たとえば、「自分磨き」の代表選手だった長谷川理恵さんは2012年に経営者の男性と結婚するわけですけど、出会いは自分のカフェをプロデュースする際の相談で、その後、趣味のスポーツを通じて仲良くなっていったと言います。そのとき、長谷川さんは別の男性と交際中で、お相手の経営者男性も既婚で、双方はあくまで「友人」だったらしくて。彼女の言うことを信じるならば、「自分磨き」をする過程で「つながり」が生じたということだそうです。

ぼくの周りでも、ABCクッキングスタジオに通うブームみたいのがありました。よき妻になるために「自分磨き」すると同時に、家事をしてくれる男性を狙いに行くっていう面もあったみたいで。

Y お料理男子はポイント高い、と

◆ネットとオタク

ネット婚活は目新しいと見えて、類書が多く出版されてきた。２００９年に刊行された青山まりのマンガ『婚活の女王』は婚活をタイトルに入れたかなり初期の例でもあるが、ブラジャー研究家の著者がいろいろ試して、最後にはネット婚活に行き着いている。ただ、彼女自身はネット婚活が成功の理由だとは考えず、むしろ期限を設定したことが成功の理由だとしている。典型的な速攻婚活論である。

同じネット婚活を扱ったものでも、高橋真緒『私、ネットお見合いで結婚しました。』はネットを「つながり」論のなかで捉えているのが特徴だ。「自分を変えることを第一に考えなくていいんです。そんなことより、出会いの数をどんどん増やすことが結婚への一番の近道なんです」。ちなみに、ネット婚活の理念型としてアメリカのMatch.comについて知りたい人は吉原真里の『ドット・コム・ラヴァーズ』を。ハワイ在住の日本人研究者がMatch.comで夫探し……そのコンセプトだけで、もう絶対おもしろいでしょ。

もう一つ類書が多い婚活実録のジャンルは「オタク」だ。ガッツリオタク色を出しているのは御手洗直子『31歳ＢＬマンガ家が婚活するとこうなる』。こちらはネット婚活の実録でもあるけれど、特徴的なのは他の実録と比較すると婚活で出会

いうかこの共働き時代、料理や家事を丸投げしてくる人は避けたい。少なくとも料理を苦にしない人と出会えるのはいいですよね。

同じ頃、ワインスクールも婚活の場として流行ってたかな。

S　わ、川島なお美さんを思い出しますね。どこ向いて「自分磨き」してるんだろうと思ってたけど、結局は鎧塚さんと結ばれるんだから、正しかったんだよなぁ。

Y　反省してください。私はちゃんと川島なお美さんに憧れてましたよ。素直に。美人でワインにも詳しくて超絶ステキでした。好きすぎて、『熟婚のすすめ』刊行記念サイン会に行ったくらいですよ。

S　あ、自分磨きと言えば、もう一つ、おもしろい「自分磨き」系の本見つけたんで、紹介させてください！　２０１３年に出た島本了愛さんの『本気で愛されて、結婚する24の魔法』って本。湯船の波動で体を浄化、所作や言葉づかいで「お嬢様」になれば男性はイチコロ、その

える男性像がずいぶん素晴らしく描かれていることだ（一般に、婚活実録に登場する男性の多くは、サエないオッサンたちなのだ）。婚活に踏み切れないオタク女性には特効薬になるかもしれない。

他方、肉子『１００回お見合いしたヲタ女子の婚活記』はタイトルとしては「見合い」や「オタク」で釣っているけれど、婚活の内容としては、ネット婚活や仲人型の結婚相談所を経て、データベースの中から相手を紹介してもらう結婚情報サービスで結婚に行き着くという、比較的古い婚活スタイルの体験記になっている。「オタク」属性は最後に結婚相手を択ぶ段階で「ハゲ」より「オタク」を択ぶというあたりに利いているか。

◆アラフォーと国際婚活

オタク系のマンガ本には他にも中村純子『あらゆる婚活してみました――彼氏いない歴20年のオタ女ですが』がある。ただ、こちらはオタク色はほとんどなくて、むしろアラフォーの婚活実録という性格が強い。いろいろ試してうまく行かず、負け惜しみ含みで「婚活って婚活相手探す以外にも得るものあるかも」という結論になってしまうあたりは実録としては迫力不足だが。アラフォーの婚活マンガで成功

ためには勝負下着は絶対に「白」なんだって!!

Y　意味わからないんですけど、参考にして真面目に取り組んだ人がいたとしたら気の毒ですね。

S　ただの不思議チャンだよ！

妊活ブーム

S　さて、気を取り直して、ブームと言えば、婚活の次に妊活でしたね。２０１２年にＮＨＫクローズアップ現代「産みたいのに産めない～卵子老化の衝撃～」が放映されて、白河桃子さんと齊藤英和さんの『妊活バイブル』が出版されて火がつきました。山本さんは影響受けたりしました?

Y　むしろ妊活ブームよりずっと前、20代の初めの頃から35歳がリミットみたいな意識はありましたよ。２００８年に倖田來未さんの「羊水が腐る」発言というのがあったんですよ。ラジオ番組での発言だったそうですが、ネットでは「デリカシーがない」等々大騒ぎになっ

しているものとしては早子先生シリーズを（立木早子『早子先生、婚活の時間です』、『早子先生、結婚はまだですか？』、『早子先生、結婚するって本当ですか？』）。小学校の先生が結婚相談所と合コンで婚活するお話。

他方、同じアラフォー以上の婚活でも、自分をしっかり磨き切った自信のある人は、最上級者専用の川島なお美『熟婚のすすめ』をどうぞ。さらにアラフィフの婚活で出色なのは衿野未矢『〝48歳、彼氏ナシ〟私でも嫁に行けた！』だ。１９６３年生まれで、90年代にはＤＩＮＫｓ（子なし共働き）などに憧れていて結婚をしなかった著者が、47歳の誕生日をきっかけに婚活を開始し、同世代の既婚者たちにアドバイスを求めたり、東日本大震災で不安になったりしながら、遂にはなぜか魚沼の未婚男性と結婚するという一筋縄ではいかないドラマが楽しい。川島は２０１５年、衿野は16年に若くして亡くなった。本のままハッピーエンドとはいかなかったが、だからといって比較的年配での婚活が無為なわけではない。

他に、国際結婚の婚活実録としては中村綾花の『世界婚活』。テレビのＡＤさんが一念発起して海外へ旅立ったらモテモテ、いまではフランスで主婦っていう成功記。彼女はその後もネットメディアで結婚に関することをいろいろと書いていらっしゃる。海外まで出て婚活しようという方には是非。

て。

当時、その是非とは関係なく、35歳が強烈に印象付けられた感は否めませんね。

S　あったあった。妊活ブームで科学的根拠が与えられてからみんな意識するようになったのかと思ってたけど、そっか、一般にはもっと前から意識されてたのか。

でも、なんで「35歳」かってことですよ。妊娠中も、出産も、育児も大変だし、体力は大事だから若い方が望ましいかもしれない。けど、体力なんて人それぞれだからそれだけで「35歳」が重要ってことにはならないですよね。

よく妊活の文脈で年齢が挙げられるのは、①妊娠できるかどうか（流産しないかどうか）と、②生まれた子が遺伝的に健常であるかどうかということだと思います。確かに、いずれの場合にも加齢によるリスクは増加します。

ただ、こういうリスクはいずれも漸次的に増えていくもので、別に35

◆男性の婚活

それから、男性目線の婚活もある。概説書はルポライター・泉直樹『オトコの婚活』をはじめいろいろ出版されているが、実録としてはまず心理学者・樋口康彦による2008年の『崖っぷち高齢独身者——30代・40代の結婚活動入門』、09年の『婚活失格』が口火を切る。40代の本人が38歳（03年頃）から始めた結婚相談所とお見合いパーティの実録である。そしてライター・石神賢介の一連の著作。『婚活したらすごかった』、『アラフィフ婚活』、『すべての婚活やってみました』。再婚を目指す40代男性の婚活実録で、さまざまな婚活を紹介している。

さらに上の50代男性の婚活を扱ったものとして、書籍じゃないけれど10年に『文藝春秋SPECIAL』に掲載されたライター・鈴木洋史の「五十歳からの婚活」がある。自身の婚活については記述が少ないけれど、中高年婚活の事情を紹介して益するところが多い。本書ではほとんど若いカップルを前提としてしまったけれど、中高年婚活ではまったく異なる要素が入ってくる。少し長くなるけれど紹介しておこう。

大企業でも、ラインに乗って昇進していく人は別にして、多くは四十代半ば

歳になったからガンッて突然上がるわけじゃない。

「35歳」って言われすぎ

Y　そうなんですか？

S　そうですよ。たとえばダウン症の発生率は加齢とともに明らかに増加して、30歳では0・1%くらいなのに40歳では1%くらいになるんです。ただこのリスクも35歳で突然上がるわけじゃなくて、31歳以降、毎年約1・2〜1・3倍ずつ高まっていく。だからこそ、妊活ブームの牽引者の1人、齊藤英和先生なんかは妊娠適齢期を22〜31歳あたりに設定してるわけです。

世間では「35歳」が象徴化されてるけれど、どの年齢で出産するか、妊活に臨むかは、①産めないリスク、②その子が健常かどうかのリスクを、どれくらい回避したいかによって決まってきます。

ダウン症の例で言えば40歳での1%という確率だって、50歳では1割になることを思えば大したことな

で年収が頭打ちとなり、やがて下がり始める。リーマンショック以降はリストラも加速している。不況ゆえに、女性は生活の安定を考えて高収入の男性を求めるが、対象年齢の男性はちょうど年収が下り坂に入っている。そこが、今の時代における中高年の婚活の難しさのひとつだ。

逆に言えば、女性の生活を安定させることができるならカオを手に入れることができる。著者もネット婚活で40代のかわいい女性から交際を申し込まれる。コーディネーターに言わせれば、その理由は……。

鈴木さんの歳で年収が一千万円あれば中高年の女性にはモテますよ、とりあえず。

（鈴木洋史「五十歳からの婚活」『文藝春秋SPECIAL』10年季刊春号）

若い人は若い人で上の世代に取られると恨み節を言うけれど、そんな目でばかり見られる年配男性は年配男性でどこか悲しい現実と向かい合っているのかもしれない。

若い男性の結婚を扱ったものとしては、婚活実録に分類できるかは怪しいが、は

いとも言える。逆に35歳だと400分の1くらいですけど、それだって大きいと考えるカップルもいるでしょう。そしてまた、いくら若くてもリスクを完全に回避できるわけじゃない。というわけで、妊娠・出産適齢期や「35歳」を強調しすぎる議論には違和感があるんです。

Y　確かに、健康状態って個人差もあるし、1歳、2歳の差って、実際にはそこまで大きい違いはないのかも。男性の場合、婚活サイトで女性をスクリーニングにかける時に35歳以下とかギリギリ30代の39歳以下と設定することが多いみたいだけど、それもイメージに引きずられている部分が大きいんでしょうね。

とはいえ、数字で線を引かないと絞り込みが難しいのが現実なんですけど。

妊娠なしでも

S　そもそも妊娠できるかなんて、「自分の遺伝子を継いだ子を自分のお腹で産みたい」女性、「女性の遺

るな柳太郎『出会って12時間で婚約した話。』は、たまたま婚活パーティに参加してしまった結果、スピード婚約&結婚&妊娠してしまったドタバタを扱ったマンガで、ただただおもしろい。

◆婚活を助ける側

その他、婚活をサポートする立場からの本も存在する。たとえば、結婚相談所の支店長の実録マンガである、Ｃｈｉｓａｔｏ（ふじいまさこ画）『婚活マーチ』。たまたま迷いこんでしまった条件のよい会員が、結婚相談所側の事情で売れ残りの相手に使い回される裏事情なども、なるほどと思わされる。もっともこれは著者自身のかつての経験なので、現在の正確な情報かどうかはわからない。現在の結婚相談所では相談所間で会員データを融通して、もっとよいマッチングを実現しているように思われる。

最近では、定年後の副業として仲人業を薦めるガイドも少なくない。そこで触れておかなきゃならないのは、家族社会学の著名な研究者である野々山久也が大学退職後に相談所を開設した経験を綴った『婚活コンシェルジュ』だろう。おもしろおかしく書かれている本ではないので読みづらいけれど、研究者の著作らしく、制度

伝子を継いだ子をその女性のお腹で産んで欲しい」相手にしか関係しないことですけどね。

Y　え？　どういうことですか？

S　だってさ、お金さえあればね、代理母でもいいわけじゃないですか。加齢による流産リスクも抑えられるし。母親の遺伝子を継いでいなくてもいいと考えるなら、若い女性から卵子提供を受けることで障碍のリスクも軽減できる。

Y　でも、男性には「自分と相手の女性の遺伝子を継いだ子をその女性のお腹で産んで欲しい」って人が多いんじゃないですか？

S　ぼくは養子で全然いいんで当てはまらないけど、現状そういう男性が多数派だと思います。女性も自分のお腹で産みたい人が多数派でしょう。ただ、言っておきたかったのは、妊娠できるかどうかが万人にとっての大問題なわけじゃないってことです。

Y　なるほど。私個人としては、妊娠も出産も大変そうだから、自分の

の概要や問題の全体像も把握できるように書かれている。

以上、社会情勢も踏まえながら、あらゆる婚活本を腑分けしながら見てきた。もちろん、ここで取り上げなかった本の方がたくさんあるし、筆者が接していない本も山のようにある。婚活中の人も、そうでない人も、溺れない程度に泳いでみてはいかがだろうか。

お腹から産まずに自分の遺伝子を継いだ子どもを持てるなら、その方がいいなぁ。

S　最近、そういう声をよく聞くように思います。少子化社会を生きてきたいまの若い世代って、周りに妊娠や出産が溢れていたわけじゃないから、育児の不安だけじゃなくて妊娠や出産に対する不安がありますよね。

日本でも「世界標準」に合わせて無痛分娩を望む女性も増えてるし、「自分のお腹を痛めて産む」ことが尊いという感覚もあまりない。上の世代には、いまの若い世代のそういった感覚から理解していただきたいと思いますね。

第6章

国家と結婚
——これからの婚活と結婚のゆくえ

少子高齢化が「国難」になった日本。いまや婚活ブームを越えて、国家や地方自治体が婚活政策を打ち出す時代だ。結婚は本当に「私」のものなのか。結婚が「公」事になるとき、結婚や家族はどんなかたちをとるのだろうか。

1　日本の少子化対策

◆「国難」となった少子高齢化

1980年代、優生保護法の改正が議論されたとき、あるフェミニストは誇大妄想的にこんなことを書いていた。

日本においては［……］産むこと・産まないことは堕胎罪―優生保護法―母子保健法を通して管理されてきた。堕胎罪を基底としながら、優生保護法と母子保健法を改訂することによって、支配者は人口管理をしている。

（大橋由香子「産む産まないは女《わたし》がきめる」女性学研究会編『女は世界をかえる』1986年）

本当に「人口管理」が存在していれば、現在のような少子化が生じたはずはない。むしろ、現実には、恋愛・セックス・結婚といったような私的領域においては公権力の介入が忌避され、自由が確保されていたからこそ、少子化対策はなかなか政策

婚活国家論！

Y　ついに婚活が国家にまでつながっていきますね〜。

少子高齢化と言えば、私も2050年には年金受給が始まってるはずだけど、もらえるんですかねぇ。

S　それはどれくらいの給付基準を受け入れるかによりますね。

とりあえず、高齢者1人あたりの現役世代（15〜64歳の人口）／高齢者数の変化を見ておきましょう。推移のキーポイントだけ挙げると、次のような具合です。

1965年　10・8人
2017年（最新）　2・2人
2050年（推定）　1・4人
（『平成30年版高齢社会白書』より）

Y　へえ、100年もたたないうちにこんなに変わるんですね。

S　この数字を見ればわかると思いますけど、女性の活躍による支えが今後いくら増えたって、現在の給付水準を保つことなんて叶わないですよ。

Y　現時点ですでにガンガン稼いで

として取り上げられてこなかったのである。

たとえば、海部政権期についてこんなエピソードがある。当時、児童家庭局長だったのちの内閣官房副長官・古川貞二郎は、当時産経新聞記者だった岩渕勝好からの忠言を受けて、少子化対策を政策に盛り込もうと動いた。ところが、この動きに真っ先に忠告をあたえたのは厚生省の女性幹部たちだったという。古川はさらに述懐して曰く。

> 当時、夫婦の問題に国家が介入していいのかと、出生はタブー視されていました。戦時中の人口政策である「産めよ殖やせよ」への反動です。こうした意識を変える必要があると思ったのですが、私は婦人解放運動家の加藤シヅエさんからも、「局長さん、あなたが心配しなくても、人口はうねりのようなものだから、大丈夫ですよ」と言われてしまいました。
>
> （藤吉雅春「厚労省　孤立する「ザ・膨張官庁」」『文藝春秋』２０１３年）

加藤シヅエは戦前から活躍した産児制限運動の旗手である。中絶や避妊を推進する産児制限運動は54年、マーガレット・サンガー（Margaret Sanger）の再来日によって一気に勢いづいて女性の主体的な人生設計に大きく貢献したのだが、そんな

る女性もいるわけですしね。

S　そう。現在女性の就業率（15～64歳人口に占める就業者の割合）は66％もあります。まして、就業していない女性だってケアの部分などで高齢者を支えているわけですから。

AIに希望を

Y　就業しているかどうかに関係なく、多くの女性が「活躍」なんて言われる前からふつうに働いてるってことですね。

　そう言えば、単純労働からケアの領域まで、AIをはじめとする先端技術で労働力を代替できるって話も近年はありますよね。

S　出た、AI！　日本ではなんでもかんでもAIって呼びますけど、その多くは人工知能というより、ロボットとかオートメーションですよね。

Y　まあ、AIって言葉でとりあえずまとめてみて、共通の理解があるかのような感じで会話できるのって便利ですからね。

産児制限運動の世代からすれば過多な出産を抑えることこそが女性の解放であり、少子化は問題とは考えられなかったのであろう。

これは一つのエピソードにすぎないが、90年に前年の合計特殊出生率が1・57という史上最低（当時）を記録したことが明らかになって社会に衝撃を与えても、90年代後半になれば第二次ベビーブーム世代の女性たちが子どもを産み始め、第三次ベビーブームが到来するはずという期待が行政の少子化対策を鈍らせ続けた。94年には「エンゼルプラン」が策定されたものの、少子化対策立法が実現したのは次世代育成支援対策推進法と少子化社会対策基本法の２００３年になってからだ。

その後も、「産めよ殖やせよ」への心理的トラウマは強い。「あの戦争」を肯定する論壇の片隅においてすら、そうであった。10年代に入って「いまや、少子化は日本が抱える国難だ」と提起した産経新聞論説委員・河合雅司も前提を置くことを忘れなかった。

国家が結婚や妊娠・出産といった国民のセンシティブな問題に強権的に口出しすべきではないのはもちろんだ。だが、今どき「国家のために子供を産んでほしい」と求める政治家や官僚などいまい。「お国のために子供をもうけます」という国民はなおさらだ。「女性手帳」にどんな立派なことが書かれようとも、

S　それはさておき、確かにロボットやオートメーションに日本の希望を託す議論って多いですよね。

ただ、ぼくは懐疑的に見てて。結局、古い雇用がなくなって、新しい雇用が創出されるとしても、いままでの日本人がその新しい雇用に対応できるかっていうとそうじゃないわけじゃないですか。

ベーシックインカムが欲しい

S　むしろ、最新の平成29年版「厚生労働白書」なんか見ると、ここ20年、アメリカやイギリスでは中スキル職種が減って、高スキル職種と低スキル職種の就業者が伸びる二極化が起きているのに対して、日本では低スキル職種ばっかりが伸びてる。

これらは非正規雇用みたいな、定型的業務で、いわばいちばんロボットやオートメーションに置き換えられやすい職種です。

Y　そうなんですか？

でも、いまと同じ価値を生み出すのに人間の労働が必要なくなった

「ならば、産もう」とはならないだろう。

（河合雅司「「人口戦」としての大東亜戦争（上）」『正論』2013年）

その後、17年に刊行された河合の『未来の年表』はベストセラーとなり、同年11月17日、安倍首相は所信表明演説の冒頭で、明らかに河合の議論を反映して「緊迫する北朝鮮情勢、急速に進む少子高齢化。今、わが国は、正に国難とも呼ぶべき課題に直面しています」と述べ、少子高齢化は「国難」であることが行政府の長によって認定された。さらに、18年1月22日の所信表明では北朝鮮情勢との並列も取れて、「日本は、少子高齢化という「国難」とも呼ぶべき危機に直面しています」と名指しされている。

この少子化の「国難」化のなかで、次第に河合の置いていた国家の私生活不介入の前提は失われてきている。17年11月21日には自民党・山東昭子参院議員が自民党役員連絡会で「子供を4人以上産んだ女性を厚生労働省で表彰することを検討してはどうか」と発言して、まさに「産めよ殖やせよ」の時代の優良多子家庭表彰制度のようだと批判もされた。18年6月26日には自民党・二階俊博幹事長が講演会後の質疑で「みんなが幸せになるためには、これは、やっぱり子どもをたくさん産んで、そして、国も栄えていくと、発展していくという方向にみんながしようじゃない

ら、多くの人は暇になるけど生まれる富はそのまま。仕事を代替されて暇になった人は、ベーシックインカムをもらって自由に生きていけるっていうステキな未来予想図もありますよね。

かなり期待してます。私、ベーシックインカム（BI）もらいたいです！

S　そうそう、「AIでBI」みたいな（笑）。

けど、そんな夢語ってるのって、アマゾンのベゾス（Jeff Bezos）とか、フェイスブックのザッカーバーグ（Mark Zuckerberg）とかじゃないですか。要はアメリカだから可能なんですよ。

それこそGAFA（グーグル、アップル、フェイスブック、アマゾン）みたいなカネも人材も総取りできるグローバルなプラットフォーム企業は、アメリカにはその富を還元してくれるかもしれないけど、日本にはしてくれないでしょ。

Y　そっか。気付かなかった。

か」と答えた。そして自民党・杉田水脈衆議院議員は月刊誌『新潮45』18年8月号への寄稿のなかで、子どもをつくらない、「生産性がない」LGBTには公的な支援が不要と表明して、大きな社会問題になった。社会一般にはなお戦中の「産めよ殖やせよ」のようになってはいけないという抵抗感が強いものの、国家が私生活に多少介入しなければならぬほどまで少子化の状況が深刻だという認識は広がっているると言ってよい。

◆男女共同参画による少子化対策とそこからの脱皮

政府が少子化対策に動くとはいっても、国家が子どもを産めるわけではない。「少子化に歯止めをかける」といった毅然とした文言を打ち出すことは容易だが、具体的に有効な政策を示すことは難しい。

日本の少子化対策の歴史を振り返ると、1997年になって少子化問題について諮問を受けた厚生省の人口問題審議会は同年「少子化に関する基本的考え方について」という報告書を採択した。そこでは少子化の原因にはシングル化・晩婚化があるという認識のもと、「固定的な男女の役割分業や雇用慣行の是正」と「育児と仕事の両立に向けた子育て支援」が不可欠であり、すなわち男女共同参画社会の実現

世界的企業が生み出す富にあやかってベーシックインカムをもらって生きていくためには、そもそもアメリカ人に生まれてなきゃいけなかったんですね。ちょっとがっかり。

GAFAの台頭について詳しくはスコット・ギャロウェイ『GAFA 四騎士が創り変えた世界』をぜひご参照ください。

S　ちゃっかり自社本の宣伝ですか(笑)。

ギャロウェイ本には、次世代のグローバル・プラットフォーム企業候補も載ってるけど、当然、日本企業はない！

これから、教育や再教育で新しい雇用を担ったり、新たなプラットフォームをつくる人材を育てることも大事ですし、そこでは同時に、そうした人材を生み出す土壌としての人口はやっぱりある程度必要になってくるんじゃないでしょうか。国家としては。

を目指すことが提言された。

こうして、はじめ少子化対策はまずもって男女共同参画政策であった。2001年に設置された男女共同参画局の初代局長を務めた坂東眞理子は、この観点からワーキングマザーの育児支援を重視した。女性の就労増加を前提とすれば、保育所の支援などの両立支援は、その女性たちが子どもを持つことを容易にするからである（『日本の家族政策』）。たとえば、政府の「待機児童ゼロ作戦」という取り組み、「保育園落ちた日本死ね」というブログが話題になった16年以降のものだと思われるかもしれないが、実は01年に閣議決定されたものである。

ところが現実には、結婚しない理由や子どもを持つことができない理由は、主として経済的なものに変化してきた。換言すれば、産むと働けないから産まない、結婚すると働けないから結婚しないというロジックではなかったのである。最近の待機児童対策について、社会学者・松田茂樹が「待機児童対策は、働く親の両立支援の施策で、少子化対策としての無償化とは目的が異なる」と端なくも述べているが、(注33)ワーキングマザー育児支援は少子化抑制の役割を十分に果たしはしなかった（赤川学『子どもが減って何が悪いか！』）。

03年、合計特殊出生率が1・3を割り、05年、日本の総人口が統計上初めて減少に転じた。翌06年、第一次安倍政権は「新しい少子化対策について」を発表する。

こんなに少子化するなんて

Y　人口は減り続けているし、新しい時代を担う若い世代の比率もどんどん下がってきてますよね。どうしてもっと早く少子化対策が取れなかったんでしょうか。

S　あと付けだといくらでも文句は言えるんですけどね、当時の空気として、少子化に対する認識は全体に甘かったんですよね。これはもう本当に疑いようがない。

たとえば、第一回の『婦人白書』を執筆した菅原（坂東）眞理子さんは、1987年の著書『新・家族の時代』のなかで、晩婚化の進行を強調しながら、こうも書いてるんですよ。

「現在の独身青年男女の間の結婚願望が強く、なかでも若い時期に結婚したいという願望が女性を中心として強いので、これ以上晩婚化は進行しないだろうといわれている」

Y　これが当時の総意だったんで

ここではこれまでの共働き夫婦の子育て支援、またそのための働き方改革が明記された。ここで念頭に置かれたのは20年前に作成された「新・前川レポート」（「構造調整の指針」）であった。1987年、日米貿易摩擦が問題となっていた中曽根政権下、前川春雄日銀総裁（当時）を代表とする研究会は、「前川レポート」で内需主導型の経済成長を目指すことを提言し、「新・前川レポート」で具体的な構造調整の一つとして労働時間短縮を提言していた。「新しい少子化対策について」は、これを具体化するかたちで、長時間労働是正のための労働基準法や労働契約法改正の検討まで視野に入れていたのである。

この「新しい少子化対策について」にはもう二つ重要な点がある。一つは家族の絆や地域の絆の強化が謳われていることだ。取りまとめにあたった増田雅暢が、親の子育ての負担を軽減するのみならず、親子関係の潤滑化を狙ったと説明しているように（『これでいいのか少子化対策』）、「家族の日」や「家族の週間」を制定するなどして家族・地域の絆を再生する国民運動を起こすことも書き込まれた。「子育ては第一義的には家族の責任」という言葉のように一面には血縁家族中心の子育てモデルを強く打ち出したのである。

同時に、この「新しい少子化対策について」はワーキングマザーにのみ注目したそれまでの少子化対策とは別の性格を持っていた。児童虐待への対策や食育の推進

しょうね。

S　この楽観的見通しを補強したのが、国立社会保障・人口問題研究所、いわゆる社人研（97年以前は厚生省人口問題研究所）による「将来推計人口」でした。

当時は、実績は下降し続けているのに、回復する予測を立て続けてきたと批判されました（島田晴雄・渥美由喜『少子化克服への最終処方箋』）。

Y　え〜、ひどい。でも、なんで厳しい現実が見えているのに、偉い人や頭のいい人たちみんなが誤解してしまったんでしょうね。

S　なんとかなる、ならなきゃいけない、って考えますからね、いつの時代でも為政者は。

でもそれは為政者だけじゃないわけで。晩婚少子化はどこかで下げ止まるという期待は社会のなかにずっとあったんです。

たとえば、21世紀に入ってからですけど、酒井順子さんも『負け犬の遠吠え』の頃「それから晩婚少子化

など、専業主婦家庭にも同じように適用できる子育て支援を強く打ち出していたのである。これは男女共同参画の観点と切り離して少子化対策を捉えたものであった。男女共同参画とは別に少子化対策を打ち出したという意味では、高校無償化、子ども手当創設（実態としては児童手当の拡充である）などの民主党政権期の政策も同軌にある。（注34）

2　社会改善＋恋愛婚活論と少子化対策

◆社会改善＋恋愛婚活論と国家

そんななか、山田昌弘や白河桃子に代表される社会改善＋恋愛婚活論者は、「婚活」が少子化対策の鍵になると訴えてきた。易しく説明すれば、こういうことだ。

出生数＝（適齢期の法律婚カップルの数）×（その出生率）＋（婚外子）

しばしば出生率の低下が問題になるが、実は既婚女性の出生率はさほど変化して

傾向はおさまると思って」いたらしいですから（『ＡＥＲＡ』２０１４年６月23日号所収のインタビューより）。みんな危機感がなかったんですよね。

Ｙ　だからいまになって婚活で少子化対策をはかってるんですね。いよいよ深刻だぞって。

ちょっと地方に行くと、お年寄りしかいない地域とかふつうにありますもんね。

結婚への真剣勝負

Ｙ　地方と言えば「ナイナイのお見合い大作戦」。私この番組大好きなんです！　結婚を希望する独身男性が多くいながら、出会いの機会が限定されがちな離島や農村・漁村が、地域ぐるみで大勢の婚活女性を受け入れ、その一部始終を追うというものです。

期間中はパーティや男性のお宅訪問などのイベントが行われて、笑いあり、涙あり、権謀術数ありの真剣勝負が繰り広げられます。結婚を前

いないと考えられてきた（**図表5**）。日本では婚外子も少ない。そこで少子化において決定的に重要なのは未婚化・晩婚化であって、婚活を推奨することは個々人の人生のためだけではなく、国家の少子化対策にもなると主張されたのであった。少子化対策という理由からの男女共同参画には疑問を投げかけている社会学者・赤川学もまた、夫婦あたりの子どもの数を増やすよりも夫婦を増やす方が少子化対策には効果的だとして、婚活を推進する政策には肯定的な見方を示している（「人口減少社会と家族のゆくえ」）。

特に白河は、医師・齊藤英和と共に「妊活」の普及に邁進してきた。すでに論じた通り、婚活1・0の現場ではマーケティング婚活論に圧倒された社会改善＋恋愛婚活論であったが、少子化対策を本格的に展開しようとする国家にとっては素晴らしいタイミングで魅力的に立ち現れてきたのである。実際、婚活プロジェクトは国家的プロジェクトにまで上りつめた。たとえば2014年に設置された「新たな少子化社会対策大綱策定のための検討会」には「妊活」を代表する白河と齊藤が名前を並べている。

脇道に逸れるが、少子化対策には婚活以外にも有力なオプションがたくさんある。その一つは婚外子や事実婚カップルの社会的保障を充実させることで、婚外子の出生を容易にしようという議論だ。日本における婚外子は出生全体の2％ほどなのだ

提にお付き合いを始めるカップルが何組も生まれて、実際に結婚した人たちもいるという由緒あるバラエティ番組です。

S　いま大学生に「婚活」のイメージを聞くと、この番組の名前がかなり挙がります。

もともと島田紳助さんが「お見合い大作戦」という名前でやってた地方での集団お見合い企画を復活させたんですよね。婚活ブームが浸透してきた2010年くらいですかね。それがナイナイ（ナインティナイン）に引き継がれていままできてる。

婚活を研究していながら申し訳ないけど、ああいうの見てて気恥ずかしくなっちゃってさ、とても見てられないのよ、実は。

Y　なんで!?　見てくださいよ！　おもしろいから。人気の男性を数人の女性が奪い合うシチュエーションなんて目が離せませんよ。

人気者争奪戦では、「自分はライバルを蹴落とすような人間じゃな

図表5　期間合計結婚出生率（TMFR）の趨勢

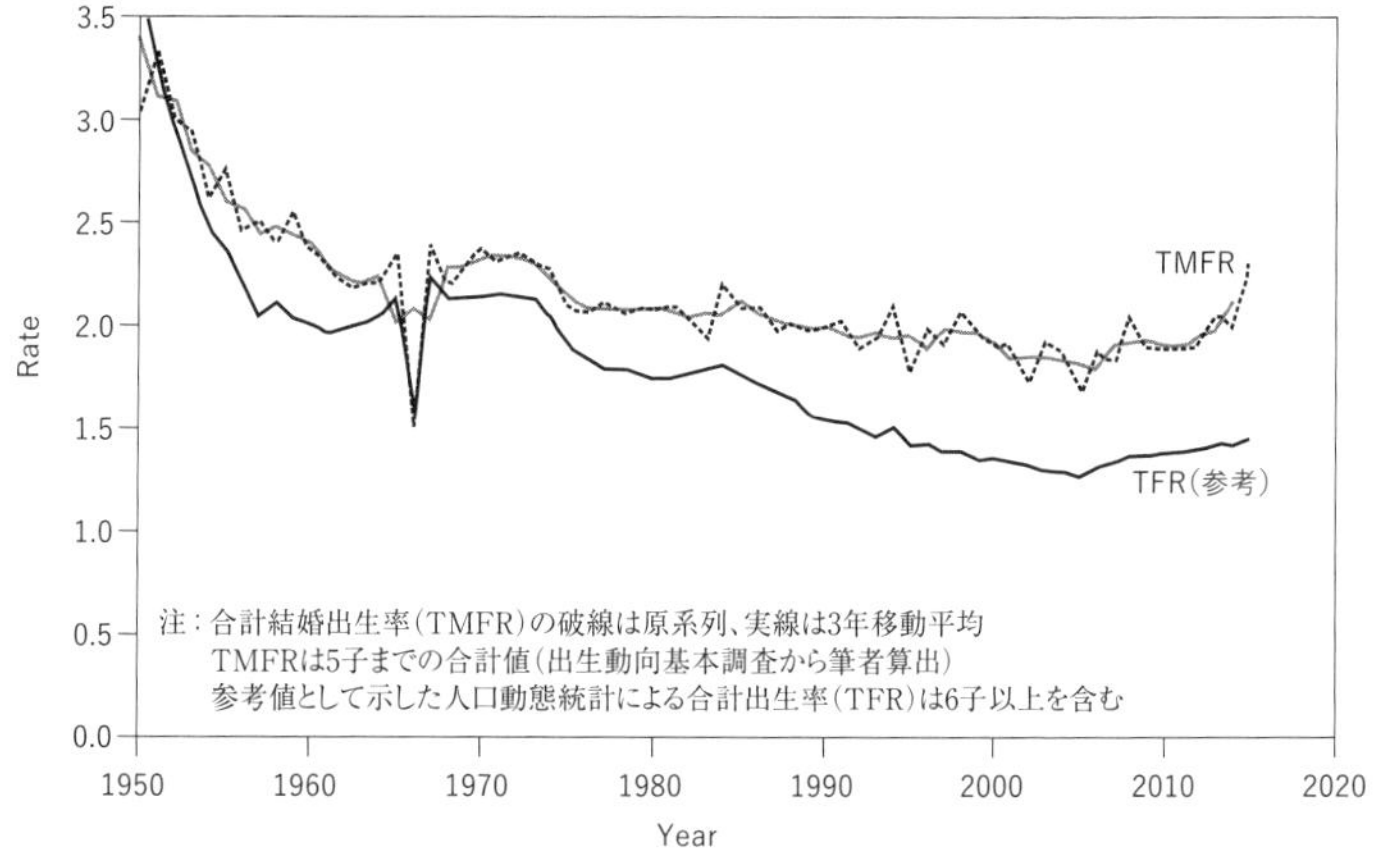

出所：余田翔平・岩澤美帆「期間合計結婚出生率の趨勢とその背景」国立社会保障・人口問題研究所編『人口問題研究』74巻3号（2018）p.212より
（http://www.ipss.go.jp/syoushika/bunken/data/pdf/18740302.pdf）

が、6割のフランスや4割のアメリカなど他の先進国と比較すると極めて低い。アメリカの場合、1960年代には5%だったのが、90年代には3割に、その後も増え続けて、いまではそんな数字になっている。日本も同じような婚外子増加を望めなくはない。

もっとも、アメリカの未婚の母のなかには若年層やヒスパニック、黒人の割合が多く、「できちゃった結婚」と同様、望まない出産が少なくない。そして、それが子どものその後にも悪

い」というアピールも必要なので、高度なテクニックが惜しげもなく披露されます。たとえば、1オン1でのお話しタイムを途中で中断してライバルに席を譲るとか。すごくないですか？

人生の勉強になりますよ。

「バチェラー」と「テラハ」

Y　人気の婚活番組としては「バチェラー」もありますけど、こちらはたった1人のハイスペック男性を大勢の女性が奪い合うという設定なんですよね。最終的に1人の女性しか選ばれないので、ちょっと宝くじ的というか。

現実に結婚に結びつく可能性や等身大感なら断然ナイナイの番組の方ですね。

S　「バチェラー」はアメリカで大人気のリアリティショーで、日本版が2017年からアマゾンプライムビデオで放映されました。

ほとんど見てないんだけど、恋愛する空間のしつらえは2012年か

影響を及ぼすこともしばしば見られる（Thomas & Sawhill 2005）。それでも、20年前のデータでもすでに未婚の母の半数は「できちゃった」ではなかったし（Abma et al. 1997）、まして現在では婚外子だから問題という短絡的な議論は成り立たない。それなりの避妊など生殖の知識を国民が持っていて、少子化対策が喫緊の課題であるという日本の状況ではなおさら、確かに有力なオプションだと言えるだろう。

ところが、この婚外子増加による少子化対策が近い将来実現する気配はない。子どもがいる＝結婚しているという社会規範が未だに根強く、とりわけ政権与党とその支持層に強く働いているからである。こうした前提を置く限りにおいて、やはり婚活は少子化対策の残り少ない有力オプションなのである。

◆地方自治体による婚活支援——移住政策と福利厚生としての婚活

ただ、問題になるのは公的に婚活を推進することがどれだけ政策的に有意なのかということだ。実際に夫婦を増やすことができるなら、確かに少子化には寄与することができるかもしれない。それはどの程度、機能しているのだろうか。

現在の日本における婚活推進政策のほとんどは地方自治体によるものである。そ

ら2014年までフジテレビで放映されてそのあとネットフリックスで続いてる「テラスハウス」と似てますよね。

Y 「テラスハウス」の流れを汲むイメージ、確かにありますよね。空間に加えて、空気感も。「バチェラー」も「テラハ」もコミュニケーション力が高くていかにも恋愛強者なんだろうなという出演者が多い印象なんですよね。リア充番組というかなんというか。

ちなみに、「テラスハウス」は、海の見えるステキなおうちで複数の男女がシェアハウスして、その共同生活のなかで恋が生まれたり、友情が育まれたり、険悪なムードが漂ったりするリアリティ番組です。「台本がない」ということになっていたりもします。副音声も人気でした。

「あいのり」の思い出

Y ちなみに「テラハ」を見たとき、アラサーの私は「あいのり」を思い出しました。

して熱心に取り組む自治体の多くは、国家レベルの少子化対策ではなく、当該自治体の人口減少対策のために事業を実施している。漁師男性のパートナー選びを目的とした三重県鳥羽市、グリーンツーリズムを利用する長野県飯山市など、域内男性と域外女性とのマッチングをはかるものが典型的だ。つまり、出会いを求めて域外に人口が流出することを抑制し、むしろ域外から人口を流入させようというのだ。

こうした市町村レベルの婚活事業とは別に、都道府県レベルで行われる婚活事業も多い。これらは当該都道府県における在住・在勤者を対象とする域内のマッチングがほとんどで、地域の未婚率を改善させることで少子化に歯止めをかけることを目的としている。

成功事例として注目を集めているのは愛媛県の「えひめ結婚支援センター」だ。2008年に県が愛媛県法人会連合会に委託して開設され、結婚支援イベント（出会いの場の提供）である「ｄｅ愛イベント」、1対1のお見合い事業である「愛結び」をそれぞれ実施している。そして県外在住者を対象とした「愛ｃｏｎ」、さらにこれらの婚活事業参加の準備のため九州大学で「婚学」の授業を開講している佐藤剛史を招いて「婚活大学」などを提供してもいる。この「愛媛方式」の特徴はビッグデータ（と言うほどビッグでもないが）を活用して、どのパーティが新しい人と出会える可能性が高いかなどを教えたりしているところだ。18年末までの実績

「あいのり」は1999年から2009年に同じフジテレビで放送されていた人気の恋愛バラエティ番組です。特徴はラブワゴン。ピンクのワゴンに男女7人が相乗りして、いろんな国を旅しながら恋をするんです。

各メンバーの旅は意中の人への告白か、誰かからの告白の受諾によって終わります。告白を決意した人は日本行きのチケットを2枚もらえるので、それを渡して告白して、見事カップルが誕生したら2人で帰国、失敗したらチケットを返されて独りで帰国というルールです。

当時、中学校の教室は「あいのり」の話題でもちきりでした。まあ、私は遅い時間のテレビ見せてもらえなかったから、みんなの話題についていけなくて、放送翌日、毎週火曜が憂鬱だったんですけどね。

婚活と地方の問題

S　なるほどね～。

「あいのり」や「バチェラー」に

を見ると、「ｄｅ愛イベント」では延べ6万9千人以上の参加者、カップル成立は９８７８組、報告された成婚は４７６組、「愛結び」は累計会員数７５００人以上、カップル成立は３６３２組、報告された成婚は５３２組。他の婚活事業と比較すると立派な業績だと言えるだろう。

ただ、それが人口減少対策として有効に機能しているかどうかは検証が必要だ。成婚したカップルは別に公的な婚活支援なしでも結婚していたかもしれないのだし、その成婚数だって全体の数から見て些細なものにすぎない。たとえば愛媛県のような成功事例ですら、えひめ結婚支援センターに報告される成婚数は県全体の１～2％程度、しかも20～30代前半の希望者確保が課題になっている。それが、17年度には５８００万円近くに及んだ予算に見合う成果だったのかどうかは検討の余地があるだろう。

さらに、そこで成婚したカップルが結婚後も域内にとどまって、子どもを産み育ててくれるかどうかにも注意しなければならない。愛媛の場合にも成婚カップルの多くは30代、40代であり、少子化対策という点では評価に留保がつく。しかも、成婚カップルのどれだけが域内に定着しているかも不透明だ。「Ｕターン愛ｃｏｎ」という企画でカップリングして結婚した成婚カップルのうちの1組は、サービスの公式ブログによると、愛媛には在住せず、定年後に愛媛に戻りたいと宣言するにと

婚活の一環で参加してる人もいるかもしれないけど、「ナイナイのお見合い大作戦」は地方の過疎・少子化対策という側面が入っているから、より現代的なリアリティがある。本文で紹介した通り、そういう婚活が実際に地方自治体主導で行われてますから。

Ｙ　でも、本文で議論されたように、地域の婚活支援に費用対効果がないとしたら、なにをすればいいんでしょうね。

Ｓ　そこで白河桃子さんたちは、出会う場をつくるためにも働き方改革を進めて労働時間の短縮をするべきだっていう議論をするし、人によってはマッチングサービスを大々的に使うべきって主張したりもする。

他方、そもそも結婚や出産なんて個人の事情なんだから、国家は干渉するなっていう立場もありますよね。

どういう方法を採るにせよ、ノウハウのない地方自治体に丸投げしてしまったら、それこそ結婚情報サー

どまっている。(注35)

成功例である愛媛県ですら評価に留保がつくとすれば、このような域内住民を対象とする婚活支援政策の人口減少対策としての効果は一般に低調であると言わざるを得ない。(注36) 事実、11年の内閣府「結婚・家族形成に関する調査」によると、回答した1698市区町村のうち、127の団体が「効果に限界があるのではないかと考えている」という理由で事業をとりやめている。たとえば、和歌山県の印南町《いなみちょう》は11年、入会金の全額を町が補助するなど、いちはやく結婚相談所・ツヴァイと提携して婚活を推進したが、11年度の申請者は4人、それ以降は17年度に1人のみという低調な状況が続いている。(注37) 印南町ではむしろ商工会青年部が中心となって無人島婚活のような企画が精力的に行われており、公的支援のあり方が問われている。

婚活支援に特化する限り、頑張って成婚させても同数のカップルが域外に流出すればその成果は相殺されてしまう。現在のところ、婚活支援よりも重要なのは域内への定着である。18年度から新たに始まった国の「地域少子化対策重点推進交付金（結婚新生活支援事業）」でも、結婚に伴う経済的負担を軽減するため、若年でかつ低所得のカップルに対して新居の家賃や引っ越し費用等を支援する地方自治体事業の半額を補助している。補助の対象になっている自治体は人口流出や少子化に悩む自治体がほとんどであり、域内定着を重視した政策であるということができよう。

ビスにさらに丸投げすることにもなりかねない。行政がなにができるのか、もうちょっと考えなきゃいけませんよね。

結婚しない理由もいろいろ

S　ただ行政も方針が決まらないと対策は難しいので、まずはわたしたちがどんな結婚の姿を現実につくっていくかが問われているのかもしれません。

実際、結婚のかたちはずいぶんと変わってきました。たとえば事実婚も90年代にはまだ珍しくて、国会進出前の福島瑞穂さんとかが1992年の『結婚と家族』で訴えてたりしてたんですよね。夫婦同姓や、専業主婦（夫）優遇としての第三号被保険者問題を取り上げて、法律婚はおかしいって。そんなことなら結婚しないって。

Y　社民党の福島瑞穂さんってそんな本をお書きになっていたんですね。おもしろそう。

S　え、知らないんですか!?　元々

愛媛県もまた、その点に無関心ではない。15年度から移住促進政策を強化し、17年度には実に1085人が愛媛県に移住して、(注38)メディアでも注目されている。高齢者の移住も少なくないので一概には言えないが、地域衰退への対抗策としては現時点ではこちらの方が効果が高そうである。たとえ婚活という道を通るにせよ、成婚したカップルが最終的に域内に定着するためには結局、地域産業と住居・育児・教育の整備が不可欠であり、まずは各自治体にその方向での努力が求められていると言えるだろう。

とはいえ、婚活支援事業がまったく無意味なわけではない。婚活支援事業が、地場産業の就労者や地元に残ることを望む若者がパートナーを得て自己実現を追求することを支援するという側面を持ち合わせていることを考えたとき、そしてまた、愛媛県の婚活事業が確かに幸せなカップルを多く生み出していることを考えたとき、これらの事業は果たして少子化対策の指標によってのみ測られるものであろうか。むしろ現実の婚活支援事業は、域内住民に対する福利厚生として機能している側面も大きいように思われる。各地で自治体主催で開催される熟年婚活イベントに代表されるように、婚活支援事業は少子化対策にはならなくとも確かな価値を持っているのである。婚活支援事業をいかなる性格のものとして捉えるのか、それが血税を原資とする事業の対象になるかどうかに、この問題が政治化する余地が残されてい

は人権派弁護士として有名だったんですよ。

Y　初耳です。それにしても、制度への疑問を投げかけて結婚しないってすごいですね。

S　第1章本文にも書いたように、当時は「非婚」が一つのブームだったんですよね。

落合恵子さんの1986年の小説『結婚前線』では主人公カップルが事実婚するんですけど、女性側がそれを主導していく様子が極めて肯定的に描かれています。ヒロインの高谷さんは主人公に「法律は、個人の生活に踏み込みすぎてはいけないんじゃない?」、「どうしたって、夫婦は私的な関係にしておきたいな、わたし」と語りかける。

落合さんは主人公の心情を借りて「彼女の考え方に、おおかたの人はついていけないように思う」、ただ「どこかで少し落ち着かないけれど、最近の俺は高谷さんの考えかたがわかり易くなってきた」と述べています。

ると言えよう。

◆第二次・第三次安倍政権の「輝く女性」政策——移民か女性か

2012年12月に発足した第二次安倍政権は当初の公約で指導的地位に女性が占める割合を3割にという目標を掲げたが、これは03年に男女共同参画推進本部が決定していたものである。その後、労働力不足と内需拡大の観点から女性活用が謳われるようになったものの、そこで掲げられた20年までに25～44歳の女性就業率73%、第一子出産前後の女性の継続就業率55%、男性の育児休業取得率13%といった数値目標も実は12年に民主党・野田政権の掲げた成長戦略としての女性活躍を引き継いだものにすぎなかった。[注39] その意味では第二次安倍政権の女性政策は特段目新しいものであったとは言えない。

それでも、自民党政権のなかでも保守的と目されていた安倍政権にあって、女性の社会進出を応援するような姿勢が採られたことは、それ自体驚きをもって受け止められた。それだけ女性「活用」が強調されたのは、なんといってもアベノミクスという目的のためであった。

Y　近年は、「結婚はコスパが悪い」って話もありますけど、結婚しない理由って時代ごとにいろいろなんですねぇ。

S　いまだって婚姻制度に反対で法律婚を避ける人もそれなりにいるとは思いますけどね。

いまはまだ別姓にできない

S　理由がなんにせよ、これだけ事実婚が広まっても、それに法的保護を与えるって議論は、なかなか進展しませんね。選択的夫婦別姓ですらいつまで経っても実現しない。

通称使用を求めて闘った関口礼子さんもそうだけど、自分の生活だけ考えれば制度や社会規範に抵抗するのはどう考えてもコスパが悪い。でも、そういうことをしないと制度って変わらない。大変です。

Y　その意味では、私、実はそここそ行動派なんですよ。結婚4年目に、法律婚を継続しつつ旧姓に戻ったんです。いまの制度だと別姓にはできないので、仕方なく、夫と一緒女性の活躍は、しばしば、社会政策の文脈で語られがちです。しかし、私は、違います。「成長戦略」の中核をなすものであると考えています。

（安倍総理「成長戦略スピーチ」2013年4月19日[注40]）

第二次安倍政権の女性「活躍」への訴えは14年秋に急激に加速する。アベノミクスと集団的自衛権問題が一段落したと見るや、政権は14年9月の内閣改造で閣僚・党三役に5人もの女性を登用するなど「すべての女性が輝く社会をつくる」と女性活躍を全面に打ち出したのである。「保守」だと言われてきた安倍政権（このとき登用された女性たちにも、その思想的傾向が封建的だという批判が向けられた）で女性活用というのはいかにも不釣り合いだと言われたのは記憶に新しい。

この加速の背景に移民問題への関心の高まりがあったことは見逃されてはならない。少子化対策の成果が見えないなか、低成長の成熟社会ではなくあくまで経済成長を目指すという方針をとる以上、経済規模をささえる労働人口は不可欠である。それまでは、たとえば社会学者・大澤真幸が08年の著書『逆接の民主主義』のなかで移民を主張していたけれど、当時はまるで夢物語のように感じたものだ。それが14年半ばに、突然メディアで移民の可能性が急速にクローズアップされることになったのである。そのきっかけは、同年1月、「選択する未来」委員会で岩田一政・

に戸籍上の姓を私の旧姓に変えて、夫の姓→妻の旧姓というパターンで。

結婚①（4年間くらい）→離婚（結婚②と同日）→結婚②という手続きをしたので、無駄にバツイチになっちゃったけど、制度と規範に対するささやかな抵抗とは言えるかもしれない。ただ、そんなことしても結局、夫婦のうちどちらかが自分の姓を失うことに変わりはないんですけどね。付き合ってくれてる夫には本当、感謝してます。

お役所、金融機関、会社といろんなところで地獄のように面倒な手続きを再度したわけですけど、私が大変ということは申請を受けた先も大変でしょうね。

法律婚っていらなくない？

Y　結婚したくらいでわざわざ姓を変えるって、無駄な手続きが増えるばかりで、効率悪いと思う。

姓を変えたい人は変えればいいけど、みんなそんなに暇じゃないんだ元日銀副総裁が行った年間20万人の移民受け入れの提言だと考えられる。政府内の委員会で大規模な移民政策の導入が提案されたことで、メディアも反応して移民政策への関心が急速に高まったのだ。政府の火消しは迅速だった。3月の経済財政諮問会議・産業競争力会議の合同会議ではすでにバックラッシュが到来、移民に代わって高齢者や女性などの国内労働力を利用する方針が決まり、首相も移民政策はとらないと断言した。

この一連の流れが意味するのは、移民が話題になったことで労働力維持の重要性からは目を逸らすことができなくなったにもかかわらず、大規模な移民導入というオプションはなくなった。論理的に、政府に残された策は女性活用（と高齢者活用）しかなくなったということだ。自民党内では小池百合子（当時自民党）がすでに、女性政策を社会政策としてではなく経済政策として位置付けていた（辻由希「第二次安倍内閣における女性活躍推進政策」）。そこに乗るかたちで、女性の経済的役割にさらなる期待が寄せられることになったのだ。

女性活用を積極的に言うのは「保守」として不思議かもしれないが、「保守」ならば移民受け入れと女性活用を天秤にかけ後者を優先するのは当然であろう。実際、移民政策の議論は急速に後退した。翌年9月30日の国連演説後の記者会見で、「シリア難民を日本に受け入れることを考えていないか？」と人道的観点から質問され

し、せめて「変えない」という選択肢を用意しておくくらいはして欲しいですね〜。

S　これだけ困ってる人が増えてるのに、まだまだ正しい理解が広まってないってのは困りますよね。「選択的」夫婦別姓って、現行の通り姓を変えてもいいし、変えずに別姓を選んでもいいってことなわけですけど、まだ理解してない人が多い。

制度はしょせん制度だから、ぼくらがカップルのあり方を決めるんだけど、制度のせいでいろんな不利益を被ることはあるんですよね。そういう理由から法律婚ではなくて事実婚を選ぶカップルもいる。

Y　もういっそ法律婚っていう制度自体なくしちゃえばいいのに。

S　まさにそれが本文でも扱う法律婚イデオロギーの危機です（笑）。

結婚における法律婚の第一義的な機能は、戸籍制度を通じて、誰が誰と家族か確定できるってことじゃないですか。それで重婚や近親婚を避けることができる。

たのに対して、安倍首相は「人口問題としては、移民を受け入れるまえに、女性や高齢者の活躍であり、出生率を上げていくにはまだまだ打つ手がある」と答えた。噛み合っていないやり取りだったが、安倍首相が移民をあくまで人口問題において捉えていること、そして移民抜きに人口問題を解決するにあたって女性や高齢者の労働力が期待されていたことをよく示したやり取りだったと言ってよい。

そして、こういった流れに社会改善+恋愛婚活論は整合的だったのである。山田昌弘は『週刊東洋経済』12年5月19日号に「内需拡大には夫婦共働きが有効」という文章を書いている。夫婦共働きの結婚を普及させれば、内需が拡大し、少子化が解決し、個人個人も満足だということなら、こんなに麗しい未来はない。これに呼応するように産業競争力会議のメンバーであった新浪剛史は政府に2030年までに合計特殊出生率2・1という目標を打ち出して欲しいと求め、女性に働いてもらうことでダブルインカムを増やして少子化を解決することを提言した。(注41) その後、安倍政権は15年9月に「新3本の矢」を発表する際には「希望出生率1・8」を具体的な目標として提示した。人口置換水準を越える2・1の達成が難しいことは認めながら、新浪が産業競争力会議で求めていた具体的な数値目標設定には応じたかたちである。

希望出生率を実現するための方策として登場したのが「働き方改革」であった。

昔、2005年の田丸公美子さんの『シモネッタのデカメロン』を読んだとき、三つくらいの家庭（妻と子どもと）を別々に運営するイタリア人男性の話が出てきたけど、法律婚をしない限り、パートナーが別の相手と法律婚をする（している）可能性を排除することはできないわけですよね。

ところが、パートナーに一度婚姻届を提出させれば、相手にとっての法的なパートナーが1人かどうかは確認することができる。

Y　なるほど、婚姻届を出してしまえば、法的に独占できると。

S　相手が法律婚を経ずに、他の家庭を事実婚で営んでいる可能性は排除できないですけどね。

まあ、それでも自分が法的に唯一のパートナーであることは確認できるわけで。自分が唯一だって信じる根拠があるかどうかが大事って考える人もいるでしょう。

ここで、山田が先の文章で、日本でも「正社員同士の共働き家庭を増やすことが、景気回復のためにも有効」だと書き、「そのためにはそれを阻む要因、たとえば長時間労働を是正する必要がある」と書いていたことを想起したい。第二次以降の安倍政権の追求する希望出生率＋アベノミクス＋働き方改革という組み合わせは、実に社会改善＋恋愛婚活論とピッタリ重なる構想なのである。実際、16年9月に設置された「働き方改革実現会議」には白河桃子が加わっている。社会改善＋恋愛婚活論と第二次・第三次安倍政権は手と手を携えて社会改善に臨んできたのである。

◆スーパーウーマンの苦悩

けれど、こうして移民を女性で代替することは、幸せな国家の未来につながるのだろうか？　かつて上野千鶴子は女性の社会進出によってすべてがうまくいくというテーゼに、女は世界を救えないと挑発的に反発したことがあった（『女は世界を救えるか』1986年）。それはいま再び響くのではないか。

働きながら産みたい女性が、望む通りのライフコースを辿ることができる環境は望ましいに決まっている。けれど、そうしなければお国が滅びるとばかり、若い女性たちにすべてを託すことは、（仮に彼女たちが望んでいる外形をとってはいても）

指輪と浮気

S　婚約指輪や結婚指輪もね、序章の副音声でカップルの外に対して婚姻関係を示す効果があるって話をしたけど、パートナーの間にもそういう効果を持つ場合があると思うんですよ。

角田光代さんの『おまえじゃなきゃだめなんだ』って2015年の小説にも、そんな話があります。

Y　どんな話ですか？

S　婚約指輪も式もいらないっていう相手に従って、指輪も式もなしにしようと思っている孫に、おばあちゃんが「婚約指輪はなにがあっても贈りなさい」って言うんです。なんでかって言うと、彼女の夫にはかつて浮気相手がいたと。でも、それを知って落ち込み、消えてしまいたいと思うたび、婚約指輪は特別な意味を持ったと。

「そんな考えが浮かぶたびに私、いただいた婚約指輪を出して眺めたの。こんなすばらしいものをくれる彼女たちの隷属を意味してはいないか。なるほど長期的には働き方改革が実現するのかもしれない。しかし、女性の目の前の現実を見れば、すでに離職している女性にとって復職は茨の道かもしれない。十分に家事能力を備えない男性と共働きをしなければならないことは結果的に「産み、働くマシン」として2倍の役割を担うことになるのかもしれない。長期的に物事が解決するからと、いまスーパーウーマンになることを求めるのは過酷ではあるまいか。それ以前にそんな隷属のうえに立つ国は果たして幸せな社会を築くことができるのだろうか。

こうした問題に気付いてか気付かないでか、2018年6月、政府は突如、「経済財政運営と改革の基本方針」、いわゆる「骨太の方針」において25年頃までに総計50万人という大規模な外国人労働者の受け入れを打ち出し、12月8日にはこれを受けた出入国管理法改正案が成立した。これまで高度外国人材に限って外国人を受け入れていたものを、慢性的な人手不足に陥っている建設や介護などの分野で単純労働についても受け入れることにしたものだ。拙速や不備が批判されるなか政権は「深刻な人手不足が喫緊の課題」だとして押し切った。(注42)

しかし、首相が「移民政策をとる考えはない」と強弁する限り、(注43)こうした人材を日本に定着させるなど長期的な視座は用意されそうにない。女性も外国人も、そして（前期）高齢者も、社会の調整弁としてさまざまに位置づけ直され、目指す社会

くらい、私は愛されたんだって自分に言い聞かせて。私とうとう相手の人を調べ上げて、一生に一度の勇気を振り絞って会いにいったのよ。左手には結婚指輪、右手にはその婚約指輪をお守りみたいにはめて。相手の女もおんなじくらい立派な指輪をしてきたらどうしようかと思いながら。」

Y　指輪ひとつで浮気を許してもらえるほど世の中甘くないと思うんですけど……。

でも、指輪は大事ですよ。私の指輪見て！　いつも婚約指輪と結婚指輪を重ね付けしてるんです。高価なものこそ使わないと勿体無いし、減価償却のスピードを上げて早く次の指輪も買ってもらいたいですしね。

夫がこっそり銀座の路面店密集地に何度も通って買ってくれてたんですよ。最終的には先に2人で選んでいた結婚指輪と同じブランドで。いい話でしょ。

S　ハイハイ……人はモノにいろん

のビジョンは見えてこない。そんななか、２０６０年には2・5人に1人が65歳以上、4人に1人が75歳以上になるという（「日本の将来推計人口」）、まるでＳＦのような世界は、ひたひたと近づいてきている。

3　国家の結婚——法律婚というイデオロギー

◆なにが結婚か

わたしは個人的には、個人と国家とがどちらも当然に幸せになれるという楽観に与することはできない。他方で、結婚や家族のように極めて私的な問題は決して国家から干渉を受けないという楽観にも与することはできないのである。１９５８年、国会に提出されていた警察官職務執行法改正案をめぐって「デートもできない警職法」と大衆運動が盛り上がったことがあったが、確かに恋愛や結婚や家族や子どもはお上には介入されたくないプライベートであろう。だが、少子高齢化という「国難」を目の前に国家は家族に介入せざるをえなくなっているし(注44)、若い人たちの間には、そのプライベートにおいても国家に対する一面の義務があると見る向きが少な

な意味を付与するんですね。婚姻届も同じで、多くの人は婚姻届を出せれば「自分が一番」っていう証明になるって信じ込もうとする。話がすごく逸れたけど、法律婚にはなお意味はあるんですけど、その意義は減ってきてるって感じかな。

高齢者の結婚観

S　もっとも、法律婚にあんまり縛られなくなっても、今度は結婚のイメージに縛られるってことがあるんですよね。特に年配の層でそうだと思うんです。

ぼくビックリしたことあるんですけど、ある友人の結婚式で、高齢ながらいまも現役の超有力政治家が「人間の視野は１２０度しかない。2人でも２４０度、子どもができたらようやく３６０度見えるようになる」ってスピーチしてたことがあって。つまり結婚しても子どもができなければ不十分ということなんですけど、友人たちと顔を見合わせちゃいました。

くない。

　結婚して子どもをつくってこそ、一人前の男になれる気がします。それに、われわれ医者は国民皆保険を基盤にして成り立っています。少子化が進むと制度が維持できなくなりますから、子どもをつくることに義務感も感じていますよ（歯科医師、37歳）。

（大久保幸夫・畑谷圭子・大宮冬洋『30代未婚男』２００６年）


　この論法に立てば、公務員は言うまでもなく、義務教育や助成などに支えられて教育を受け、年金などの社会保障制度に依存して、日本円という貨幣制度に頼り、警察消防などの国家機能なくして安心して生きることができない日本在住者は、みな義務として子どもを持たなければならないことになってしまうだろう。まるで極論だが、そういう考え方が出てきてもおかしくないほどに少子高齢化が「国難」であるという見方は浸透しており、それが個人個人の人生のビジョンにも影響していることは重要だ。

　社会学者・永田夏来は結婚しない者も許容する社会にしたいと訴えて、次のように書いている。


　自民党のなかでは、２０１８年５月、72歳（当時）の加藤寛治議員が「結婚式では「ぜひとも3人以上、子どもを産み育てて欲しい」という話をする」と公言して問題になったりもしました。

　世代や党派によって結婚観って違うんだなぁって思わされちゃいますよね。
Y　わかる〜。世代間のギャップ問題ってありますよね。
　スピーチもそうだけど、実は親族がさらに危険だったりするって聞きますよ。特に舅姑。

　顔合わせるたびに「孫、孫」言って鬱陶しいから義実家の人に会うこと自体やめたって人の話を聞いたことあります。


価値観の押し付けはやめて！

Y　私のおじいちゃんもすっごい結婚圧力かけてくる昔ながらのタイプで、「舞衣ちゃんが結婚するまでは死ねん」って20年くらい言い続けてたんですよね。で、私の夫に会った結婚する／しない、子どもを持つ／持たないは個人の選択によるもので、少子高齢化によって社会制度の維持が困難になるのであれば、子どもを持つことで調整するのではなく、社会制度の方を見直すのが本来です。しかし戦後の日本は本来社会が負担するべき福祉のコストを家族に肩代わりさせてきた歴史があり、未婚の価値を認めるならば、家族以外のどこかがそのコストを負担することになります。そのような余地が組み込まれる見通しがない。

（永田夏来『生涯未婚時代』２０１７年）

一見わかりやすい文章だが、よく読むと疑問も残る。第一文は個人が社会の前提にあって、個人個人の選択にあわせて社会制度を組むべきだと言っている。ところが第二文は個人の福祉は社会が負担すべきだと言っている。選択については個人の権利を主張しながら、子どもを持つといった選択の結果については社会の義務を主張するというのは無茶な主張ではあるまいか。そのような社会が個人にとって望ましいのはまったく同意できるが、その社会や国家が個人の集合体でしかない以上、社会を無視した個人もないし、個人を無視した社会もないのである。

むしろ現実的な理解は（このあたり深入りすると政治哲学の領域に踏み込むので

らついに満足したのか、もともとよくなかった体調が直後から急激に悪化してしまい、そのまま帰らぬ人となりました。

おじいちゃんに元気が残っているときに結婚報告してあげた私って偉い。彼のもう一つの願い「アナウンサーになって欲しい」にはかすりもしませんでしたけどね。

S　そうね、ただ古いイメージを持ってるのは仕方ないとして、それを押し付けられるとね。

Y　とにかく、旧世代の人たちの価値観に付き合うと疲れます。結婚式でスピーチしただけの政治家の話なんてまともに取り合う必要全然ないから！

まあ、まともに取り合わなくても不愉快であることに変わりはないんですけど。

現代は生殖より子育て

S　姑のなかには、それこそさ、「義母と娘のブルース」みたいに、育てる過程でいろいろ得てきた人も単純化すれば）、個人個人は社会を前提として成立し、選択をしているのであり、それがゆえに個々の福祉について個人も社会も全体として責任を持つべきということだろう。結婚について考えてみても、もしあなたが結婚を役所に届け出るものだと捉えているとすれば、その結婚は単なる個人の選択ではない。法律婚自体が国家や地方自治体による戸籍の管理なしには存在しない。そして法律婚を通して、あなたは国家に対して戸籍や税や社会保障など個人と国家との関係の変更を求めているのである。結婚や家族は国家と無関係ではありえない。

国家と私生活が結びつくというと異常事態のように聞こえる。しかし、そもそもわたしたちが結婚や家族を国家と切り離すことができたことの方が特異だったと考えることもできる。戦後日本においては長く、国民が自由に私生活を謳歌することと、国家が存分に経済成長することが平和的に併存していた。もしくは、知らず知らずのうちに、共通の目的を追いかけていたのである。ところが、いまはそれが自明の前提ではない。わたしたちが国家とは別に個人の志向を追い求めることができるようになったからこそ、わたしたちの求める関係と国家の想定する結婚や家族との間に齟齬が生じてきたのだ。

いると思うんで、そういう姑の言葉ならまだ説得力あるんだけど。「お前、子育てなんてほとんど協力してないだろ」みたいな高齢男性から「子どもを持て」って言われても全然説得されないよなぁ。理由もなく、子どもができなきゃ一人前じゃないって信じ込んでるだけでしょって感じで。

Y　義母のドラマ、「ぎぼむす」って略すんですよね。わたし見てなかったんですよ～。その後、原作マンガを読んで泣きました。

S　ぼくは見てたんだけど、よかったですよ。

積極的に自分の子じゃない子を育ててあげてく話がこれだけ共感を得たのって、まさに単なる生殖より子育てが重要になってきてる現代を象徴してる感じがある。

Y　世の中変わってきてますね。

ワンオペはよくない！

Y　変わったと言えば、子育てのスタイル。

母親中心の育児から、父親と母親それぞれが主体的に参画する子育てへと、徐々に変わってきている気がします。

S　本当にこの2～3年、グッと変わってきた印象がある。

数年前まではジャーナリスト・佐藤留美さんの『凄母』っていうインタビュー集とかがそうだったと思うんですけど、凄いワーキングマザーが賞賛されてましたもん。子育ても仕事もバリバリできる女性がカッコイイみたいな。

Y　弊社オンラインの連載から生まれた本ですね。載ってる人は本当に「凄い」方ばっかりで、私のような凡人とは生きる次元が違う気がしました。

S　社会学者の船橋惠子さんは、女性に育児も仕事も押し付ける家庭を「女性の二重役割」タイプと呼んでいるんですけど、みんなそんなスーパーウーマンになることはできない（上野千鶴子「おんな並みでどこが悪い」参照）。

◆法律婚というイデオロギーとその危機

わたしたちはなぜ、国家が想定する結婚、すなわち法律婚にこだわるのだろうか。

たとえば、関口礼子という教育学者がいる。彼女は1988年、職場での通称使用を求めて果敢に法廷闘争を行った硬骨の人だけれど、彼女は自身の経験から、現在でも相当の覚悟がない限り通称使用をするくらいなら事実婚を薦めると書いている。彼女自身はそれだけの覚悟で通称使用を貫いたわけだ。にもかかわらず、彼女が「結婚という制度は守られた方がよいと考え」ているのは注目に値する。その理由は、いわば「おひとりさま」への恐怖だ。苦境に陥ったとき、死んだとき、対応するのが行政であるのは耐えられない。個人は「自分自身の意思で生活を見届ける必要」があって、どうしてもそれができないとき、その意思を代行するのは「まず第一にその配偶者」であるべきだというのだ（「少子化と家族制度のはざまで（三）」2010年）。

関口は、姓には強いこだわりを持ちながら、一部のフェミニストのように事実婚を選択しはせず、敢えて法律婚という制度のなかに自身を置いた。だが、死に際に（もしくは苦境に立ち至ったときに）支えるのが夫婦の役割だとするなら、まったく同時に死なない限り、夫婦によって支えられるのはどちらか片方だけだ。残された片方は「おひとりさま」と同じく、独りで生き抜き、逝かなければならない。また、その相手はなぜ法律婚における配偶者でなければいけないのだろうか。このことは、権威に抵抗した闘士でさえ、法律婚という制度を敬虔に信仰していたことを示すものであるように思われる。それほどまでに法律婚イデオロギー、すなわち結婚は法的に保障されているべきという立場は強力なのだ。

こうして、法律婚のイデオロギーは、「保守」と呼ばれるような勢力のみならず、多くの国民の暗黙の支持を受けてきた。法律婚イデオロギーを維持することで、一夫多妻、一妻多夫、多夫多妻といった「結婚」、近親カップルによる「結婚」を防ぐことができるのはもちろん、行政の運用上不安定な事実婚カップルを視野の外に追いやることもできる。それは既存の風紀の維持ということになるのかもしれない。

ところが、それが今後も盤石とは限らない。積極的に事実婚を選択しているカップルのなかには、結婚＝法律婚という立場に反対し、社会的に夫婦と認容されていれば国家に登録されている必要はないという立場をとる人々がいる。彼／彼女たちは法律婚イデオロギーへの反乱者だ。夫婦別姓を志向するがゆえに法律婚に入っていないカップルも、同性婚が法的に認められていないがために事実婚状態になる他ないカップルも、現時点では法律婚イデオロギーに「声なき声」を挙げている。

実は既婚女性に「法的なつながり」が家族であるために重要かどうかを聞くと、

それで、2017年の流行語大賞にもノミネートされた「ワンオペ育児」とか、1人だけで子育てをすることが否定的に見られるようにもなったし、まして同時に仕事もするなんて無理って思われるようになってきた。

Y　ワンオペって恐ろしい言葉ですよね。共働きなのに女性側に育児負担が偏って退職に追い込まれるケースも多いし。そして、意識が変わってきたいまでも男性が育児時短や育休を取りにくい環境ってなかなか変わらないんですよね。

出産はいまのところ女性にしかできないから産前産後に女性が仕事を休むことになるのは仕方ないですよ。でも、育児は男女関係ない。周りにも当人にも、出産を女性にまかせたんだから育児に入ったらその5～7割は男性が担うものだよね、というくらいの認識でいてもらいたいものです。

全世代では65％ほどが重要だと答えるのだが24歳以下では59％と6割を割り込む。さらに重要でないと答える人の割合は、75歳以上では11％あまりだが、60代前半では21％、40代前半以下では3割以上である（「第5回全国家庭動向調査」）。結婚生活における「法的なつながり」の価値は急速に減じている。「法的なつながり」を重視しないのなら、法律婚を選択せず事実婚してもいいはずだ。そうしたカップルがこれから増えればどうなるか。法律婚の地位が有名無実化して、法律婚イデオロギーは維持できなくなるだろう。

◆近代家族イデオロギー vs 法律婚イデオロギー

さらに危機に瀕しているのが近代家族イデオロギーである。近代家族イデオロギーとは、女は内、男は外という家族内性別分業を前提に、男が大黒柱となって女が子どもを育てていくという家族イメージを尊重する立場だ。女性の社会進出はもちろん、選択的夫婦別姓、同性婚など、今後の法律婚をめぐる課題はいずれも近代家族イデオロギーを融解させる。この近代家族イデオロギーの完全崩壊は時間の問題だが、そこでどのような着陸をさせるかが問題になる。

たとえば選択的夫婦別姓や同性婚。これを法的な結婚として認めることは、近代

結婚も家族も昔とは違う

S　法律は変わらなくても、結婚のかたちは社会通念によっても変わっているんですよね。

完全に法的なものとは言えないにせよ、2015年の渋谷区のパートナーシップ証明書をめぐる動向は、なるべく同性カップルに社会的な地位を与えようとした動きでしたしね。

Y　渋谷区が同性カップルに対して、結婚に相当する「パートナーシップ」を認める証明書を交付するという話ですね。突然話題になりましたよね。

S　当時、ぼくも条例案が可決されたっていう報道ではじめて知りました。

自民党の敗北

S　火付け役になったのはNPO出身の長谷部健区議（当時）ですけど、ただ驚くべきは、有識者の検討委員会をつくって、条例案をまとめたのが自民党・公明党推薦の桑原敏

家族イデオロギーを毀損するが、それは同時に法律婚イデオロギーの延命手術でもある。現在は事実婚を選択し、法律婚イデオロギーと対立姿勢を採らざるをえない夫婦別姓志向のカップルや同性カップルは、法律婚の枠が広がれば法律婚イデオロギーに回収されるからだ。ここに近代家族イデオロギーと法律婚イデオロギーとの緊張関係があるのである。どこまでが法律婚で、どこからが法律婚でないのかという線引きをすることは、極めて政治的な行為だ。

同じことは政府の政策についても言える。たとえば配偶者控除の見直しと夫婦控除の導入である。首相の諮問機関である政府税制調査会が配偶者控除の見直しに乗り出し、「夫婦控除」の導入が検討されている。これは基本的には、配偶者がどれだけ稼いでも同じ額の税金が免除される「夫婦控除」を導入することで、これまで配偶者控除を受けるために「103万円の壁」を超えないようパートなどをしていた主婦に、さらに社会進出してもらおうという安倍政権の女性活用政策の一環だが、この「夫婦控除」という理念は結婚制度にも響くものがある。

ここで、配偶者控除の見直しのゆくえについて、わかりやすく、三つの選択肢を考えてみよう。

① 配偶者控除維持

武区長（当時）だったことです。

Y　え〜、意外ですね。

S　保守政党たる自民党はビックリしますよね。

実際、議会に提出されるという段で突然知って、自民党執行部はあきらかに困惑していました。焦って検討した結果、やっぱり賛同できないって結論になって、区議会本会議では会派として唯一この条例に反対、その後の区長選でも桑原区長が後継指名した長谷部区議に対立候補を擁立しました。

自民党はLGBTの結婚問題には否定的な立場をとるってことを明確にしたわけです。

Y　ふーん。自民党らしい対応ですね。

S　ところが、結果は長谷部氏の区長当選だったわけですよ。

自民党の反同性婚的志向が敗北して、同性カップルへの証明書発行は既定路線になったわけです。

もちろん、今回発行されることになったのはただの証明書なんで、な

② 配偶者控除廃止
③「夫婦控除」

①の配偶者控除が想定しているのは当然、専業主婦だ。つまり、性別分業を持つ近代家族イデオロギーの表出とも、その防波堤の一つとも言える。ミクロエコノミスト・是枝俊悟によれば、この配偶者控除のもとでも共働き世帯が専業主婦世帯より有利だというが（白河桃子・是枝『「逃げ恥」にみる結婚の経済学』２０１７年）、ここではあくまで発想に注目したい。これと比較すると②も③も、パート主婦を含む専業主婦（夫）の特権を剝奪して、共働きカップルと平等に扱おうとする点で共通している。専業主婦（夫）に社会に出て、もっと働いてと訴えているわけだ。では、②と③はどう違うのか。そこに結婚制度が関わってくる。②の廃止論が未婚者も既婚者も平等にと個人主義的（シングル単位）なのに対して、③の「夫婦控除」は夫婦セットでということ（カップル単位）だから、既婚者だけが控除を受けられるということになる。

「夫婦控除」は要は法律婚への手当とも言うべき制度であって、この制度の導入は国家が優遇しようとする対象が近代家族から法律婚へと移行していることを意味している。選択的夫婦別姓も第三号被保険者制度見直しも検討されていると報じら

んの法的効力も持たないですし、政権与党・自民党と対立しちゃいましたから、実質的保証をどれだけ組み込めるか、道は長いんですけど。

Y　その後、都内では世田谷区や中野区や府中市、三重県伊賀市、兵庫県宝塚市、那覇市、札幌市、福岡市など、次々に続いてますね。これからこれから！

S　そうですね。ただ、渋谷区以外は今のところ条例化までは行ってない要綱なんですよ。だから広がりはもちろん、議会での広範な理解が必要な条例化まで行けるかという深さも大事。特に茨城県の大井川和彦知事は都道府県では初めての条例化を目指してるんですが、県議会自民党の反対を受けています。このあたり注目して見ていきたいですね。

同性婚の可能性

S　選択的夫婦別姓すら認められてない現時点では厳しいですけど、将来的には、憲法改正抜きでも同性婚が認められる可能性がないわけじゃ

れている。これらもまた、近代家族イデオロギーから法律婚イデオロギーへという重心移動の過程だと見ることもできよう。別の見方をすれば、もはや延命不可能な近代家族は切り捨てることで、法律婚の方だけでも延命させようとしているという構図を見て取ることもできるのだ。今後、法律婚イデオロギーが維持されるかどうか、新たな焦点になる。

◆人口問題と家族

国際的に競争力を持とうとする国家において一定程度の人口は不可欠である。人口の増減が問題にならない社会では、結婚しようが、子どもを産もうが、それは個人の自由だ。けれど、1960年代までの日本のように人口の急激な増加が問題になる社会や、現代の日本のように人口減少が問題になる社会ではどうか。国家は国家運営に適当な人口維持のため、結婚や子育ての問題に無関心ではいられない。その是非を含めて、結婚や出産や育児は「私」事ではなく「公」事になるのだ。

現実的に考えれば、国家の永続を前提に人生を生きている人が多くいる以上、政府が国家の安定性のための政策を選択するのは半ば当然だ。つまり、国家ができれば皆婚社会を復権させ、子どもを産ませるため私生活に積極的に介入したいと考え

ない。

日本では、婚姻は「両性の合意」によると憲法に書いてあるのがネックってことになってるんですね。ただ、同様の憲法規定を持っている台湾の司法院大法官会議（憲法裁判所）は2017年に同性婚を認める判決を出しました。日本でも現行憲法のまま同様の判決が出てもおかしくはないんです。

Y　海外からは追い風が吹いてきている印象ですよね。

S　まぁ、別に海外が変わってるから日本も変わるべきっていうわけじゃないですけどね。

まずは社会が変わるかどうかじゃないでしょうか。

たとえばアイルランドでは2015年に国民投票で一気に同性婚が認められました。最高裁の判決を待つっていうより、自分たちが周りの同性カップルをどう見るか、そこからスタートですね。

Y　日本は社会の変化が遅いし、消極的な横並び意識というかなんとい

るのはなにも不思議なことではない。その点で、政府が婚活を応援することにも、それなりの理由はある。婚活もまた、個人レベルだけでなく、社会や国家のレベルも意識しながら論じられなくてはならない。

では、人口問題と結婚・家族とはこれからどうなっていくのか。しばしば、こういった議論では海外の事例が参照される。特に社会保障の側面では、北欧の福祉国家のビジョンが金科玉条のように扱われる傾向が強い。確かに北欧の国々では女性の社会進出が進み、出生率も上昇している。だが、近年ではしばしば指摘されるようになったが、女性の職場は介護・福祉分野の公的雇用に偏っている。[注45]これは、生産部門は相変わらず男性が担い、介護や福祉といったケアの部分は相変わらず女性が担う傾向が強いことを意味している。つまり、社会のなかで女性が担う役割が大きく変化しているわけではなく、仕事場が家庭内から家庭外へ、非稼得から稼得へと就労形態が変化したにすぎないかもしれない。選択的夫婦別姓容認を求めて提訴しているサイボウズ社長・青野慶久が「男女の区別を考えず、個々の柔軟な働き方を認める。そう飛び越えることで、スウェーデンを抜くチャンスが僕らにやってくると思います」と語っているのは、そういった北欧の限界を前提にしてのものである。[注46]

女性の社会進出が進み、男性に対する女性の地位が向上しても、それで北欧のよ

うか、他の先進国があらかた変わったのを見届けたら、それに合わせて後追いで変わるという印象です。

保守政党の自民党がこれだけ強いなかで、こういったテーマですし、いつになったら変わるのやら。

S　それはそうなんですけどね。

でもLGBTの、まぁいまはクィア（queer）とかクエスチョニング（questioning）とアセクシャル（asexual）を含めてLGBTQAとも言うわけですけど、そういうのって保守とか関係ないと思うんですよ。

同性婚容認への転向

S　たとえば、ロブ・ポートマン（Rob Portman）というアメリカの有力上院議員がいます。特にオバマが大統領になった2012年の大統領選挙のときに、共和党のミット・ロムニーを強力にサポートした人なんですけど、彼はその選挙が終わったあとになって、実は自分の息子が同性愛者だったことを明かして、同

うに少子化が改善するという保証もない。事実、それに反する事例だって海外には見つけてくることができる。台湾はこの20～30年の間に急速に女性の社会進出が進んだ。現総統・蔡英文はＬＳＥ（ロンドン・スクール・オブ・エコノミクス）で法学博士を取得し、台湾の大学で教授も務めた才媛である。さすがに、エンジニアリングなどの理系分野は男性ばかりと聞くが、逆に弁護士など文系分野では女性の活躍が華々しく、女性活躍は日本よりはるかに先行している。だが、出生率はどうかというと、日本のそれを下回る数少ない国・地域の一つなのだ。相当うまい枠組みをつくっておかないと、女性の社会進出ばかりが独り歩きする一例だ（もちろん、少子化より男女共同参画の方が優先されるべき社会的目標だという前提を置けば話はまったく変わってくるし、そういう立論も当然可能だろう）。

といった具合に、海外の事例を引いてきて「こうするべき」といったような議論は、論者の立場によって都合のよい事例を引用し、何とでも言えてしまうところがある。もちろん、自国の政策を構想するにあたって海外の事例を参照することは不可欠な作業だ。けれど、イメージに引きずられてしまうことは、自国の現状に目をつぶってしまうことにもなりかねない。海外の事例はあくまで想像力を喚起したり、具体的な政策設計の参考にしたりする程度にしか役立たない。まず必要なのは、自国の現状をよく認識し、目指す将来像も明確にしたうえで、とるべき政策を選択す

性婚容認の立場に転向しました。

選挙前にわかってたけど、同性婚反対の共和党の候補者であるロムニーに傷がつく恐れがあったんで、公表できなかったわけです。

同じことは副大統領だったディック・チェイニー（Dick Cheney）にもあって、彼は娘が同性愛者で、いまでは同性婚に賛成してるんですけど、やっぱり2000年の大統領選のときには候補者だったG・W・ブッシュに傷をつける可能性があったんで、公表できなかったと言うんです。

選挙のためとはいえ

S　いくら保守だ保守だって言ってはいても、自分の子は同性愛者になるかもしれない。そのとき傷つくのは旧慣を墨守する方かもしれない。

Y　それ、本人も家族もつらいでしょうね。同性婚反対って誰も幸せにならない気がします。

S　ちなみに、チェイニーの話には続きがあって、チェイニーの娘のう

ることだ。

改めて日本の状況を直視したとき、国家と市民とはどのように向き合えばよいのだろうか。一方には個人の決定を重視して国家の人口政策などくそくらえという立場がある。他方、国家の（人口面での）安定性を重視して、ある程度の私的領域への介入も致し方ないという立場もあるはずだ。前述の事情に鑑みれば、政府の政策が後者に傾斜することは容易に想像される。市民としては、結婚や家族という極めて私的な領域が公と私との新たな接点になっていることを認識し、政府の政策が本当に自分たちの人生にとってプラスになるのかどうか、常に注意を払うことが必要だろう。

それは、いわば私的領域を通じて国家を問い直すという作業である。国家と関わるというと、人はしばしば投票とか納税ということを考えやすい。しかし、少子高齢化が「国難」として認識される時代にあって、若年の結婚や出産が、その前提たる恋愛やデートが、また老年の死や病院通いが、その前提たる健康や生活習慣が、直接に国家と接続する。別にだからといって、日常生活においていつも国家を意識していては疲れてしまうし、その必要もないが、わたしたちの日常生活のうえに国家が乗っているという状況がより尖鋭化されていることは知っておいて損はない。

ち、同性愛者じゃない方のリズ・チェイニーがワイオミングの上院議員に立候補しようとするんです。共和党から。

で、そのとき彼女は明確に同性婚や同性愛者を否定するんです。妹は間違ってるといって。結局、共和党の候補にもなれないで終わるんですけど、キリスト教国では中絶や同性婚といったような問題については、自分自身が本当に思ってることを言えなくなる雰囲気があるのかもしれません。

Y　うわあ。選挙のためのウソでしょう？　と思いたいけど、それにしたってつらい話ですね。

S　保守勢力が、法律婚イデオロギーを近代家族イデオロギーより優先的に守りたいとするなら、法律婚の枠外でLGBTに自由にカップルを組まれるより、むしろそれを取り込んでしまった方が戦略的だと思うんですけどね。なかには近代家族的な家庭をつくってくれるホモセクシャル家庭もあるかもしれないわけで。

終 章

さいごに

人生100年時代、結婚生活はどんなものになるだろう。ネット婚活がますます流行するなか、これからの婚活はどんなものになっていくのだろう。これからを占ううえで必要なのは「近い未来」の姿だ。

◆結婚のかたちのゆくえ

2016年頭の「ゲス不倫」騒動以降、不倫のニュースが世間を賑わせてきた。もっとも不貞行為自体が特段増えているというわけでもあるまい。要は、不倫を非難するのが流行っているのである。テレビやネットニュースでは、良識ぶったコメンテーターが「これはダメ」だの「信じられない」だの発言し、一般人も「ありえない」とか「あのタレントはもう見ない」だの批判する。「信じられない」や「もう見ない」は勝手だ。しかし「これはダメ」や「ありえない」といったことは、なぜ言われるのだろうか。83年から放映されたドラマ「金妻（金曜日の妻たちへ）」の頃、団地妻の不倫が驚きをもって受け止められたのとは違って、いまは背景事情よりもまず、不倫が悪であるという認定が先に立つ。そこでは「不倫」とはなにかは問われないままである。

そもそも不倫とか不貞という言葉は、倫理的でないとか、貞操から外れるという意味である。だが、何が倫理的か、貞操かというのは、「どこからが浮気か」というのと同じように、人によって判断が分かれるところだ。ちなみに法律用語として「不貞行為」という言葉はあって、これは男女間の性交渉を指すのだが、みなが不貞＝性交渉と捉えているかというと、報道を見る限りそんなことはない。既婚者が

「当たり前」じゃなかった

Y　ついに終章ですね。1冊分しゃべってきて思うのは、これまで当たり前だと思ってきた家族のかたちとか結婚のかたちってそんなに当たり前のものでもなかったんだな～ってことです。

S　そうですね。国家が想定してる「結婚」は、同性婚を認めるかどうかってこともそうですけど、時代によって変わるし、それぞれのカップルが考えてる「結婚」はさらに多様なんですよね。

Y　結婚のかたちで言えば、ドラマ化もされて「逃げ恥」ブームをおこした、海野つなみさんの『逃げるは恥だが役に立つ』の契約結婚が話題になったり。「逃げ恥」では26歳の院卒派遣社員・森山みくりが派遣切りにあって家事代行として働き始め、その雇い主で恋愛経験ナシの独身正社員・津崎平匡と結婚の契約を結びます。契約によって既婚者の立場や生活の糧を得るというのが新鮮でした。

配偶者以外の人と手をつないだり、接吻していたりしたら、世の人はそれを「不倫」とか「浮気」と言うのだ。

本来、カップルによって「結婚のかたち」はそれぞれだから、「不倫」の基準もそれぞれである。一例に、百年も前の白樺派の作家・武者小路実篤夫妻の結婚観を見てみよう。1923年、彼らは実篤と妻がそれぞれ別の相手と交際していることを報道され、「恋の四角関係」と騒ぎ立てられた。実篤の交際相手は妊娠しており、妻は彼女自身の交際相手と旅行に出ていた。当時、日本には姦通罪があって、妻が他の男性と関係を持つことは犯罪である。しかし、姦通罪は親告罪――つまり被害者が訴えない限り公訴されない――であって、実篤が受け入れ、訴え出ない限り問題は生じない。実篤は法律では自分たちの関係は規定されないと次のように言い放ったという。(注47)

このことの善悪に関しては我々お互いに無論それが何の過ちでもないと確信してやったことだから、世間の批判なんか意とせぬ。道徳だの法律だのの標準は時代によって変わるものであるから、今の道徳だの法律だので頭を固められた人が何を云おうと、それは我々以下の者の言う事だから顧みる必要がない［……］房子と私の間は御覧の通り自然な愛に包まれた生活をしているから将

非婚出産に公認不倫

S　契約結婚って、日本では明治の森有礼が初めにしたって言われるんですけど、当時はすごく異様だったんですよね。それがいまではかなり受け入れられるようになってる。

2018年には、『ふつうの非婚出産』って本が出ましたけど、そこでも著者の櫨畑敦子さんは出産を目的とした契約結婚を考えてらっしゃいましたよね。

長いスパンで見ると、結婚のかたちは変わっているし、変わっていく。

Y　『ふつうの非婚出産』、タイトルのインパクトで即買いました。「シングルマザー、新しい「かぞく」を生きる」ってサブタイトルも前向きな印象でよかったです。

マンガだと、公認不倫が描かれた渡辺ペコさんの『1122』もおもしろいです！　家族のというか、夫婦のかたちですけど。

S　山本さんから借りて4巻まで読んでるけど、おもしろいですね。セックスレスの若い夫婦が主人公、

来別れ話など起こる筈はない。

（読みやすいよう現代仮名遣いとし、句読点を補った）

実際、妻もその関係を受け入れており、この婚姻はしばらく続いた。

こうした結婚のかたちは先進諸国には少なくなく、「オープン・マリッジ（open marriage）」と呼ばれている。ちなみに、恋愛関係の場合には「オープンな関係（open relationship）」という。本書では結婚を恋愛・共同生活・子どもという三要素に分解し、それぞれのカップルにおいて結婚のかたち——要素の組み合わせ方——はそれぞれだと論じた。当然、恋愛が存在しなくても、共同生活や子どものために結婚を維持するカップルはいてもおかしくなく、オープン・マリッジとはその一つのかたちに他ならぬ。姦通罪もない現在、「不貞行為」は確かに民法上の不法行為には当たるのだが、夫婦の了解のうえで行われていたときそれを咎める術はない。

だから「不倫」が報じられ、それをわたしたちが非難するのは「これは不倫だ」、「これは間違っているはずだ」という思いを（ないし民法の精神を）表明しているにすぎない。仮に夫婦に了解がなく一方に非があったとしても、その私生活になぜ土足で踏み込むことができるのか。結婚のかたちは「これは不倫だから、これ以上

妻公認で夫がダブル不倫してて、意趣返しに妻は性風俗へ。

Y　すでに名作ですよ。セックスレスのきっかけなんていかにもありそうな話でした。女性が責任の重い仕事をしていて、かつ長時間労働も普通、といういまの時代だからこその話ですね。

S　3巻には「一度結婚をしたら 恋愛をセックスを 他の人と一生一度もしないことが 幸福な夫婦なんだろうか」って特異な台詞まで出てくるんだけど、心情がよく理解できるよう描かれてる。

これって言ってみればオープン・マリッジ（open marriage）、つまり夫婦の外で恋愛していいと合意している夫婦のかたちなんですよね。

ポリアモリーとは

Y　近いところでは『わたし、恋人が2人います。』も衝撃的な本でした。

著者のきのコさんはポリアモリーの実践者で、一緒に暮らすパート

はしてはいけない」といったように、メディア報道に操作されるべきものではなく、わたしたち自身が選びとり、かたちづくっていくはずのものだ。婚姻外で性行為を持つことを許容している「夫婦」がいるなら、婚姻外で異性と出かけることすら禁ずる「夫婦」がいてもおかしくない。3人以上の「夫婦」があってもおかしくはない。それを自分は選択しない、理解できないということはありえるかもしれないけれど、公序良俗に反しない限り、相手の思考や生活を否定すべきではない。

そして、そのように結婚のかたちを開いていくことは、今後、誰にとっても重要なことだ。たとえば、人生100年時代と政府が旗振りをするこの時代、「1人の伴侶と添い遂げることが理想的であり、婚姻外での恋愛は倫理的でない」という考えは、どれだけ人々の幸せに寄与するだろうか。20歳や30歳、結婚を考えた恋愛をするようになって5年やそこらで選んだ相手と、その後、60年も70年も愛し合いながら過ごす。不可能とは言わないが、それを聖人君子ではない国民ひとりひとりに求めるのは酷であろう。1人と添い遂げようとすれば、制度で留められない恋愛は婚外恋愛（世に言う「不倫」）として発現せざるをえない。婚外恋愛を認めないとすれば、恋愛が続く限りの短い婚姻期間を決める（つまり結婚を更新していく）しかない。いずれにせよ、結婚のかたちを考え直していくしかないのだ。

ナーの他に恋人がいるそうです。

S　ポリアモリー（polyamory）は複数の人を愛する恋愛関係のことですね。

〝You Me Her〟っていうアメリカのドラマシリーズがあるんです。ポートランドにマンネリ夫婦がいて、夫が若い女性と浮気して、でも妻の方もその子とデキちゃって、それで3人で恋愛・性的関係になるんですね。新しいパートナーの登場によって、夫婦もまた関係を改善するって話です。

カップル外の恋愛関係を許しているオープン・マリッジというよりは、ポリアモリーみたいな状況なんですけど、これもまた説得的に描けてて、おもしろい。

カップル交換！

Y　ある1人の男性を介して彼と恋愛・結婚関係にある女性同士の間に特別な感情が生まれる話ってひきこまれますよね。

話変わるし全然ポリアモリーじゃ

◆これからの「婚活」

そうして結婚のかたちが変化するとき、「婚活」はどのようなかたちをとるようになるのだろうか。本書で論じたように、21世紀に入ってからマーケティング婚活論は隆盛し、そしてまたその裾野を広げている。とりわけ婚活サイト、とりわけモバイル端末でも利用できる婚活アプリの普及は、この傾向を後押ししており、今後この潮流が弱まるようには思われない。多くの利用者がネット婚活サービスを利用するようになれば、より多くの相手を提供できるネット婚活サービスはさらに人気を集めるようになるだろう。

そこでは必然的に二つの傾向が生じてくるはずだ。第一に、一口にネット婚活とは言っても、そのサービスを提供するのは誰かという問題がある。GAFA（グーグル、アップル、フェイスブック、アマゾン）に代表されるプラットフォームが象徴するように、膨大な個人情報を持つプラットフォームはその利便性によってより多くのユーザーをより深く取り込み、さらに膨大な個人情報を抱える。現在のところアメリカではMatch.comやTinderはいずれもIACグループの傘下にあってGAFAとは独立しているが、本文で示したようにフェイスブックはその情報を流用しているTinderに代わって自ら出会い系機能を導入すると表明して

ないけど、家族のかたちの一つとして、『ママレード・ボーイ』について話しておきたいです！

主人公は光希と遊という高校生男女でこの2人のラブストーリーが物語の中心になるんだけど、ここで注目したいのは、主人公2人の両親たちなのです。

光希と遊それぞれの両親、計4人は、初婚の際のカップルの組み合わせを交換して再婚しちゃうんです。夫妻Aと夫妻Bが夫A＋妻Bのカップルと夫B＋妻Aのカップルに組みなおされて、子どもを含めた2家族が一つ屋根の下で仲良く一緒に暮らすことになり……。これってすごくないですか？

両親4人は学生時代からの付き合いで、初婚の前後にゴタゴタはあったものの、同性同士はもともと友人、異性2人はそれぞれ現配偶者と元配偶者。

安心感と愛と友情あふれる楽しい家庭になりそうです。

S 『ママレード・ボーイ』は、頭

いる。

恋人や配偶者や家族の情報は広告や販売においても大変有益なので、これらの巨大プラットフォーム（ないしその後継者たち）が今後ネット婚活により深く関わっていくのは間違いない。日本でもたとえばオーネットが２００７年に結婚情報サービスを楽天グループに譲渡して、楽天オーネットになっているように、プラットフォーム企業が婚活に関する個人情報も握る動きは避けがたい。そこでは、婚活の履歴など極めてプライベートな情報が、他者には見えてなくてもプラットフォーム企業には筒抜けになるわけで、個人情報をめぐる問題が尖鋭化してゆくことになるだろう。

そうして、婚活にあたって閲覧する相手の個人情報のデータベースが巨大になればなるだけ、適当な相手を絞り込んでいく作業も難しいものになるだろう。そこで第二にネット婚活サービスの提供するアルゴリズムが配偶者選択に大きな影響を及ぼすようになると考えられる。現在でも多くの婚活アプリは単なる条件婚活では成婚まで漕ぎ着けさせるのが難しいと見て、さまざまな機能を組み込んでいる。顔写真やいくつかの基本的な情報だけで相手を選り分けるものや、趣味のコミュニティを重視するもの、相手に「いいね」を伝えることで関係性を地道に積み上げることを求めるものなど、その機能はさまざまである。そしてこれらの機能は、仮に同じ

の体操としてとてもいいですよね。自分自身がどう生きるかっていうのとは別として、結婚のかたちってほんとは多様だし、変化していくもんなんですよねぇ。

まぁ『ママレード・ボーイ』みたいに自由な家族観はまだまだ日本では定着しないと思うけど、ここで挙げてきたような作品は、多様さや変化の一部を反映してる気がする。

不倫の展望

S　不倫叩きが流行ってますけど、不倫を肯定的とは言わないまでも、『１１２２』や『あなたがしてくれなくても』みたいに、頭ごなしに否定はしない作品が増えている。
Y　ハルノ晴さんの『あなたがしてくれなくても』は、夫とセックスレスになってしまって悩んでいる32歳の主人公が、同じく妻とのセックスレスに悩む36歳の会社の先輩に悩みを打ち明けて……というストーリーですね。
主人公も会社の先輩も、パート

集団が登録していたとしても、マッチングの結果を変えうる。

　こうした傾向はサービスのパーソナライゼーションによって亢進するだろう。グーグルの検索結果でもアマゾンのおすすめ商品でもそうだが、プラットフォーム企業によるサービスは、履歴などの個人情報に基づいて、その特定の個人に最適化された内容を表示するようになっている。つまり同じ内容で検索しても、出て来る検索結果は自分と隣の人とで違うのである。そして私たちは多くの場合、その最適化の背後にあるアルゴリズムを知ることはできない。同じことはすでにネット婚活サービスでも生じており、今後、ますます進むだろう。

　現在の日本では、特定の相手向けのサービスが個々に提供されていることも多い。「FUSION & RELATIONS」という企業は、男性参加者がエリートに限定された恋活・婚活パーティ、男性参加者が自衛隊員・防衛大生に限定されたマッチングサービス、女性参加者が現役客室乗務員や女性看護師に限定されたマッチングサービスを提供している。またウェブ集客企業「ｎｉｎｏｙａ」は２０１６年から女性側だけが有料というキャリア女性向けの「キャリ婚」を提供して話題になっている。男性側だけが有料というサービスは多くてもその逆は珍しい。ところが、こうした細分化されたサービスも、巨大なプラットフォームが利用者個人の嗜好に合わせてパーソナライゼーションをしたとき、太刀打ちできなくなる。

ナーと仲が悪いわけではないし不倫したいわけでもない。だからこそ、出口のない悩みに悶々とする。そんな描写に非常にリアリティがあります。

　とりあえず外で発散！　とならずに、あくまで現パートナーとの関係改善を重視するところがいまの30代っぽい気がするんですよ。主人公の夫は最低なので、読んでる方はサッサと見切りつけて！　と思っちゃうんですけどね。

　近年、不倫が現実的なテーマになってきている分、こういった作品もカジュアルに受け止められている印象ですね。

S　かつて一世を風靡した1997年の渡辺淳一『失楽園』が不倫の挙句に情熱的に死ぬ話だったのと比較すると、いまは不倫になにか展望がある感じなんですよ。それは実際の人々の深層心理を反映してるんじゃないかっていう気がしてて。

　とりわけ、高齢化による結婚生活の長期化とか、セックスレスとか、こうして私たちは自分が自分の意思で選択したと思ったものが、実は中身の分からぬアルゴリズムによって経路付けされている、しかもその経路付けを行うのが特定の巨大なプラットフォーム企業だという、そんな人生を歩むことになりそうだ。

そんな時代において個人個人はどのような婚活を行うようになるのか。個人情報の漏洩が怖いからといってネット婚活から遁走するという選択肢は、ない。サービスに登録する前に相手を見つけてしまう人はともかく、これだけネット婚活が普及したいま、そのデータベースを利用しない手はない。ネット婚活サービスを利用するとなれば、そこで必要になるのはいかにそのプラットフォームに身を委ね、それを使いこなすかということに他ならない。プロフィール写真や自己紹介文の重要性はこれまで以上に高くなるだろう。そしてまた、プラットフォームのアルゴリズムが——その詳細はわからないにせよ——おおむねどのように働いているのか理解したうえでそれを「ハック」してゆくテクニックが求められる。どのような経歴や趣味嗜好を入力・省略すれば、自分が求める条件を持つ相手に推薦してもらえるか。そこでは相手の興味を惹くよりも、相手の目に留まるようアルゴリズムに働きかける努力が求められる。

こうして、確かにネット婚活が一般化するこれからの婚活の風景は様変わりしそうである。だが、その根本は大きく変わっていないとも言える。アルゴリズムを

結婚のなかに新しい状況が生まれているいま、フィクションだけじゃなくて現実にもそういう胎動があるんだと思う。

Y　弊社の32万部突破のベストセラー、リンダ・グラットンらの『LIFE SHIFT』によると、いまは人生100年時代ですからね。

恋愛や結婚も「し直し」

S　人生100年時代という話のなかは学び直しが強調されるけど、恋愛し直しや結婚し直しだって、当然ありえるわけで。

たとえばくらたまさんは、インタビューで「同性の友だちみたい」になった夫とセックスレスであることを明かしたうえで、「セックスレスの状態が続けば続くほど不倫の罪悪感は薄れていきます。相手の権利は有名無実化していくわけですから、権利の侵害にはなりません」と語っています（「セックスレス7年でも女としてギラギラと」『AERA』18年5月28日号）。

「ハック」すると言えば新しそうだが、「自分は医師だ」、「自分はCAだ」、「自分は女子大出だ」……これまでも婚活においては既存の社会規範に沿って自らを婚活市場に売り込むことは一般に行われてきた。通有する社会規範に則りながら自分の望む結婚生活を求めていく、その二重性がこれまでと変わることはない。現在の社会規範と、しばしばそこに収まりきらない理想の結婚のかたちと、どう整合的に組み合わせていくか、これからの婚活論にかかっている。

◆「遠い未来」と「近い未来」

婚活論もそうだが、いま求められているのは動かない現実を直視したうえでどのように少しずつ未来を形づくっていくか、ということではないだろうか。言い換えれば「近い未来」の重要性である。本書では働き方が改善され、男女の家事負担が平準化されることを前提として、若い女性に働きかつ産むことを求めるのは酷ではないかと書いた。それは、いつ実現するかわからない「遠い未来」がまるで現在生じているかのように見せかけて若者を幻惑する論法だ。これから年金を頼るしかない高齢者世代に将来世代のためのさらなる負担を求めることが難しいのと同様に、若者に対して「遠い未来」のために「近い未来」を犠牲にしろというのは説得力に

結婚に夢を託している人もいるから、わざわざ積極的に結婚を解体していく必要はないと思うんですけど、でも、それが社会の現実なのかもしれないなって。

Y　同棲し始めの頃とか新婚の時期って、お互いがわかり合おうと前向きに頑張れるボーナス期間だと思うんです。喧嘩するにしても、対話しようという意思がしっかりありますよね。

ただ、一緒に暮らして年数を経て、いろいろ諦めたり、理想が剝がれ落ちてきた後、それからの夫婦関係をどうしていくか。これって、今後ますます重要なテーマですね。

結婚の2年契約

S　本文では、人生100年時代に2人だけで寄り添い続けるモデルを標準にしてていいのか、っていう問題提起をしました。もし無理なら、婚外恋愛に寛容になるか、結婚の組み換えを認めるか、するしかないかもしれない、と。

欠ける。

　たとえば、社会学者・永田夏来は『生涯未婚時代』のなかで、結婚する／しない、子どもを持つ／持たないなど個人の選択を許容する社会の仕組みをつくるべきだと訴えているし、かつては社会学者・伊田広行が1998年の『シングル単位の社会論』などでカップル単位ではなくシングル単位で社会を再構成することを訴えていた。こうした議論はもっともではあるし、社会もそういう方向に進んでいるようには見える。しかし、その変化は実にゆっくりゆっくりとしたものでその将来像は「遠い未来」のものにすぎない。「遠い未来」を構想し、そこに向かって推進していくことは極めて重要だが、それと同時に現実の個人の選択ないし政府の選択において目の前の現実を前提とした確からしい「近い未来」をいかに語れるかが重要なのではないか。

　現実の人々は理想論より現実を見て動く。幸せに天寿をまっとうする「おひとりさま」が周りに増えればそれに追従する人は増えていくだろう。だが、現実に孤独死が広く報道されれば「やっぱり結婚しておきたい」と考えるのは当然のことだ。また、いくら地域再生を訴えても、地域社会における迷惑な老人が報道されれば、地域社会に溶け込むことは嫌われる。将来医療の発展によっていつでも子どもがつくれると言われても、不妊治療に悩んだ芸能人たちが「早めに産んでおくべきだっ

ちょっと前の『an・an』を読み返してたら、ある座談会でホリエモンが、結婚を2年契約にしたらどうかって提案してたんですね。2年ごとに更新する制度にすれば、両者の関係について考えたり、努力したりするんじゃないかって（「緊急取材！　デキる男は結婚しない!?」）。

　これなんかも、年限を切ることで双方のコミットメントを確保しようとする方向ですよね。
Y　絶対に離婚しちゃダメとは思わないけど、結婚を数年で区切るというのはわかりにくいですね。
S　座談会に出ていたイラストエッセイストの犬山紙子さんも、山本さんと考え方近いのかな、結婚は「この人とずっと一緒にいたい」っていう感情があってするから、期間を区切るのは女性側にはキツイって答えてました。
　女性側に限らず、ホリエモンの提案は、傍目から見ると強者の発想に見えてしまう部分がありますよね。自分がどんな年齢で独身に戻って

た」と泣きながら訴えれば「早めに出産した方がいいのかな」と思う。次世代のため、わたしたちのような年長者に求められているのは、「遠い未来」のグランドビジョンを持ちながらも、それに沿った「近い未来」を現実的に感じさせるためのブレークスルーをつくっていくことだ。

　本書では「結婚したい」という自分のなかの欲求に正直になることでウーマン・リブと闘いながら、なおも、新しい結婚や家族のかたちを模索した『結婚潮流』を紹介した。そしてまた、社会学者の一部からしばしば批判されるマーケティング婚活について、カネとカオの交換に代表される婚活市場の弱肉強食を前提としたとき、そこに地に足のついた、それでいて時代とともに変わっていく結婚の可能性を見た。婚活ブームのなかで観察された専業主婦志向回帰についても、それが保守化ではなく労働回避という新時代の現象なのだと示した。本書が扱ってきたのは、「遠い未来」の空理空論ではなく、目の前の結婚や恋愛や性と向かい合いながら、同時に社会規範と格闘してきた人々のあり方である。

　本書の冒頭では現時の労働逃避の顕れとして専業主婦／夫志向を取り扱った。このことは、決して現代でなければ生じなかった問題ではない。１９７２年、武田京子は担う家事が減少していることを前提に「主婦こそ、家計の責任も負うことなく、後顧のうれいなく冒険とか創造とか、未来や真理の探求にいそしめる立場におかれ

も、再び相手を見つけることは簡単だって、そう思ってる感じが。

Y　ホリエモンさんはさすがの特別枠ってことでしょうか。

　でも、将来の自分にそんなふうに自信を持てる人なんて、なかなかいないですよ。

S　そう考えると、「一生一緒だよ」っていう前提での結婚は、「自分がいかにしなびても逃げられないよね」っていうリスクヘッジなのかもしれないですね。

Y　リスクヘッジに近いかもしれないけど、結婚した途端に家事をちゃんとやらなくなったり、身だしなみや美容・ファッションに手を抜いたり、愛情表現の仕方など態度が残念な方向に変わっちゃったりっていうケースもありますよね。

　とすると確かに、2年契約は、結婚しちゃったからもう全部適当でいいよね、という甘えを回避するには有効なのかも。

S　もちろん、半永久的契約だからこそのカップルのかたちもあるで

ている」としたうえで、男も女もそのような「主婦」へと「解放」することを説いた。

「よく遊び、少なく働け」ではなぜいけないのか。あらゆる世の中の社会的生産は、人間がより人間らしく暮すことのできるための手段としてこそ行われるべきものなのであって、そのこと自体は人間の目的ではないはずだ。私たちがめざすのは、「人間らしい生活」そのものなのではないか。

（武田京子「主婦こそ解放された人間像」1972年）

そこで語られたのは「遠い未来」であり、それが若者の実感に近づくまでには長い時間がかかった。そして、その実現にあたっては種々の変遷があったのであり、その文脈抜きに現代の結婚観や生活観や人生観を位置づけることはできない。本書で辿ったそうした先人たちの試行錯誤が「近い未来」の大切さを感じさせてくれる契機になり、そして今後、「近い未来」と「遠い未来」とを架橋した議論の後押しになれば望外の幸せである。

しょうから、「一生一緒」の結婚が一概に悪いことではないんですけどね。

Y　ええ。長く一緒にいる前提があって初めて成立することも多いですもんね。釣った魚に餌をやらない的な態度や、結婚したことに安住して思いやりや向上心を失うのは絶対イヤだけど。

あ、やばいです、リアルに紙幅がないです。

S　うわ、最後がこんな「反社会的」な内容で終わるのか……マズいな（笑）。

いずれにせよ、あれですね、結婚のかたちは変わりつつあるし、その方向もまだまだわかりません。これから、そんな議論が広がっていってくれればいいと思います。

ではでは、さようならー。

Y　さようならー。

注

（1）『現代日本の結婚と出産：第15回出生動向基本調査（独身者調査ならびに夫婦調査）報告書』29頁。

（2）前掲・『現代日本の結婚と出産：第15回出生動向基本調査（独身者調査ならびに夫婦調査）報告書』30頁。ただし、「重視」するのみに絞ると、２０１５年時点で女性側が39・８％、男性側が４・７％である。

（3）明治安田生活福祉研究所「20～40代の恋愛と結婚――第９回結婚・出産に関する調査より」（２０１６年）。以降の調査では当該質問がない。

（4）たとえば特集「セックスがストレスだ」『ＡＥＲＡ』２０１８年５月28日号。

（5）田中美和・福島哉香「働く女性７００人の「セックス白書」」『日経ＷＯＭＡＮ』２０１１年11月号。平均年齢33・６歳の女性６６５人のウェブサイト上でのアンケート調査。

（6）以上、「男女共同参画社会に関する世論調査」、「出生動向基本調査」より。

（7）最高裁平成19年３月23日第二小法廷判決。

（8）最高裁平成26年７月17日第一小法廷判決。

（9）「どちらが先？　パンダの二世」『朝日新聞』１９７３年10月24日朝刊、「パンダにも春」『朝日新聞』74年３月４日朝刊。

（10）「パンダ結婚」『朝日新聞』１９７４年５月３日朝刊。

（11）望月嵩「女にとっての結婚」（１９７６年）より。

（12）「上野に負けるな」『読売新聞』１９７４年３月25日朝刊、「お先にチュッ！」『読売新聞』74年４月22日夕刊。

（13）「パンダハネムーン」『読売新聞』１９７４年５月３日朝刊、「やきもき――パンダ・ラブ」『読売新聞』75年5月14日夕刊。

(14)「パンダの〝結婚〟まだ」『朝日新聞』１９７７年6月3日夕刊、「同居後すぐ〝結婚〟」『朝日新聞』78年5月18日夕刊、「パンダめでたく〝結婚〟」『読売新聞』78年5月18日、「今年こそ二世誕生をイキもピッタリ「結婚」」『朝日新聞』79年5月26日夕刊。

(15)「ことしはランランちゃんがいやなんですって」『読売新聞』１９７５年6月7日、「パンダもデート」『読売新聞』77年4月2日夕刊。

(16) 前掲・「パンダハネムーン」『読売新聞』１９７４年5月3日朝刊。

(17)「長い恋ゴールイン」『朝日新聞』１９７７年6月4日夕刊、「パンダの恋みのる」『読売新聞』77年6月4日夕刊。

(18)「パンダの縁談大平訪中時に」『朝日新聞』１９７９年9月26日朝刊、「カンカンの再婚は大平訪中の時に」『読売新聞』79年9月26日朝刊、「カンカン再婚　お相手探し開始」『朝日新聞』79年10月7日朝刊、「ホアンホアン、〝結納〟」『朝日新聞』79年12月6日朝刊、「ホアンホアン〝結納の儀〟」『読売新聞』79年12月6日朝刊。

(19) なお、松原は婚活ブームにあやかって２００４年の『28歳からのぜったい後悔しない生き方』を改題・加筆・修正して『必ず結婚できる「婚活」マップ』という著書を刊行してもいる。

(20) 吉澤夏子「消費社会とジェンダー」（２０１４年）。

(21)「計算ずくでは寂しすぎる」『読売新聞』１９８７年4月9日朝刊。

(22)『週刊朝日』１９８３年7月15日号。

(23) 前掲・「計算ずくでは寂しすぎる」『読売新聞』。

(24) 江藤あおい・永島もえ（アボカド・アッシュ）『婚活マーケティング』（２００９年）。２００３年、には『いい男はマーケティングで見つかる』というタイトルで出版されていた。なお、05年に片瀬那奈主演でドラマ化（全2話）もされたらしい。

(25)「平成29年簡易生命表」において現在59歳にあたる57歳男性の平均余命は26・31年である。

(26) 明治安田生活福祉研究所「20～40代の恋愛と結婚――第8回結婚・出産に関する調査より」（2014年）。

(27)「婚活・恋活、アプリ熱々」『朝日新聞』2018年1月17日朝刊。

(28) 内閣府政策統括官（共生社会政策担当）「平成26年度結婚・家族形成に関する意識調査報告書」（2015年）。

(29) 婚活本のなかでは雨村幸親『彼女はなぜ結婚できたのか？』がこれにあたる。

(30) リンクバル「20代～30代の街コン参加者の意識調査（第4回）」（2014年）。調査期間は同年4月26日～5月6日、調査対象は街コン参加者計1005名。

(31) この数字は「でき婚」（婚前妊娠結婚）を統計上どのように把握するかによって異なるが、ここでは「初婚から7カ月以内に出生が発生したケース」とする岩澤美帆・鎌田健司「婚前妊娠結婚経験は出産後の女性の働き方に影響するか？」の推計に依った。一般には「出生に関する統計」が25%あまりを示したものとしてよく知られ、インタビュー回答に依ったものとしては明治安田生活福祉研究所の「第2回　結婚・出産に関する調査」がある。

(32) 市川美亜子「「おめでた婚」に〝改姓〟」『朝日新聞』2005年7月23日夕刊（西部版）。なお、本文中『ゼクシィ』と書いたが当該記事中では『九州ゼクシィ』となっている。ただし、確認できる限りでも酒井法子さんの結婚報道のときに「おめでた婚」という用語はすでに使われており、この言葉自体が『ウインク』の発明とは考えにくい。

(33) 松田茂樹「少子化と待機児童「同時に対策を」」『読売新聞』2018年2月4日朝刊。松田はまた、共働き家庭を対象とした子育て支援が行われているが、現実には日本の家族の7割が分業型、つまり典型的な家族であるがゆえに、３割を狙った政策ばかりしても仕方ないと論じている（松田茂樹「国際比較からみた日本の少子化・家族・政策」（２０１４年））。

(34) 特に子育て支援の経緯については、砂原庸介「子育て支援政策」（２０１７年）を参照せよ。

(35) 「成婚カップルからメールが届きました♪」県の婚活ますますやるケン!!、２０１１年10月１日(https://ameblo.jp/msc-ehime/entry-11034822818.html)。

(36) 市区町村でもその政策の効果は限定的である。松田茂樹「市区町村の少子化対策に関する調査」（２０１３年）も参照。この他、地方自治体による婚活事業については、こども未来財団『地方公共団体等における結婚支援に関する調査研究（最終報告書）』（２００５年）、ロジナ・ナターリャ「地方自治体レベルの結婚支援について」（２０１０年）、大瀧友織「自治体による結婚支援事業の実態」（２０１０年）がある。

(37) 担当する印南町産業課への電話取材（２０１８年10月31日）。

(38) 「17年度、過去最多の１０８５人に」『毎日新聞』２０１８年６月12日（地方版）。

(39) 皆川満寿美「新自公政権の「女性政策」」（２０１４年）。

(40) 堀江孝司「労働供給と家族主義の間」（２０１６年）に教えられた。

(41) 新浪剛史・田原総一朗「アベノミクスのキーマン直撃」（２０１３年）。

(42) ２０１８年10月29日、衆議院本会議における安倍晋三首相の答弁。

(43) ２０１８年12月10日、官邸での記者会見における安倍晋三首相の発言。

(44) たとえば本田由紀／伊藤公雄編著『国家がなぜ家族に干渉するのか』（２０１７年）。

(45) 筒井淳也『仕事と家族』（２０１５年）。

(46) 『朝日新聞』２０１７年12月23日朝刊。

(47) 『大阪毎日新聞』１９２３年８月８日。菅野聡美『消費される恋愛論』（２００１年）92―93頁より重引。

文献一覧

●統計資料・公式資料

インテージリサーチ［２０１７］「夫婦を互いにどう呼んでいる？　全国1万人調査」(https://www.intage-research.co.jp/lab/report/20171110.html)。

愛媛県「年度当初予算の部局別経費概要」。

厚生労働省［２０１０］「平成22年度「出生に関する統計」の概況」。

厚生労働省［２０１７］「平成29年簡易生命表」。

厚生労働省［２０１７］「平成29年版厚生労働白書」。

厚生労働省「人口動態統計特殊報告」。

国立社会保障・人口問題研究所「出生動向基本調査」(旧・出産力調査)。

国立社会保障・人口問題研究所「全国家庭動向調査」。

国立社会保障・人口問題研究所「日本の将来推計人口」。

総務省統計局「都道府県別人口の自然増減及び社会増減（大正９年～平成17年)」。

総務省統計局「都道府県、世帯人員別一般世帯数（大正９年～平成17年)」。

総務省統計局「都道府県別、居住世帯の有無別住宅数及び建物の種類別住宅以外で人が居住する建物」。

総務省統計局「世帯の家族類型別一般世帯数・親族人員及び1世帯当たり親族人員」。

ソニー生命保険［２０１７］「女性の活躍に関する意識調査２０１７」。

内閣府［２０１１］「平成22年度結婚・家族形成に関する調査報告書」。

内閣府［２０１８］「平成30年版高齢社会白書」。

内閣府［２０１４］「平成25年度家族と地域における子育てに関する意識調査」。

内閣府経済社会総合研究所編［２００４］「スウェーデン家庭生活調査」。

内閣府政策統括官（共生社会政策担当）［２０１５］「平成26年度結婚・家族形成に関する意識調査報告書」。

内閣府男女共同参画局「男女共同参画社会に関する世論調査」。

明治安田生活福祉研究所［２００６］「第2回　結婚・出産に関する調査」。

明治安田生活福祉研究所［２０１４］「20～40代の恋愛と結婚―第8回結婚・出産に関する調査より」。

明治安田生活福祉研究所［２０１６］「20～40代の恋愛と結婚―第9回結婚・出産に関する調査より」。

リクルートブライダル総研［２０１８］「ゼクシィ　結婚トレンド調査２０１８」。

リンクバル［２０１４］「20代～30代の街コン参加者の意識調査（第4回）」PR TIMES、5月23日（https://prtimes.jp/main/html/rd/p/000000062.000004786.html）。

労働省婦人少年局『婦人の地位に関する実態調査』。

●書籍・雑誌記事

赤川学［２００４］『子どもが減って何が悪いか！』ちくま新書。

――［２００７］「人口減少社会と家族のゆくえ」沢山美果子／岩上真珠／立山徳子／赤川学／岩本通弥『「家族」はどこへいく』青弓社。

秋元康［１９９２］『そのうち結婚する君へ』講談社（→講談社＋α文庫、１９９５年）。

阿藤誠［１９９８］「未婚女性の伝統的家族意識」毎日新聞社人口問題調査会編『毎日新聞社全国家族計画世論調査報告書第24回「家族」の未来〝ジェンダー〟を超えて』毎日新聞社人口問題調査会。

――［２０００］『現代人口学　少子高齢社会の基礎知識』日本評論社。

天野正子［２００５］「シングル化時代の先駆け―独身婦人連盟」『「つきあい」の戦後史』吉川弘文館。

のち天野正子他編『ジェンダーと教育〈新編　日本のフェミニズム8〉』（岩波書店、２００９年）所収。

雨宮まみ［２０１３］『ずっと独身でいるつもり？』ベストセラーズ。

雨村幸親［２００５］『彼女はなぜ結婚できたのか――出会いの秘密がわかる結婚マーケティング』芸文社。

アヤト［２０１９］「Omaiと Pairsを徹底的に比較していくよー。」ネット出会い厨アヤト（http://matching-deai.com/fb-omiai-pairs/）。

荒谷慈［１９８７］『こんな女性《ひと》は嫁にするな！――選び方・つき合い方・愛し方』廣済堂出版。

――――［１９８７］『愛して感じていい女――自分らしい「男とのいい関係」教えます』大和出版。

――――［１９８８］『いまどきの女のコが知っておきたい恋の常識』廣済堂出版。

――――［１９９２］『だからあなたは結婚できない』廣済堂出版。

アリ恵美子［２０１５］『自衛隊婚活だけじゃない！』ギャラクシーブックス。

家永真幸［２０１１］『パンダ外交』メディアファクトリー新書。

石神賢介［２０１１］『婚活したらすごかった』新潮新書。

――――［２０１３］『アラフィフ婚活　50歳・あぶれオスの奮闘記』飛鳥新社。

――――［２０１３］『すべての婚活やってみました』小学館１０１新書。

石川晃［１９９５］「わが国における法律婚と事実婚」国立社会保障・人口問題研究所編『人口問題研究』50巻4号。

泉直樹［２００９］『オトコの婚活』実業之日本社。

伊田広行［１９９８］『シングル単位の社会論』世界思想社。

市川美亜子［２００５］「「おめでた婚」に〝改姓〟」『朝日新聞』（西部版）7月23日夕刊。

岩澤美帆［２０１３］「失われた結婚、増大する結婚」国立社会保障・人口問題研究所編『人口問題研究』

69巻2号。

――・鎌田健司［2013］「婚前妊娠結婚経験は出産後の女性の働き方に影響するか？」『日本労働研究雑誌』638号。

――・三田房美［2005］「職縁結婚の盛衰と未婚化の進展」『日本労働研究雑誌』535号。

上野千鶴子［1985］「おんな並みでどこが悪い」『婦人公論』4月号。のち『女という快楽』（勁草書房、1986年→新装版、2006年）所収。

――［1986］『女は世界を救えるか』勁草書房。

――［1990］「女性の変貌と家族」遠藤惣一・光吉利之・中田実編『現代日本の構造変動――1970年以降』世界思想社。のち、上野千鶴子『近代家族の成立と終焉』（岩波書店、1994年）所収。

――［1991］「梅棹「家庭」学と文明史的ニヒリズム」『梅棹忠夫著作集　第9巻』中央公論社。のち、「「梅棹家庭学」の展開」と改題して、上野千鶴子『近代家族の成立と終焉』（岩波書店、1994年）所収。

――［1991］「ファミリィ・アイデンティティのゆくえ」上野千鶴子・鶴見俊輔・中井久夫・中村達也・宮田登・山田太一編『家族の社会史（シリーズ　変貌する家族1）』岩波書店。のち、上野千鶴子『近代家族の成立と終焉』（岩波書店、1994年）所収。

――［2007］『おひとりさまの老後』法研（→文春文庫、2011年）。

臼井令子［2012］『次の誕生日までに結婚する！方法――「90日婚活メソッド」で理想の夫を手に入れる！』マガジンハウス。

梅棹忠夫［1959］「妻無用論」『婦人公論』6月号。のち、『女と文明』（中央公論社、1988年）に所収され、『梅棹忠夫著作集　第9巻』（中央公論社、1991年）に収録。

――［１９５９］「母という名の切り札」『婦人公論』９月号。同右。

梅木雄平［２０１４］「恋愛婚活マッチングのPairs、合計会員数１００万人を突破し、Omiaiとダブルスコアか?」『The Startup』７月３日（http://thestartup.jp/?p=11253)。

梅森浩一［２００５］『結婚する技術』ディスカヴァー・トゥエンティワン。

江藤あおい・永島もえ（アボカド・アッシュ）［２００３］『いい男はマーケティングで見つかる』ディスカヴァー・トゥエンティワン。のち、『婚活マーケティング――いい男はマーケティングで見つかる』（ディスカヴァー携書、２００９年）として再刊。

江原由美子［１９８８］「「結婚の意味」の変貌――規範性の喪失と利害判断志向」日本家族心理学会編『結婚の家族心理学（家族心理学年報６）』金子書房。

――［２００４］「ジェンダー意識の変容と結婚回避」目黒依子・西岡八郎編『少子化のジェンダー分析』勁草書房。

海老坂武［１９９３］「文庫版解説」吉廣紀代子『非婚時代――女たちのシングル・ライフ』朝日文庫。

えひめ結婚支援センター［２０１１］「成婚カップルからメールが届きました♪」『えひめ結婚支援センターブログ』10月1日（https://ameblo.jp/msc-ehime/entry-11037120443.html)。

衿野未矢［２０１４］『〝48歳、彼氏ナシ〟私でも嫁に行けた！――オトナ婚をつかみとる50の法則』文藝春秋。

大久保幸夫・畑谷圭子・大宮冬洋［２００６］『30代未婚男』日本放送出版協会、生活人新書。

大澤真幸［２００８］『逆接の民主主義――格闘する思想』角川ｏｎｅテーマ21。

大瀧友織［２０１０］「自治体による結婚支援事業の実態――そのメリットとデメリット」山田昌弘編著『「婚活」現象の社会学――日本の配偶者選択のいま』東洋経済新報社。

大塚玲子［２０１３］『オトナ婚です、わたしたち――十人十色のつがい方』太郎次郎社エディタス。

大西加枝［2016］『37歳からの婚活』扶桑社新書。

大橋清朗［2009］『また会いたくなる人――婚活のためのモテ講座』講談社。

大橋由香子［1986］「産む産まないは女《わたし》がきめる」女性学研究会編『女は世界をかえる』勁草書房。

大日向雅美［1999］『子育てと出会うとき』NHKブックス。

小倉千加子［2003］『結婚の条件』朝日新聞社（→朝日文庫、2007年）。

小澤裕子・白河桃子［2004］『「運命のヒト」は海の向こうにいた――幸せをつかむ国際結婚のススメ』日経BP社。

小田亮［2000］「日本人における配偶相手の好みにみられる性差――結婚相手募集広告の分析から」『日本研究』第22集。

落合恵子［1986］『結婚前線』集英社（→集英社文庫、1988年）。

越智良子［1995］「やっぱり永久就職が一番なのか!?　パートナー雑誌の妖しい魅力」『ダ・ヴィンチ』4月号。

男の婚活研究会［2014］『はじめての男の婚活マニュアル』秀和システム。

角田光代［2015］『おまえじゃなきゃだめなんだ』文春文庫。

鹿嶋敬［1989］『男と女　変わる力学――家庭・企業・社会』岩波新書。

加藤秀一［2004］『〈恋愛結婚〉は何をもたらしたか』ちくま新書。

釜野さおり［2012］「結婚・家族に関する意識」国立社会保障・人口問題研究所編『平成22年わが国独身層の結婚観と家族観―第14回出生動向基本調査』厚生労働統計協会。

――――［2013］「1990年代以降の結婚・家族・ジェンダーに関する女性の意識の変遷」『人口問題研究』69巻1号。

香山リカ［2010］「結婚と女性の意思――時代に振り回されないために」北九州市立男女共同参画セ

ンター〝ムーブ〟編『KEKKON 結婚――女と男の諸事情〈ジェンダー白書7〉』明石書店。

河合隼雄［1985］「現代の恋愛・結婚」『講座 現代・女の一生3――恋愛・結婚』岩波書店。

河合雅司［2013］「「人口戦」としての大東亜戦争（上）」『正論』8月号。

――――［2017］『未来の年表――人口減少日本でこれから起きること』講談社。

川島なお美［2009］『熟婚のすすめ』扶桑社。

菅野聡美［2001］『消費される恋愛論――大正知識人と性』青弓社。

岸本洋美・藤井聡子・古屋絵美・長野洋子・長崎祐子・大野由貴［2007］「働く女性1000人セックスリポート」『日経WOMAN』270号（6月号）。

きのコ［2018］『わたし、恋人が2人います。』WAVE出版。

木村敬子［1984］「女性の性役割意識」女性学研究会『女たちのいま〈講座女性学2〉』勁草書房。

京極純一［1984］「家事労働」『時の法令』1229号。のち、『和風と洋式』（東京大学出版会、1987年→2013年）所収。

〝共生社会をつくる〟セクシュアル・マイノリティ支援全国ネットワーク（共生ネット）［2010］「総務大臣宛質問・要望状」9月27日（https://wan.or.jp/group/?p=265）。

桐島洋子［1975］『女がはばたくとき――愛・自由・旅のノオト』PHP研究所（→角川文庫、1982年）。

ぐっどうぃる博士［2007］『あきらめきれない彼を手に入れる恋愛の極意――2人の関係に奇跡が起きる！』大和出版。

国広陽子［1993］「都市の生活世界と女性の主婦意識」矢澤澄子編『都市と女性の社会学――性役割の揺らぎを超えて』サイエンス社。

粂美奈子［2005（2017最終更新）］「できちゃった結婚をちょっとまじめに考えてみる」All

About（http://allabout.co.jp/gm/gc/225471/）。

――［２００９］『３ヶ月で結果を出したい人のための絶対結婚できる方法――成功のコツ、手取り足取り教えます』ナガオカ文庫。

倉田真由美［２００９］『婚活――その人と結婚するために』三笠書房。

――［２０１０］「婚活白書」日本放送協会編『歴史は眠らない：ＮＨＫテレビテキスト　２０１０年８―９月』ＮＨＫ出版。

黒野弥生［２０１２］『「婚活」――あなたと巡り逢えるまでのこと』湘南社。

玄田有史・斎藤珠里［２００７］『仕事とセックスのあいだ』朝日新書。

小暮修三［２０１０］「独身男の肖像」橋本健二編著『家族と格差の戦後史――一九六〇年代日本のリアリティ』青弓社。

こども未来財団［２００５］『地方公共団体等における結婚支援に関する調査研究（最終報告書）』。

小林祥晃［２００９］『Dr.コパの婚活風水』マガジンハウス。

小室淑恵・駒崎弘樹［２０１１］『ワーキングカップルの人生戦略――２人が「最高のチーム」になる』英治出版。

齊藤英和・白河桃子［２０１２］『妊活バイブル――晩婚・少子化時代に生きる女のライフプランニング』講談社＋α新書。

酒井順子［１９９１］「25歳の女たちをじんわり襲う、「結婚」という名の不安」『ａｎ・ａｎ』１９９１年11月29日号。

――［２００３］『負け犬の遠吠え』講談社（→講談社文庫、２００６年）。

――［２０１８］『百年の女――『婦人公論』が見た大正、昭和、平成』中央公論新社。

――［２０１８］（聞き手：山内深紗子）「「負け犬」著者　パートナーを得て思う、単身社会の備え」

朝日新聞デジタル、7月21日（https://www.asahi.com/articles/ASL7P4RZ6L7PUCLV006.html）。

坂元良江［1988］『結婚よりもいい関係――非婚の家族論』人文書院（→学陽書房（女性文庫）、1996年）。

佐藤剛史［2014］婚学普及協会監修『結婚検定』G.B.。

佐藤信［2018a］「35歳の野原しんのすけは還暦のひろし・みさえと「近居」するのか」現代ビジネス、2018年3月20日（https://gendai.ismedia.jp/articles/-/54733）。

――［2018b］「老いた両親との「同居」を避け「近居」を選ぶ私たちのホンネ」現代ビジネス、2018年3月27日（https://gendai.ismedia.jp/articles/-/54786）。

佐藤留美［2008］『結婚難民』小学館101新書。

――［2009］「女が男を選ぶ時代」三浦展『非モテ！』文春新書。

――［2013］『凄母――あのワーキングマザーが「折れない」理由』東洋経済新報社。

佐野眞一［2001］「現代の肖像　網野善彦」『AERA』14巻17号、朝日新聞出版。

澤口珠子［2013］『1年以内に理想の自分で理想のパートナーを引き寄せる魔法のレッスン』かんき出版。

――［日時不明］「婚活女性に多い「そのままの私を受け入れて欲しい病」に専門家が喝！」恋愛·jp（http://ren-ai.jp/6941：リンク切れ）。

――［2016］『はじめての「ネット婚活」――幸せになるための最短ルート』幻冬舎。

椎根和［2014］『銀座Hanako物語――バブルを駆けた雑誌の2000日』紀伊國屋書店。

塩月弥栄子［1980］『「見合い恋愛」のすすめ――失敗しない最新結婚術』光文社。

渋谷昌三［2009］『「婚活」の作法』東邦出版。

嶋啓祐［2010］『婚活バカ矯正講座』小学館。

島﨑今日子［２０１３］『安井かずみがいた時代』集英社（→集英社文庫、２０１５年）。

島田晴雄・渥美由喜［２００７］『少子化克服への最終処方箋――政府・企業・地域・個人の連携による解決策』ダイヤモンド社。

島本了愛［２０１３］『本気で愛されて、結婚する24の魔法』学研パブリッシング。

白河桃子［２００２］『結婚したくてもできない男　結婚できてもしない女』サンマーク出版。

――――［２０１０］『セレブ妻になれる人、なれない人――年収１０００万円以上の男性と結婚できる人の小さな習慣』プレジデント社。

――――［２０１１］「「婚活なき結婚」はありえない時代」『Ｖｏｉｃｅ』６月号。

――――・常見陽平［２０１２］『女子と就活――20代からの「就・妊・婚」講座』中公新書ラクレ。

――――・是枝俊悟［２０１７］『「逃げ恥」にみる結婚の経済学』毎日新聞出版。

「ジレンマ＋」編集部編［２０１３］『女子会２・０』ＮＨＫ出版。

菅原眞理子［１９８７］『新・家族の時代』中公新書。

杉浦里多［２００８］『電撃結婚ノススメ――結婚マーケティングで８ヶ月以内に開運婚を摑む方法』マガジンハウス。

杉山麻里子・浜田奈美［２００５］「夫のホンネ３００人調査　妻はいつから「女」でなくなるのか」『ＡＥＲＡ』２月７日号。

鈴木洋史［２０１０］「五十歳からの婚活」『文藝春秋ＳＰＥＣＩＡＬ』季刊春号。

砂原庸介［２０１７］「子育て支援政策」竹中治堅編『二つの政権交代――政策は変わったのか』勁草書房。

関内文乃［２０１０］「婚活ブームの２つの波――ロマンティック・ラブの終焉」山田昌弘編著『「婚活」現象の社会学――日本の配偶者選択のいま』東洋経済新報社。

関口礼子［２０１０］「少子化と家族制度のはざまで（三）——結婚とは何か」『書斎の窓』１・２月号。

総務省［２０１４］「えひめ結婚支援センターによるビッグデータを活用した婚活サポート」（えひめ結婚支援センターの岩丸裕建事務局長、能智千恵子氏へのインタビュー、取材日：12月12日）（http://www.soumu.go.jp/soutsu/shikoku/ict-jirei/chuumoku21.html）。

第一生命経済研究所［２００５］「潜伏する離婚予備軍」11月22日（https://www.dai-ichi-life.co.jp/company/news/pdf/2005_052.pdf）。

多賀幹子［２０１０］『うまくいく婚活、いかない婚活』朝日新書。

高橋真緒［２０１１］『私、ネットお見合いで結婚しました。』自由国民社。

滝沢充子［２０１５］『たった1人の運命の人に「わたし」を選んでもらう方法』青春出版社。

武田京子［１９７２］「主婦こそ解放された人間像」『婦人公論』４月号。のち、上野千鶴子編『主婦論争を読む　Ⅱ』（勁草書房、１９８２年）所収。

武田昌悟［１９９４］「フツーの皆さんの性生活」『自由時間』４月21日号。

多田道太郎［１９６６］「恋愛の失墜」『展望』11月号。のち、『多田道太郎著作集Ⅲ　しぐさの日本文化』（筑摩書房、１９９４年）所収。

橘木俊詔・迫田さやか［２０１３］『夫婦格差社会——二極化する結婚のかたち』中公新書。

田中美和・福島哉香［２０１１］「働く女性７００人の「セックス白書」」『日経ＷＯＭＡＮ』３３２号（11月号）。

田中康夫［１９９１］『ＴＨＩＲＳＴＹ』河出書房新社。

田辺まりこ［２０１０］『3カ月でプロポーズさせる銀座ママの極上テクニック』ぶんか社。

田丸公美子［２００５］『シモネッタのデカメロン——イタリア的恋愛のススメ』文藝春秋（→文春文庫、２００８年）。

辻由希［２０１５］「第二次安倍内閣における女性活躍推進政策」『家計経済研究』１０７号。

筒井淳也［２０１５］『仕事と家族――日本はなぜ働きづらく、産みにくいのか』中公新書。

常見陽平［２０１３］『ちょいブスの時代――仕事と恋愛の革命的変化』宝島社新書。

――［２０１５］「「ゼクシィ」は、なぜここまで強いのだろうか――恋活新サービスに花嫁応援の本気度を見た」東洋経済オンライン、２月14日（https://toyokeizai.net/articles/-/60535）。

妻沼佐織［２０１６］『年収１０００万円の男と１カ月で出会い、６カ月で結婚する方法』ＣＣＣメディアハウス。

所ジョージ［１９９４］「結婚生活は面白いイベントがいっぱい。」『自由時間』４月21日号。

中澤高志［２０１２］「多様化する女性のライフコース――東京圏における仕事と住まい」由井義通編著『女性就業と生活空間』明石書店。

中島彩［日時不明］「婚活前に決めた「結婚相手に求める１２０個の条件」」中島彩の三か月婚活大作戦！（http://ayakonkatsu.com/120.html）（リンク切れ）。

永田夏来［２００２］「夫婦関係にみる「結婚」の意味づけ――妊娠先行型結婚と恋愛結婚の再生産」『年報社会学論集』第15号。

――［２０１７］『生涯未婚時代』イースト新書。

長瀧菜摘［２０１３］「『婦人公論』に見る、変わる妻たちの関心事――『婦人公論』三木哲男編集長に聞く」『東洋経済オンライン』５月７日（https://toyokeizai.net/articles/-/13856）。

中村綾花［２０１２］『世界婚活』朝日出版社。

中村うさぎ・三浦しをん［２０１３］『女子漂流――うさぎとしをんのないしょのはなし』毎日新聞社（→文春文庫、２０１９年）。

永守重信［２０１６］（構成：代慶達也・松本千恵）「「片山君、日本のジョブズになれ」～永守氏の後継

者は 日本電産会長兼社長　永守重信氏に聞く（下）」『ＮＩＫＫＥＩ ＳＴＹＬＥ』、６月28日（https://style.nikkei.com/article/DGXMZO0387656OR20C16A6000000?channel=DF180320167066）。

新浪剛史・田原総一朗「アベノミクスのキーマン直撃――ローソン代表取締役ＣＥＯ 新浪剛史×田原総一朗【2】」『ＰＲＥＳＩＤＥＮＴ』２０１３年７月１日号（https://president.jp/articles/-/10249）。

西口敦［２０１１］『普通のダンナがなぜ見つからない？』文藝春秋。

西村博之・堀江貴文・犬山紙子［２０１３］（鼎談）「緊急取材！ デキる男は結婚しない!?」『ａｎ・ａｎ』11月20日号。

新渡戸稲造［１９１７］「夫の喜ぶ妻の態度」『婦人に勧めて』東京社。のち、『新渡戸稲造全集 第11巻』（教文館、１９８４年）所収。

ニッセイ基礎研究所（編）［２０００］『少子社会への11人の提言――子育て支援の方法と実践』ぎょうせい。

にらさわあきこ［２００６］『必ず結婚できる45のルール――３ヶ月でパートナーを見つけたいあなたへ』マガジンハウス（→マガジンハウス文庫、２００９年）。

根本裕幸［２０１３］『頑張らなくても愛されて幸せな女性になる方法』星雲社。

野々山久也［２０１４］『婚活コンシェルジュ――結婚相談サービスのあり方を考える』ミネルヴァ書房。

櫨畑敦子［２０１８］『ふつうの非婚出産――シングルマザー、新しい「かぞく」を生きる』イースト・プレス。

長谷川理恵［２０１２］「長谷川理恵が語る、結婚と妊娠の真実」『ａｎ・ａｎ』６月６日号。

羽林由鶴（舌霧スズメ作画）［２０１０］『ありのままでいいんだよ！――あなたが素敵な男性をひきつけて、恋愛上手になっちゃう方法』主婦の友社。

林真理子［１９８２］『ルンルンを買っておうちに帰ろう』主婦の友社（→角川文庫、１９８５年）。

――［１９８３］『花より結婚　きびダンゴ――知らないよりは知っていた方がイイ絶対安全結婚ばなし』ソニー出版（→角川文庫、１９８４年）。

――［１９９０］「こんなに望まれて嫁ぐ私は幸せ者です」『週刊文春』32巻10号。のち、「私が結婚を決意するまで」と改題のうえ『「結婚」まで――よりぬき80s』（文春文庫、２０１４年）所収。

坂東眞理子［２００８］『凛とした「女性の基礎力」』暮しの手帖社。

――［２００９］『日本の女性政策――男女共同参画社会と少子化対策のゆくえ』ミネルヴァ書房。

――［２０１４］「日本の家族政策――少子化対策と女性」昭和女子大学女性文化研究所編『女性と家族』御茶の水書房。

樋口康彦［２００８］『崖っぷち高齢独身者――30代・40代の結婚活動入門』光文社新書。

――［２００９］『婚活失格』ぶんか社。

福島瑞穂［１９９２］『結婚と家族――新しい関係に向けて』岩波新書。

藤田多克子［１９９３］『結婚したくなったら読む本――いい結婚・成功の秘訣』大和書房。

――［１９９５］『素敵な結婚に近づく方法』大和書房。

藤吉雅春［２０１３］「ドキュメント現代官僚論（３）厚労省　孤立する「ザ・膨張官庁」」『文藝春秋』10月号。

船橋惠子［２００６］『育児のジェンダー・ポリティクス』勁草書房。

堀江孝司［２０１６］「労働供給と家族主義の間――安倍政権の女性政策における経済の論理と家族の論理」『人文学報、社会福祉学』32号。

堀江貴文［２０１０］『〝本物のお金持ち〟と結婚するルール――ホリエモンの恋愛講座』大和出版。

本田由紀・伊藤公雄編著［２０１７］『国家がなぜ家族に干渉するのか――法案・政策の背後にあるもの』青弓社。

真島久美子［1991］『お見合いの達人』講談社（→講談社＋α文庫、1994年）。

増田雅暢［2008］『これでいいのか少子化対策——政策過程からみる今後の課題』ミネルヴァ書房。

松浦正孝［2012］「プラザ合意と「平成政変」」『年報政治学』2012—Ⅰ。

松尾知枝［2015］『3ヶ月でベストパートナーと結婚する方法』かんき出版。

松田茂樹［2013］「市区町村の少子化対策に関する調査」『Life Design Report』第206号。

——［2014］「国際比較からみた日本の少子化・家族・政策」渡辺秀樹・竹ノ下弘久編著『越境する家族社会学』学文社。

——［2018］「少子化と待機児童　同時に対策を」『読売新聞』2018年2月4日朝刊。

松原惇子［1988］『クロワッサン症候群』文藝春秋（→文春文庫、1991年）。

——［1998］『クロワッサン症候群　その後』文藝春秋。

——［2004］『28歳からのぜったい後悔しない生き方』海竜社。

——［2009］『必ず結婚できる「婚活」マップ』海竜社。

松山巖［1998］「解説——恋愛と結婚の記事が新聞から消えるとき」朝日新聞社編『朝日新聞の記事にみる恋愛と結婚〔昭和〕』朝日文庫。

三浦朱門［1980］『結婚なんかおやめなさい——お嫁に行くまでに知っておこう』青春出版社。

——［1985］『好きになる男　好きにさせる女——つかまえ方　知性の研究』青春出版社。

水希［2010］『モテようとしなくてもモテる女になれる本』大和出版。

水野敬也［2014］『スパルタ婚活塾』文響社。

水野俊哉［2009］『モテ本案内51』ディスカヴァー・トゥエンティワン。

水谷和生（編）［2009］『婚活！　クッキング&マナー』ソニーマガジンズ。

皆川満寿美［2014］「新自公政権の「女性政策」」『女性展望』668号。

三宅秀道［２０１３］「「マネジメント」という言葉の罪」『新潮45』12月号。

宮本みち子・岩上真珠・山田昌弘［１９９７］『未婚化社会の親子関係――お金と愛情にみる家族のゆくえ』有斐閣選書。

村上あかね［２０１０］「若者の交際と結婚活動の実態――全国調査からの分析」山田昌弘編著『「婚活」現象の社会学――日本の配偶者選択のいま』東洋経済新報社。

メディア・リサーチ・センター編［１９８４・２０１８］『雑誌新聞総かたろぐ』メディア・リサーチ・センター。

望月嵩［１９７６］「女にとっての結婚」日本人研究会編『日本人研究　Ｎｏ．３〈女が考えていること〉』至誠堂。

森川友義［２０１０］『いますぐカレと結婚！』講談社。

矢郷恵子（編著）［１９９７］『なんでこんなに遠慮しなきゃならないの』新読書社。

八代尚宏［１９９３］『結婚の経済学――結婚とは人生における最大の投資』二見書房。

安井かずみ［１９８８］『女の楽しい結婚方法《バイブル》』大和出版。

山田昌弘［２０１２］「内需拡大には夫婦共働きが有効」『週刊東洋経済』５月19日号。

――――・柴門ふみ［２０１０］「迷走する夫婦」『文藝春秋ＳＰＥＣＩＡＬ』季刊春号。

――――・白河桃子［２００８］『「婚活」時代』ディスカヴァー携書。

――――・――――［２０１３］『「婚活」症候群』ディスカヴァー携書。

――――・松田茂樹・施利平・永田夏来・内野淳子・飯島亜希［２０１３］「夫婦の出生力の低下要因に関する分析」ESRI Discussion Paper Series, No. 301。

山田由美子［２０１３］『バランス婚活』ワニブックス。

山本かずしげ［１９９３］「「それでも結婚したい」女性たちが狙いはじめた男性像」『ＤＩＭＥ』６月３

日号。

横澤夏子［2018］『追い込み婚のすべて』光文社。

吉澤夏子［2014］「消費社会とジェンダー」大口勇次郎・成田龍一・服藤早苗編『ジェンダー史（新体系日本史9）』山川出版社。

善積京子［1995］「非法律婚カップルと婚外子」袖井孝子・鹿嶋敬編『明日の家族――自立と協調の実現』中央法規出版。

吉田羊［2015］「週末婚くらいがちょうどいいのかも（笑）。」宝島オンライン、2015年12月7日（https://treasurenews.jp/archives/9804/）。

吉原真里［2008］『ドット・コム・ラヴァーズ――ネットで出会うアメリカの女と男』中公新書。

吉廣紀代子［1987］『非婚時代――女たちのシングル・ライフ』三省堂（→朝日文庫、1993年）。

ロジナ・ナターリヤ［2010］「地方自治体レベルの結婚支援について」『社会文化論集』11号。

渡辺淳一［1997］『失楽園』（上・下）講談社（→講談社文庫、2000年→角川文庫、2004年）。

綿矢りさ［2013］（構成：「本の話」編集部）「男女それぞれの視点から描かれる現代の同棲物語」『本の話』1月号。

Abma, J. C., A. Chandra, W. D. Mosher, L. S. Peterson & L. J. Piccinino [1997] *Fertility, family planning, and women's health: New data from the 1995 National Survey of Family Growth* (Vital and Health Statistics, Series 23, No. 19).

The Bendheim-Thoman Center for Research on Child Wellbeing (Princeton University) & Social Indicators Survey Center (Columbia University) [2000] *Fragile Families Research Brief*, No. 1.

Bjerk, David [2009] "Beauty vs. earnings: Gender differences in earnings and priorities over spousal characteristics in a matching model," *Journal of Economic Behavior & Organization*, Vol. 69.

Bumpass, Larry & Hsien-Hen Lu [2000] “Trends in cohabitation and implications for children’s family contexts in the United States,” *Population Studies*, Vol. 54.

Cowan, Ruth S. [1983] *More Work for Mother: The Ironies of Household Technology from the open Hearth to the Microwave*, Basic Books（高橋雄造訳『お母さんは忙しくなるばかり――家事労働とテクノロジーの社会史』法政大学出版局，２０１０年）.

Fisman, Raymond J., Sheena S. Iyengar, Emir Kamenica & Itamar Simonson [2006] “Gender Differences in Mate Selection: Evidence from a Speed Dating Experiment,” *The Quarterly Journal of Economics*, Vol. 121, No. 2.

Frost, Jeana H., Michael I. Norton & Dan Ariely [2006] “Improving Online Dating with Virtual Dates,” *Harvard Business School Marketing Research Papers*, 06-058.

Galloway, Scott [2017] *The Four: The Hidden DNA of Amazon, Apple, Facebook, and Google*, Portfolio（渡会圭子訳『ｔｈｅ ｆｏｕｒ ＧＡＦＡ　四騎士が創り変えた世界』東洋経済新報社，２０１８年）.

Gratton, Lynda & Andrew Scott [2016] *The 100-Year Life: Living and Working in an Age of Longevity*, Bloomsburg Information Ltd.（池村千秋訳『ＬＩＦＥ　ＳＨＩＦＴ――１００年時代の人生戦略』東洋経済新報社，２０１６年）.

Hamermesh, Daniel S. [2011] *Beauty Pays: Why Attractive People Are More Successful*, Princeton University Press（望月衛訳『美貌格差――生まれつき不平等の経済学』東洋経済新報社，２０１５年）.

Heuveline, Patrick & Jeffrey M. Timberlake [2004] “The Role of Cohabitation in Family Formation: The United States in Comparative Perspective,” *Journal of Marriage and Family*, Vol. 66.

Hitsch, Günter J., Ali Hortaçsu & Dan Ariely [2010] “Matching and Sorting in Online Dating,” *American*

Economic Review, Vol. 100, No. 1.

———, Ali Hortaçsu & Dan Ariely [2006] "What Makes You Click? Mate Preferences and Matching Outcomes in Online Dating," *MIT Sloan Research Paper*, 4603-06.

Jong, Erica M. [1973] *Fear of Flying*, Henry Holt and Company（柳瀬尚紀訳『飛ぶのが怖い』新潮社，１９７６年）.

Kennedy, Sheela & Larry Bumpass [2008] "Cohabitation and children's living arrangements: New estimates from the United States," *Demographic Research*, Vol. 19, No. 47.

King, Valarie & Mindy E. Scott [2005] "A Comparison of Cohabiting Relationships Among Older and Younger Adults," *Journal of Marriage and Family*, Vol. 67.

Martin, Joyce A., Brady E. Hamilton, Michelle J. K. Osterman, Sally C. Curtin & T. J. Matthews [2015] "Births: Final Data for 2013," *National Vital Statistics Reports*, Vol. 64, No. 1.

Matchar, Emily [2013] *Homeward Bound: Why Women Are Embracing the New Domesticity*, Simon & Schuster（森嶋マリ訳『ハウスワイフ２・０』文藝春秋，２０１４年）.

Musick, Kelly [2002] "Planned and Unplanned Childbearing Among Unmarried Women," *Journal of Marriage and Family*, Vol. 64.

Oppenheimer, Valerie Kincade [1988] "A Theory of Marriage Timing," *American Journal of Sociology*, Vol. 94, No. 3.

Sörgjerd, Caroline [2012] *Reconstructing Marriage: The Legal Status of Relationships in a Changing Society*, Cambridge: Intersentia.

Thomas, A. & I. Sawhill [2005] "For Love and Money? The impact of family structure on family income," *The Future of Children*, Vol. 15, No. 2.

Wu, Lawrence L., Larry L. Bumpass & Kelly Musick [2001] "Historical and Life Course Trajectories of Nonmarital Childbearing," Lawrence L. Wu & Barbara Wolfe (eds.), *Out of Wedlock: Causes and Consequences of Nonmarital Fertility*, Russell Sage Foundation.

●無署名記事

朝日新聞［1983］「本音の情報満載　結婚雑誌を創刊」『朝日新聞』3月13日朝刊。

――――［1985］「結婚〈ほん――世相〉」『朝日新聞』9月16日朝刊。

――――［2007］「巣　18歳、一児の母。わたしは幸せ」『朝日新聞』8月10日朝刊。

――――［2018］「婚活 恋活 アプリ熱々」『朝日新聞』1月17日朝刊。

AbemaTIMES［2017］「「付き合う前に枕を交わすべき」指原莉乃、エロメンの意見に納得（AbemaTV）」10月2日。

日本経済新聞［1984］「好評〝プロフェッサーバンク〟――尼崎の「DODO」、講演会に講師あっせん」『日本経済新聞』（近畿B）7月29日朝刊。

non-no［1983］「荒谷めぐみ「女にとって結婚が唯一の幸せ」がテーマの情報誌編集長〈PEOPLE　NOW〉」10月5日号。

読売新聞［1983］「結婚相手は自分で〈続性教育の現場14〉」『読売新聞』6月2日朝刊。

――――［1987］「計算ずくでは寂しすぎる〈'87 結婚事情〉」『読売新聞』4月9日朝刊。

――――［2017］「婚活サイト　トラブル多発」『読売新聞』12月27日朝刊。

●マンガ

青山まり［2009］『婚活の女王』大和出版。

海野つなみ［2012〜2017（連載）］『逃げるは恥だが役に立つ』（全9巻）講談社。

上村一夫［1972〜1973（連載）］『同棲時代』（全6巻）双葉社。

川上あきこ（深森あき画）［2011］『合コン1000回、結婚1回！』ぶんか社。

柴門ふみ［1988］『同・級・生』（全2巻）小学館（→小学館文庫、1995年。→文春文庫、2010年）。

――［1989〜1990（連載）］『東京ラブストーリー』（全4巻）小学館（→小学館文庫、1995年。→文春文庫、2010年）。

――［1992〜1993（連載）］『あすなろ白書』（全5巻）小学館（→小学館文庫、1998年。→文春文庫、2010年）。

――［2017〜（連載中）］『恋する母たち』（既刊4巻）小学館。

たえ（すぎやまえみこ画）［2012］『冷恋――29歳で結婚したかった私の本音』星雲社。

立木早子［2011］『早子先生、婚活の時間です』イースト・プレス。

――［2012］『早子先生、結婚はまだですか？』イースト・プレス。

――［2014］『早子先生、結婚するって本当ですか？』イースト・プレス。

Chisato（ふじいまさこ画）［2014］『婚活マーチ』マッグガーデン。

中村純子［2010］『あらゆる婚活してみました――彼氏いない歴20年のオタ女ですが』草思社。

肉子［2013］『100回お見合いしたヲタ女子の婚活記』宙出版。

はるな柳太郎［2018］『出会って12時間で婚約した話。』祥伝社。

ハルノ晴［2017〜（連載中）］『あなたがしてくれなくても』（既刊3巻）双葉社。

水城せとな［2009〜2015（連載）］『失恋ショコラティエ』（全9巻）小学館。

水谷さるころ［2016］『結婚さえできればいいと思っていたけど』幻冬舎。

御手洗直子［2012］『31歳BLマンガ家が婚活するとこうなる』新書館。

矢沢あい［2000〜2009（休載中）］『NANA』（既刊21巻）集英社。

吉住渉［1992〜1995（連載）］『ママレード・ボーイ』（全8巻）集英社（→集英社文庫、2008年）。

――［2013〜2018（連載）］『ママレード・ボーイ　little』（全7巻）集英社。

吉田秋生［1988〜1994（連載）］『増補　ハナコ月記』ちくま文庫、1996年。

――［1995〜1996（連載）］『ラヴァーズ・キス』（全2巻）小学館（→小学館文庫、1999年）。

米沢りか［2007〜2012（連載）］『30婚　miso-com』（全15巻）講談社。

渡辺ペコ［2016〜（連載中）］『1122』（既刊4巻）講談社。

あとがき

２０１４年に『週刊東洋経済』に筆名で「日本婚活思想史序説」という連載をさせていただいた。自分の手許には15年末の書籍原稿があるのだが、種々の事情でさらに加筆修正を加えて本書になった。連載当初から書籍にすることを前提に始まったプロジェクトだったから、長い道のりだった。その過程で用語を含め、多くの改訂を行った。

この間、結婚や少子化をめぐる状況も大きく変化してきた。婚活という用語がますます人口に膾炙するなか、日本政府は少子化対策の一環として婚活を国家戦略のなかに位置づけるようになった。こうした動きは、政府が国家戦略として少子化対策を打ち出すにあたって「社会改善＋恋愛婚活論」に接近するという連載時からの本書の視角と整合的である。他方、多くの若者たちはむしろ個人の生活のために「マーケティング婚活論」に接近しており、国家の方針とは緊張関係にある。こうして結婚とはなにか、結婚とは誰のためのものなのか、という結婚や婚活をめぐる問題は、国家や社会とより深く切り結ぶようになっている。

今後、本書で述べたように、夫婦別姓や同性婚や事実婚といった具体的争点を通して法律婚イデオロギーと近代家族イデオロギーとの相克はますます亢進するだろう。また不倫の可能性は、人生が長くなるなかで不可避的に増大するから、将来的には結婚という概念自体を再定義する必要が出てくるだろう。ところが現時の日本では、結婚の特定の理念型を保持して、そこからの逸脱を否定・非難する態度がまだまだ強い。こうした社会状況下で、社会規範がどのような方向へ、どのような速度で変化していくのか、目が離せない。

本書で示した論理がこうした時代状況を摑み、独身脱出や結婚生活に向き合う人たちにとってより柔軟に恋愛や結婚を捉える一助になれば幸せである。そしてまた、本書で展開した婚活の歴史が、こうした議論のおもしろさと社会の可塑性を感じさせるものになっていたら嬉しい。

この本が扱う結婚や恋愛や社会といったテーマは社会学で扱うと相場が決まっている。ところが、わたしは政治学者であるということになっている。「なぜ政治学者が結婚／婚活を？」という問いは、幾度となく受けた。自分自身、これまで学問領域にこだわらずに研究してきたし、今回のテーマも興味深く、学問的価値があると思うから扱ったにすぎないので、その問いに確たる答えがあるとは言い難い。学問領域にこだわる方々から門外漢という誹りを受けても致し方ない。実際、このテーマは当初は「夜店」として、本務の時間外に研究し、筆名で執筆してきた。

しかし、本書を本名で（政治学者として）書くことを決めたいま、敢えてこの問いに向き合うなら、恋愛や結婚に代表されるような私的領域は国家統治の実相に迫るにあたって無視できないものだと答えたい。本書が扱った70年代以降の日本は、政治学において選挙制度や統治制度を重視する社会工学的な研究が発展してきた時期と重なっている。それは統治と社会との相互作用についての注目が減じ、政治学と社会学との（視角や手法ではなく）対象の分化が生じた時期でもあった。そしていま、とりわけ少子高齢化社会を前提としなければ国家統治が立ち行かない時代状況を前提としたとき、この分化は再び修復される必要があるのではないか。初めから企図していたわけではないが、自分を突き動かした背後にはそうした問題意識があったのかもしれないと思うのである。

いや、「あとがき」にもなって、独りよがりな辻褄合わせをするのはやめよう。社会学か政治学かという分断を越えて、読んで楽しいものになっていればそれだけで有難い。とにかく、残された紙幅で謝辞を述べなければならない。

初めに、これまで10年以上に亘って雑談に付き合い、情報を提供してくれた多くの友人たちに感謝したい。小学校時代の同級生から若手研究者仲間まで、さまざまな恋愛や婚活や、稀に不倫の実相を教えてくれた。本書のなかで、婚活ブームのなかで放送されたいくつかのテレビドラマを扱ったが、その分析は元々、東京大学教養学部御厨ゼミの仲間たちに（一方的に）送りつけていたものである。そしてまた、網野善彦のカーテンリングのエピソードの出典をどうしても探し出せなかったところ、探し出してくださったのは平野力さんと木下龍馬さんである。記して感謝申し上げる。

そしてまた、所属機関である先端科学技術研究センター、とりわけ西村幸夫前所長と神崎亮介所長、御厨貴客員教授と牧原出教授に感謝したい。先端研の先生方や同僚たちは「なぜ政治学者が結婚を?」とも言わず、おもしろがって、ただただ研究を応援してくださった。そんな自由な職場、日本中探しても他にあるまい。

最後に、なにより、この5年あまり伴走してくださった編集者の山本舞衣さんに感謝しなくてはならない。わたしは「……の力がなければこの本は完成しなかった。しかし、一切の責任は私にある」というが如きセリフは嫌いなので、本書の刊行遅滞の責任の一端は編集者にもあると思わなくもない。しかし、一緒に大宅文庫に足を運び、副音声のような面倒な提案を厭わず引き受け、打ち合わせのたびに「関係あるから読め」と少女マンガを(迷惑にも)くださった彼女がいなければこの本が世に出ることは決してなかった。産休に入る山本さんに代わって編集を引き継いでくださった齋藤宏軌さん、東洋経済新報社、そして装丁やDTPや校正はじめ本づくりに関わってくださった皆さまと併せて、これ以上ない敬意を表して筆を擱く。

2019年4月

佐藤　信

【著者紹介】

佐藤　信（さとう　しん）
東京大学先端科学技術研究センター助教。
1988年、奈良県生まれ。東京大学法学部卒業。同大学院法学政治学研究科博士後期課程中退。博士（学術）。2015年より現職。
専門は政治学、日本政治外交史。著書に『鈴木茂三郎』（藤原書店）、『60年代のリアル』（ミネルヴァ書房）、共編著・共著に『政権交代を超えて』『建築と権力のダイナミズム』（ともに岩波書店）、『天皇の近代』（千倉書房）など。

日本婚活思想史序説
戦後日本の「幸せになりたい」

2019年6月13日発行

著　者——佐藤　信
発行者——駒橋憲一
発行所——東洋経済新報社
〒103-8345　東京都中央区日本橋本石町 1-2-1
電話＝東洋経済コールセンター　03(5605)7021
https://toyokeizai.net/

装　丁……………橋爪朋世
本文デザイン……森の印刷屋
印　刷……………図書印刷
製　本……………加藤製本
編集担当…………山本舞衣・齋藤宏軌

Printed in Japan　ISBN 978-4-492-22368-0